무역정책의 정치경제학

- 국제무역정책의 정치경제학적 구조와 한국경제의 미래 -

JN426049

마인드탭
MIND TAP

머리말

지난 1997년에 발생했던 우리나라 역사 초유의 국가부도사태까지 초래했던 아시아 외환위기를 구사일생으로 넘겼던 우리나라 경제는 그 이후 2008년 미국발 세계금융위기로 한 번 더 구조적 위기에 직면했었다. 그리고 최근까지도 그 여진이 계속되고 있는 유럽발 재정위기 등의 국내외 경제쇼크에도 불구하고, 우리경제가 꾸준히 그 명맥을 유지할 수 있었던 비밀을 단 하나만 대라면, 그 비밀은 무엇일까?

지난 1997년 외환위기 때에도, 또 2008년에 다시 찾은 미국발 세계금융위기에서도 한국경제를 구했던 것은 단기간에 매우 빠르게 유동성 위기를 극복하는 단초가 되는 무역수지 흑자를 통해, 대내외 경제신뢰도 회복을 가능하게 했던 우리나라 특유의 대외무역구조와 산업구조였음은 재론할 여지가 없다.

근자 자주 듣게 되는 이야기는, 이제 한국경제는 과거의 소국경제(small economy)의 저주를 벗어났다는 것이다. 즉 한국경제를 이해하고 설명하는 데에 있어, 정부의 경제정책이 우리나라의 명운을 결정할 정도의 비중을 차지하고 있지 않다는, 그래서 정부의 정책개입을 최소화하고, 시장의 역할을 최대한 존중해야한다는 논리이다. 당연히 시장실패가 존재하지 않는 경쟁적 시장체제에 가까운 상황이라면, 모든 형태의 정부정책개입은 경제적 효율성을 낮추고 사회적 손실을 초래할 것이다.

그러나 앞으로 자세히 살펴보겠지만, 경제의 모든 부문에서 시장실패의 규모와 강도는 더욱 커지고 있음을 확인하게 된다. 즉 정보통신기술혁명에 의해 물리적 거래비용이 획기적으로 낮아지고, 무역자유화와 세계경제통합으로, 제도적인 거래비용도 동시에 획기적으로 낮아진 결과, 거의 모든 산업에 걸쳐 과점화 및 독점화현상이 빠르게 확산되고 있다. 또한 산업간 및 국가간의 다양한 외부효과가 커지면서 시장실패 현상은 더욱 광범위하게 나타나고, 이러한 시장실패 교정을 위한 개별정부차원의 노력뿐만 아니라, 국제적인 정책공조의 필요성도 커지고 있다.

이러한 상황에서 가장 주목받고 있는 정부의 정책수단은 바로 무역정책이다. 왜냐하면, 이 무역정책은 정부의 다른 정책들에 비하여 가장 정책비용이 낮을 뿐만 아니라, 그 정책효과를 가장 단기간에 가시적으로 확인할 수 있기에 그 정치적 효과가 가장 크기 때문이다. 그 결과, 모든 국가들이 국내외적인 경제위기나 혹은 정치적 위기에도 빈번하게 활용하게 되는 정책이 무역정책이다. 또 이 무역정책은 항상 소득 재배분 효과를 낳기에, 가장 적극적으로 정책로비가 이루어지는 영역이다. 즉 무역정책을 입안하고 집행하는 정책결정자도 강한 정치적 동기를 가지고 있는 가운데, 민간 정책수요자 역시 매우 적극적인 정치적 이해관계를 가지고 있기에, 무역정책에 대한 올바른 이해를 위해서도, 또 우리경제를 위한 최적의 무역정책 도출을 위해서도 무역정책에 대한 정치경제학적인 접근과 분석이 필요하다.

이런 맥락에서 무역정책의 기원과 종류, 그리고 그 사회후생효과를 살펴본 뒤, 이러한 무역정책이 실제로 결정되고 집행되는 과정에 대한 정치경제학적인 구조를 분석하고자 한다. 또 이러한 정치경제학적인 분석에 기초해서, 정작 우리 한국경제를 포함해서 급속히 진행 중인 지역경제통합과 다양한 형태의 경제 및 산업구조변화를 통한 국제분업구조 재편과정에서 우리경제의 지속적인 성장을 위한 최적의 무역정책은 어떠해야 할지를 살펴보고자 한다.

1960년대의 초기 산업화 과정 이후 지금까지 숨 가쁘게 달려온 우리경제의 미래는, 지금까지의 경험보다도 더 험난한 가보지 못한 길들이 될 것으로 보인다. 불투명한 미래로 내딛는 발걸음에서, 우리경제의 성장동력을 회복하는 전조등역할을 담당할 무역정책의 모습을 살펴보고자 한다. 이런 시도를 가능하게 도와주신, 국제무역정책을 같이 공부하고 있는 선후배들과 마인드탭 사장님과 직원 분들의 노고에 감사드린다.

예측이 불가능해졌다는 험담에도 불구하고, 습한 열기로
여름임을 일깨워주고 있는 2015년 한여름 장마 가운데,

김 영한 씀

차 례

제 1 장

들어가는 말

한국경제는 흔히 수출주도형 경제발전 모형의 성공적인 사례로 거론되고 있다. 즉 근대 왕정체제가 대의민주주의 체제로 전환된 20세기 이래, 세계 최빈국에서 선진국 반열로 들어선 몇 안 되는 나라 중의 하나인 만큼, 세계의 관심을 받아왔고, 지금도 한국형 수출주도형 경제발전 모델이 여러 개도국에 수출되고 있다. 우리나라가 1945년 일본강점기에서 해방되었을 무렵, 우리나라의 경제상황은 명실 공히 세계 최빈국 중의 하나였다. 그로부터 70여년이 지난 지금, 우리나라의 경제규모 및 1인당 소득수준은 OECD 국가 중 평균을 웃돌 정도로 세계적 유례가 없는 빠른 성장을 보인 나라로 자주 거론된다. 이러한 초고속 압축성장의 비밀을 이야기할 때, 빠지지 않고 나오는 설명이, 수출주도형 산업화 전략이 주효했다는 설명이다.

수출주도형 산업화 전략이 수입 대체형 산업화 전략에 비하여 더 효율적이었던 것은, 무한 경쟁이 이루어지는 세계시장에서의 경쟁 기준이 적용되는 해외 수출시장에서 경쟁 및 생존이 가능한 수준의 산업화를 목표로 했던 경제발전전략이 보호된 국내시장에서의 생존을 목표로 했던 수입 대체 형 산업화 전략보다 더 효율적일 수밖에 없는 당연한 결과였다. 그래서 우리 국민들은 예전부터 익숙한 '수출입국'이란 표어 등 무역이 우리나라의 살길이라는 표현을 자연스럽게 받아들여 왔다.

그러나 한국경제의 지속 가능한 성장전략을 모색하는 데에 있어서뿐만 아니라, 지금 의욕적으로 경제발전을 위하여 한국형 성장전략을 수입하고 있는 개발도상국들의 안정적인 경제성장을 위하여, 무역정책의 실질적 효과를 결정하는 무역정책의 정치경제학적 특성을 면밀하게 분석하고 이해할 필요가 있다.

특히 우리나라의 경험에 의하면 무역정책이 단순히 여러 경제정책수단 중의 한 수단이 아니라, 한국의 초기자본형성과 경제성장, 그리고 산업화정책의 가장 중요한 부분을 차지했던 것은 '수출입국'이라는 과거 국시에 의해서도 분명히 확인할 수 있다. 이와 같은 수출주도형 산업화정책은 단지 우리나라와 같은 상대적인 소국경제에서만 채택된 전략이 아니라, 현재 세계 제2경제대국인 중국의 경우도 중국산업화과정의 최대 공신은 중국의 수출산업이었다. 이와 같이 수출산업의 실력이 곧 그 나라의 경제력에 상응한다는 논리는 최근 유럽경제위기에서 강력한 수출산업의 경쟁력을 확보한 독일경제와 관광산업 이외에는 수출경쟁력을 확보한 산업이 존재하지 않는 그리스경제에서도 분명히 확인된다.

한편 소위 '수출입국'정책을 통해 산업화에 성공한 한국경제에서도 80년대 이후 최근까지 한국경제의 주축을 이루는 수출산업과 한국 산업 전반의 고용 및 경제상황이 분리된 이중구조를 보이는 한국의 산업 구조적 문제점이 심화되고 있다. 이러한 한국경제구조의 문제점도 결국 수입중간재의 조립재수출 형태의 수출기업전략과 이러한 조립재수출산업구조를 기본으로 안고 가는 수출산업정책의 결과라고 볼 수 있다. 따라서 국제무역정책의 정치경제학적 분석은 단순히 무역구조에 대한 정치경제학적 분석이라기보다는, 경제구조 전반의 동태적 변화과정에 대한 정치경제학적 분석이라고 볼 수 있다.

본서는 무역정책의 정치경제학적 특성분석을 통하여, 세계경제의 동태적 구조 파악을 시도함과 함께, 우리 한국경제구조의 동태적 특성과 향후의 과제를 분석해보고자 한다. 1990년 이래, 소위 한국경제의 지속적인 성장동력이 상실된 것은 아닌지, 또 한국경제의 성장동력 회복을 위해서 어떤 정책노력이 필요한지를 모색하고자 한다. 무역정책이 어떻게 결정되어지고, 이러한 무역정책을 통하여 다양한 형태의 특성을 가지는 국가들의 경제를 어떻게 바꿀 수 있고, 그 결과 세계경제구조는 어떻게 바뀌어왔는지를, 그 긴 여정을 살펴보고자 한다.

이러한 무역정책을 통한 세계경제역사의 탐구를 위해서는 우선 개별경제정책의 사회후생효과분석을 위한 객관적이고 과학적인 분석이 선행되어야한다. 이러한 과학적 분석을 위하여 필요할 경우, 경제학적 분석을 통해 밝혀진, 그리고 가용한 다양한 분석기법의 활용이 필요하겠다. 먼저 국제무역정책의 역사적 기원과 일반적인 무역정책들의 종료와 그 사회후생효과를 살펴본 뒤, 무역정책의 분석이 왜 정치경제학적 분석이 되어야하는지를 살펴보고자 한다.

무역정책의 정치경제학적 분석을 위한 이론모형구조를 살펴본 뒤, 이에 기초해서 이러한 정치경제학적 시각에서 현재의 국제무역체제를 다자주의 무역체제 및 지역주의 경제통합체제를 중심으로 분석한다. 특히 한국경제를 둘러싸고 급속히 진행되고 있는 지역경제통합의 경제적 효과를, 아시아에서의 경제통합의 특성인 기술력 격차를 보이고 있는 국가 간의 경제통합이라는 측면에 초점을 맞추어 그 사회후생효과를 분석하고자 한다.

위의 분석에 근거하여, 최근의 정보통신기술혁명 및 세계경제통합의 결과 급속히 바뀌고 있는 국제분업구조의 변화를 살펴보고, 그 무역 정책적 함의를 살펴볼 계획이다. 이러한 무역정책 전반에 대한 검토를 바탕으로 최근 우리나라 무역구조의 변화와 한국을 둘러싼 동아시아 국제분업구조, 특히 한중간 국제분업구조의 재편이 한국의 무역구조 및 무역정책에 대한 정책적 함의를 분석한다. 이러한 분석결과를 바탕으로 과거 경제발전의 추동력으로서 그 역할을 해왔던 무역정책이 향후 미래 한국경제의 안정화 및 지속적인 경제성장의 견인차 역할을 하기 위한 정책과제들을 살펴보고자 한다. 이제, 그 순탄치 않을 여행을 이제 떠나 보자.

제 2 장

국제무역정책은 왜 정치경제학적 분석의 대상인가?

제 1 절 국제무역정책개입의 역사적 기원

1. 자유무역이 먼저였던가, 혹은 보호무역이 먼저였던가?

<관세정책의 시원과 그 후생효과: 인류역사발전과 함께 시작된 국제무역에는 항상 거래세로서의 관세가 부과되었으며, 관세수입에 기반하여 제공되는 공공재의 효용이 관세의 사중손실보다 높을 경우, 관세정책은 사회후생을 개선시켜왔다.>

인류역사발전과정에서 생산력의 발전은 분업과 함께 시작되었다. 즉 분업이 시작되면서 인류의 생산력은 급증하기 시작했다. 초기 원시공산사회에서부터, 각 개개인의 특성과 자질이 다르다는 점, 즉 개개인간의 비교우위구조가 다르다는 점에 기초하여, 자신이 상대방보다 상대적으로 더 잘하는 일에 집중하기 시작하면서 인류의 생산력은 급증하기 시작하였다. 이와 같이 분업을 통한 생산력과 인류역사의 발전이 가능했던 경로가 바로 분업을 하는 개인 간의 교환, 즉 교환경제체제이며, 이러한 교환경제에 참여하는 모든 경제 주체들 간의 자발적인 교환이 이루어지는 경제체제가 제도적으로 자리잡아가면서, 시장경제체제가 정착되기 시작했다고 볼 수 있다.

그러나 정작 모든 경제주체들이 다른 경제주체에 의하여 강제 받지 않고 자발적인 교환이 이루어지는 시장경제체제의 정착이란, 결국 모든 개인의 경제적 의사결정의 자유에 바탕이 되는 정치적 자유가 가능할 때 이루어질 수 있다. 결국 프랑스혁명을 기점으로 시작된 시민혁명의 결과, 왕정체제와 귀족 중심의 사회가 시민사회로 대체되는 20세기에 들어서서야 이윽고 진정한 의미의 시장경제체제의 제도적 기반이 갖추어졌다고 볼 수 있을 것이다.

한편 이러한 고전적 의미의 시장경제체제에 도달하기 전부터, 분업과 무역을 통한 인류의 생산력 증대는 역사의 시작과 함께 꾸준히 이루어져왔다고 볼 수 있다. 이러한 분업의 단위가 개인차원의 분업이 아니라, 부족단위, 사회단위, 그리고 주권국가단위의 분업이 이루어지고, 이러한 분업을 통한 주권국가간에 이루어지는 거래가 바로 국제무역이다. 한편 초기 주권국가 형태였던 원시부족국가 간의 국제무역이던, 혹은 더 체계화된 고대왕정국가 간의 국제무역이던 모든 국제무역은, 철저히 이 주권국가의 통제 하에서 이루어졌다. 또 이 주권국가의 영지를 넘나드는 모든 거래에는 이 주권국가(sovereign state)의 유지에 필요한 다양한 지출(expenditure)을 충당하기 위하여 거래세 형태의 관세(tariff as a toll)가 부과되었다. 이러한 관세는 기본적으로 주권국가의 영내에서 이루어지는 모든 사적거래(private transaction)에 부과되던 거래세(toll, transaction tax)와 그 성격이 다르지 않았다. 그러나 국제무역(international trade)은 주권국가의 영역을 벗어나는 거래인만큼 그 거래를 통한 시세차익이 일반적으로 더 컸기에, 이러한 국제무역에 부과되는 세금인 관세의 세율은 일반적으로 국내거래(domestic trade)에 부과되던 거래세율보다는 더 높은 것이 일반적이었다.

하여 인류역사의 시작과 함께 점차 확대되어온 주권 국가들 간의 국제무역은 처음부터 철저히 주권국가의 관리와 감독 하에서 이루어져왔으며, 이러한 국제무역에 대한 통제가 없는 자유무역이란 상상하기 힘든 개념이었다. 또한 국제무역의 결과 특정국가의 산업기반이 교란되거나 정치적 안정에 부정적 효과가 예상될 경우, 언제든지 국제무역은 중단되고 통제되었기에 보호주의정책을 통한 국제무역이 최근까지의 인류역사에서 가장 일반적인 형태의 무역정책이라고 볼 수 있다.

이와 같이 초기 주권국가들 사이에 이루어지던 국제무역에 적용되던 국제무역정책에 대한 개념적 정의는 오늘날 대의민주주의체제(representative democratic system)에서 이루어지는 국제무역정책 개념과는 판이하게 다를 수밖에 없다. 오늘날의 국제무역정책뿐만 아니라 모든 정부의 경제정책이 정당화될 수 있는 근거는, 이러한 정부의 정책개입이 시장의 실패를 보완해주는 역할을 수행할 때 그 정부정책의 정당성이 확보될 수 있다는 것이 기본신념이다.

따라서 국제무역정책에 대한 현대적 이해는 다른 모든 경제정책과 마찬가지로 무역정책이 정당화될 수 있는 근거는 이러한 무역정책개입이 시장실패를 교정해주는 경우에 한한다. 만약 이러한 무역정책개입으로 시장실패가 심화된다면, 이러한 무역정책개입은 정부실패에 해당하는 잘못된 정책개입이다.

무역정책은 일반적으로 관세정책과 비관세정책으로 구분된다. 이는 관세정책이 전체무역정책에서 차지하는 비중이 상대적으로 커다는 것을 의미한다. 앞에서 살펴보았듯이, 관세정책이란 국제거래에 적용되는 거래세에 해당하는 만큼, 다른 국내거래에 적용되는 거래세 혹은 부가가치세와 비교하여 분석할 필요가 있다.

모든 경제주체들이 자신의 효용을 극대화하기 위한 선택을 효율적으로 하면서 자발적 교환이 이루어지는 효율적인 경쟁적 시장(competitive market)에서는, 세금(taxation)을 포함한 모든 형태의 정부정책개입은 사회적 사중손실(deadweight loss)을 초래한다. 그럼에도 불구하고, 공공재의 제공을 위한 정부의 재원마련을 위한 조세부과는 사회적 최적수준의 공공재 제공을 가능하게 하는 조치인 만큼, 조세수입에 기반하여 제공되는 공공재의 사회적 편익이 조세부과를 통하여 나타나는 사회적 손실보다 더 클 경우, 공공재 제공을 위한 재원마련을 위한 조세부과는 사회후생을 증대시킬 수 있는 조치이다. 그러한 맥락에서 수입관세정책개입이 그 자체로서 항상 사회적 사중손실을 높이는 잘못된 정책으로 간주할 수는 없다.

2. 국제무역정책의 근세사

18세기와 19세기에 걸친 산업혁명 이후, 산업혁명을 통해 가능해진 대량생산능력에 기반하여, 이윤극대화를 위한 해외시장 확대를 노린 무역자유화 정책이 유럽 전역에 퍼져나갔다. 이와 같은 자유무역체제는 산업화의 선진국인 영국에게만 이로울 뿐, 산업화 후진국엔 별다른 실익이 없다는 결론에 이른 독일·미국 등은 공업화 촉진을 위해 유치산업 보호를 목적으로 하는 고관세정책을 취하게 되었으며, 이런 경향은 프랑스에도 파급되었다. 고관세를 통한 보호무역정책은 제1차 세계대전 후의 불황 속에서 더욱 확산되어갔으며, 1932년에는 영국도 자유무역정책을 포기하고 영연방특혜관세제도를 도입하였다. 이를 계기로 세계경제는 블록경제체제로 진전되고, 마침내 제2차 세계대전의 단초가 되는 지역 간 갈등구조의 불씨가 되었다.

이와 같이 보호주의무역정책의 확산이 결국 무역전쟁으로 비화되고, 무역전쟁이 물리적 전쟁으로 확산되는 경험을 1차 세계대전과 2차 세계대전을 통해 경험한 연합국 주요국들은 2차 세계대전이 종결되기도 전인 1944년에, 2차 세계대전이후의 세계평화질서의 정착을 위해서는, 보호무역정책에 의한 무역전쟁의 재발을 방지하는 것이 급선무임을 깨닫고, 이를 위한 자유무역체제를 구축하고자 하였다. 즉 보호무역정책을 통한 무역전쟁의 재발을 제도적으로 방지할 수 있는, 제도적 강제력을 가진 국제기구로서 '국제무역기구(International Trade Organization: ITO)'를 설치하고, 또 이러한 자유무역의 근간이 되는 원활한 국제결제체계(international settlement system)의 유지를 전담할 체제로서 국제통화기금(International Monetary Fund: IMF)과 역시 전후 세계질서의 안정적 유지를 위하여 패전국의 안정적 경제회복과 후진국의 경제발전을 통하여 세계경제의 안정적 균형을 유지하기 위한 세계부흥개발은행(International Bank for Reconstruction and Development: IBRD, World Bank)을 설립하는 것을 주 내용으로 하는 브레턴우즈체제를 출범시키는 것에 합의하였다.

한편 회원국 각국이 자국의 참가지분에 해당하는 만큼의 의사결정권을 가지는 IMF와 World Bank에의 가입에 대해서는 미국의회, 특히 공화당이 쉽게 동의하여 미 의회비준이 이루어졌으나, 모든 회원국에게 동일한 의사결정권이 주어지는 세계무역기구(ITO)의 가입에 대해서는, 미국 공화당이 미국이 반대하는 결정이 이루어질 수 있다는 점에서 가입을 거부하는 결과가 나왔다. 그 결과, 미국의회의 비준이 필요 없는 정부간 협의체제(intergovernmental coordination body)로서 '관세 및 무역에 관한 일반협정(General Agreement on Tariff and Trade: GATT)체제가 1948년에 출범하였다. 이후 GATT는 케네디라운드·도쿄라운드·우루과이라운드(UR) 등 총 8차례의 다자간시장개방협상을 차례로 거치면서 관세차원의 세계무역자유화에 크게 기여하였다. 즉 GATT가 출범한 1948년에는 50%에 가까운 관세율을 유지하던 OECD 국가들이 GATT를 통한 지속적인 관세율인하의 결과, WTO체제로 전환되는 1995년 무렵에는 OECD 국가들의 평균관세율이 5%대 미만으로 낮아져서 적어도 관세율차원에서는 자유무역체제에 가까운 무역자유화가 실현되었다.

한편 GATT의 여덟 번째 다자간 시장개방협상이었던 우루과이라운드에서, 관세장벽보다는 서비스무역협정 및 지적재산권과 다양한 비관세장벽철폐를 위한 국가 간 정책조정의 필요성이 커지면서, GATT체제로서는 이러한 새로운 국제통상이슈들을 효과적으로 다룰 수 없다는 인식이 보편적으로 확산되었다. 그 결과 이러한 새로운 국제통상이슈들을 효과적으로 다루고, 또 국제무역분쟁이 발생했을 때, 좀 더 구속력 있는 국제무역분쟁 해결방안을 갖춘 국제무역분쟁해결기구(Trade Dispute Settlement System)를 갖춘 세계무역기구(World Trade Organization: WTO)가 1995년 GATT를 대체하기에 이르렀다.

우리나라에서 근대적인 관세제도가 도입된 것은 구한 말기 미국·영국·일본 등과 통상조약을 맺으면서 부산·인천·원산을 개항으로 지정하면서부터이며, 그 중에서도 1878년 부산에 설치한 '두모진'이 한국의 근대적 관세징수업무와 세관설치의 시작이라고 볼 수 있다. 그러나 1910년 한일합방과 함께 일본 식민통치를 받게 되면서 일본의 관세제도가 그대로 한국에 이식되었다. 이러한 일본식 관세제도는 1948년 8월 15일의 정부수립 이후까지도 답습되다가 1949년 12월, 우리나라의 관세법이 제정·공포됨으로써 비로소 관세주권이 확립되게 되었다.

제 2 절 국제무역정책의 형태와 그 사회후생효과분석

무역정책은 다른 모든 경제정책과 마찬가지로 크게 가격정책개입(price intervention policy)과 비가격정책개입(non-price intervention or quantity intervention)으로 구분할 수 있다. 가격정책개입으로서의 무역정책은 수입품에 대한 수입관세 및 수입보조금 정책과 수출품에 대한 수출보조금과 수출세정책 등으로 구분할 수 있다. 이와 같은 수입관세 및 수출보조금의 사회후생효과는 이러한 정책개입이 이루어지는 국가들의 시장구조에 따라 전혀 상반되게 나타난다.

주지하다시피, 경쟁적 시장 체제(competitive market)가 작동하는 상황에서는 그 어떠한 형태의 정부정책개입도 항상 사회적 사중손실(deadweight loss)을 초래할 수밖에 없다.[1)] 이는 경쟁적 시장구조에서는 모든 경제주체가 가격수용자(price taker)로 행동하면서, 즉 시장의 질서와 규칙을 지키면서, 모두가 합의한 거래조건인 시장가격에 의하여 거래를 한다. 따라서 모든 경제주체는 자신의 효용을 극대화하고 있는 현재의 균형상태로부터 이탈할 아무런 유인도 가지지 않고 있다. 즉 현재의 경쟁적 시장구조자체가 최선의 상태인 것이다. 이러한 상황에서 정부가 무역정책개입을 하여 수입관세를 부과하거나, 수출보조금을 제공할 경우, 국내시장가격을 해외시장가격으로부터 왜곡시켜서, 이러한 가격왜곡에 의한 사중손실을 초래하여 사회후생을 낮출 뿐이다.

<무역정책의 사회효용효과는 경제 체제적 특성, 즉 시장실패 여부에 달려있다>

앞에서 살펴보았듯이, 경쟁적 시장체제에서 이루어지는 모든 무역정책개입은 사회후생을 감소시키는 사중손실을 초래할 뿐이다. 그러나 무역정책개입이 이루어지는 시장에 이미 시장실패가 존재하는 가운데, 무역정책개입이 이러한 시장실패를 보완하는 효과를 보일 경우, 무역정책개입은 다른 시장실패 교정정책과 마찬가지로 사회후생을 개선할 수 있다.

이와 같이 사회후생을 개선하는 무역정책개입의 효과로 자주 언급되는 무역정책의 예로는 유치산업보호정책과 전략적 무역정책이다. 즉 잠재적인 기술적 효율성을 갖춘 유치산업을 보호하여, 시장진입장벽을 넘어서는 규모의 경제를 실현할 때의 사회적 효용수준이, 이 유치산업이 규모의 경제를 실현하

1) 사중손실(死重損失; deadweight loss)이란 순사회적 손실이라고도 부를 수 있다. 즉 다른 누구에게도 도움이 되지 않고, 오로지 손실만 발생하는 경우이다. 예를 들어 제로섬 게임에서는 누군가의 손실은 다른 누군가의 이익이 되는 경우이지만, 이 사중손실은 누구에게도 보탬이 되지 않고 단지 손실만 발생하는 순사회적 손실에 해당한다.

지 못하여 시장에서 퇴출되는 경우보다 더 높을 경우, 이러한 유치산업이 시장에서 퇴출되도록 방치하는 것이 시장실패에 해당된다. 따라서 이러한 잠재적인 효율성을 실현시키는 유치산업보호정책은 이러한 유치산업보호정책을 시행하는 국가의 사회후생을 높일 뿐만 아니라, 세계전체의 후생을 증대시킬 수 있다.

마찬가지로 선진국에서 자주 사용되는 전략적 무역정책 역시, 사회적으로 양의 외부효과가 높은 산업의 육성을 위하여, 자국기업에게 선발기업(first mover)의 전략적 우위(strategic advantage)를 주는 무역정책이다. 즉 자국기업이 외국기업과 제3국 시장에서 수량경쟁(quantity competition)을 벌이고 있는 경우, 자국기업에게 수출보조금을 제공할 경우, 이 수출보조금을 받은 자국기업은 상대국기업에 대해 항상 자신에게 유리한 생산량의 결정을 할 수 있는 선발기업의 우위를 누리게 되어, 경쟁관계를 통한 최대의 이윤을 확보할 수 있게 된다. 이러한 전략적 무역정책 역시, 이렇게 해외시장에서 많은 수출을 통하여 성장하게 되는 산업이 초래하는 양의 외부효과(positive externality)가 전략적 무역정책에 소요되는 정책비용보다 높을 경우에 한하여 사회후생을 개선하게 된다.

즉 수입관세나 수출보조금, 그리고 전략적 무역정책 등의 무역정책개입이 사회후생을 개선할 수 있는 조건은, 무역정책이 집행되기 이전에, 다양한 형태의 시장실패가 존재할 때, 이러한 무역정책개입을 통하여 시장실패의 정도를 축소시킬 수 있을 경우에 한해 무역정책이 사회후생을 개선할 수 있다. 무역정책을 통하여 시장실패를 교정할 수 있는 가장 일반적인 경우는 경제개발초기단계의 개발도상국에서 경제발전정책의 일환으로 이루어지는 무역정책이다. 즉 산업화 초기단계에서 무역정책을 통한 국내산업 육성은 매우 높은 양의 외부효과(positive externality)를 초래하는 만큼, 사회후생을 증대시킨다고 볼 수 있다.

그러나 경제발전정책의 일환으로 시행되었던 무역정책이 항상 사회후생을 개선시키지 않을 수 있음은 중남미국가의 유치산업보호정책 사례에서 잘 확인할 수 있다. 즉 유치산업을 보호하는 이유는, 지금은 유치한 수준의 산업이더라도 향후 일정한 규모의 경제에 도달하면, 기존의 기업들보다도 더 높은 효율성을 실현할 수 있는 잠재적 기술력을 가진 유치산업을 보호할 경우, 향후 규모의 경제를 실현할 수 있을 때, 매우 큰 양의 외부효과(positive externality)를 가지기 때문이다. 그러나 과거 중남미에서 실행되었던 유치산업 보호정책은, 이러한 유치산업의 잠재적 기술력, 즉 규모의 경제가 실현될 경우 기존기업들을 능가하는 잠재적 기술력을 확보하고 있는가에 대한 검토가 전혀 없이, 기술적으로 매우 비효율적인 기업이더라도 현재 유치산업이기만 하면 무조건 지원하고 보호하였던 매우 잘못된 정책이었다. 즉 실질적으로 양의 외부효과를 초래할 가능성이 전혀 없는, 기술적으로 매우 비효율적인 유치산업에 대하여 산업지원 및 보호를 한 결과, 시장에서 퇴출되어야 할 유치산업들이 퇴출되지 않고 여러 가지 사회적 비용을 초래하였던 것이다.

그 결과 중남미 경제의 효율성이 크게 떨어지고, 국제경쟁력이 급속히 하락하는 결과를 초래하였다. 즉 잘못된 무역정책이 국가경제 전체의 효율성과 경쟁력을 낮추는 결과를 낳은 대표적인 사례이다. 이러한 중남미 유치산업보호정책의 사례에서 보듯이, 국제무역정책의 의미는 단순히 국제무역패턴에 영향을 미치는 정책을 넘어서서 한 나라의 명운을 결정짓는 주요한 정책임이 실패한 중남미의 유치산업보호정책과 상대적으로 성공한 수출주도형 산업화정책을 펼쳤던 한국 등 아시아 신흥산업국들의 사례에서 분명히 확인된다.

제 3 절 무역정책의 정치경제학

1. 자유무역정책의 근거

앞에서 살펴본 바와 같이 무역정책이 집행되기 이전에 별다른 시장실패가 존재하지 않는 경쟁적 시장체제에서는 어떠한 형태의 무역정책개입도 항상 시장을 왜곡하여 사회후생을 떨어뜨리게 된다. 즉 기존의 시장구조가 경쟁적 시장체제일 경우, 항상 자유무역체제가 사회후생을 극대화시키는 무역정책임을 확인하였다. 그러나 기존의 시장에 시장실패가 존재할 경우, 이러한 시장실패를 보완하는 형태의 무역정책은 사회후생을 개선할 수 있음도 확인하였다.

또한 세계교역조건에 영향을 미칠 수 있는 대국경제의 경우, 이러한 교역조건 자체를 자국에 유리하도록 조작할 수 있는 형태의 무역정책개입도 상대국이 동일한 보복조치를 취할 수 있는 있는 능력이 없는 한, 자국의 후생을 개선시킬 수 있는 최적무역정책임도 확인하였다.

한편 무역정책의 정치경제학적 분석에 의하면 정치적 영향력이 강한 수입경쟁산업(import competing industries)의 영향으로 대부분의 무역정책이 보호주의적 특성을 보일 개연성이 높아진다. 그럼에도 불구하고, 보호주의적 무역정책이 선택되는 빈도와 함께, 자유무역정책이 선택되는 경우도 자주 관찰되어진다. 이러한 자유무역정책이 선택되는 이유에 대해서는 사회후생극대화를 위한 최적정책이라는 설명과 함께, 역시 무역정책을 결정하는 정책결정자의 정치경제학적인 선택으로도 설명되어진다.

가. 자유무역정책의 지지이유: 효율적 자원재배분과 규모의 경제, 그리고 경쟁심화를 통한 사회효용 증대

자유무역정책이 지지되는 첫 번째 이유로는, 보호주의무역정책의 결과 국내시장가격이 국제시장가격에 비하여 왜곡이 일어났을 경우 발생하는 사회적 손실을 감소시켜서 결과적으로 사회후생을 개선하기 때문이라는 논리이다. 물론 이러한 논의는 무역정책이 집행되기 전 국내시장에서 시장실패가 발생하지 않은 경우에 해당된다. 또 자유무역을 통하여 비교우위산업의 생산량 및 판매량이 증가하면, 일반적으로 규모의 경제효과에 의하여 경제전반의 효율성이 더욱 높아진다는 효과도 자유무역을 지지하는 주요요인의 하나로 언급되어왔다.

자유무역의 결과 수입제품과의 경쟁심화 및 수출산업의 경우, 해외시장진입을 위한 해외기업과의 경쟁심화를 통하여 수입경쟁산업과 수출산업 모두의 효율성이 개선되는 효과도 자유무역이 지지되는 주요한 이유였다. 한편 이러한 자유무역의 사회후생개선효과가 성립되기 위해서는, 자유무역의 결과, 시장에서 퇴출되는 비교열위산업에 고용되어 있던 노동자와 생산요소들이 실업상태에 방치되어 있는 것이 아니라, 매우 신속하게 비교우위산업으로 재배치되는 무역조정지원장치가 매우 효율적으로 작동되고 있다는 전제가 충족되어져야한다.

또한 보호무역정책이 선택될 경우, 특정산업 혹은 특정 이익집단이 보호주의 무역정책에 의한 지대(rent)를 누릴 수 있기 때문에 이러한 보호무역정책의 지대를 획득하기 위한 비생산적인 경쟁을 통한 사회적 비용이 높아질 있다. 따라서 자유무역정책은 이러한 보호주의무역정책의 지대를 추구하는 비생산적인 사회적 비용을 줄일 수 있다는 측면에서도 사회효용을 개선하는 것으로 평가되고 있다.[2)]

나. 자유무역정책의 정치경제학

시장구조가 경쟁적 시장구조를 갖추지 못한 가운데 다양한 시장실패가 발생할 경우, 이러한 시장실패를 교정하는 형태의 정부정책개입으로서의 무역정책개입이 사회후생을 증대시켜줄 수 있음을 앞에서 살펴보았다. 즉 유치산업(infant industry)이 지금은 규모의 경제를 달성하지 못하여 기존의 기업에 비해 높은 비용구조를 보이고 있으나 상대적으로 높은 잠재적 기술력을 갖추고 있을 경우, 이러한 기업이나 산업이 규모의 경제를 달성하여 잠재된 기술력을 실현할 수 있도록 유도하는 유치산업보호정책은 시장실패를 교정하는 필요한 무역정책이다.

그러나 현실에 있어서 이러한 잠재적 기술력을 갖춘 유치산업을 정확히 파악하기 어렵다는 기술적 이유 때문에 거의 모든 중소기업들이 유치산업보호를 위한 정책요구를 함에 따른 사회적 비용과, 또 이러한 가운데 특정 유치산업을 보호함에 따른 정치적 비용을 고려하여, 순전히 정치적 목적에 따라 유치산업보호정책보다는 자유무역정책을 선택하게 되는 경우도 흔히 발생한다.

---

2) '무역정책에 의한 지대(rent from trade policies)'개념의 기초가 되는 지대(rent)란 개념은, 지주가 자신이 스스로 세상에 보탬이 되는 아무런 기여를 하지 않더라도, 단지 자신이 땅을 소유하고 있다는 사실, 즉 기존의 소유관계 때문에 아무런 노력 없이도 지대를 받아 챙기는 것에서 유래하여, 본인의 기여나 노력과는 무관하게 단지 특정 자산이나 관계를 가지고 있다는 사실 때문에 누리는 편익을 통칭한다. 따라서 무역정책의 지대라 함은, 무역정책결정자와의 특별한 관계에 의하여, 예를 들어 수입수량규제가 이루어지는 가운데 수입권한을 확보할 경우, 단지 이러한 수입권한을 확보했다는 이유 때문에 누릴 수 있는 이익, 즉 특혜적 이익을 지칭한다.

2. 보호무역정책의 근거

앞에서 살펴보았듯이 보호주의 무역정책이 사회후생을 개선할 수 있는 조건은 이러한 보호주의 무역정책을 통하여 시장실패를 교정할 수 있는 경우이던지 혹은 국제경쟁시장에서 전략적 우위를 확보할 수 있는 경우이다.

가. 교역조건개선정책으로서의 무역정책

앞에서 살펴본 바와 같이, 세계시장가격에 영향을 미칠 수 있는 세계시장에서의 가격지배력을 가지고 있는 대국경제의 경우, 수입관세를 부과할 경우, 그 대국에서의 수입제품의 가격이 상승한 결과, 대국에서의 수입품의 수요가 줄어들고, 그 대국에서의 수요 감소는 곧 세계수요의 감소로 이어져 결국 그 수입품의 상대가격이 하락하게 된다. 따라서 상대적으로 수출품의 단가가 높아지면서 교역조건이 개선되어, 대국경제는 자국의 교역조건개선을 목표로 전략적으로 수입관세를 부과할 유인체계를 가진다는 것이다. 이 경우에도 교역조건개선을 통하여 대국경제의 사회후생을 극대화할 수 있는 수준의 소위 최적관세(optimal tariff)는 교역조건도 개선하지만, 국내소비자 후생도 동시에 고려하여 결정된다. 즉 최적관세는 자유무역체제의 무관세수준 보다는 높으나, 수입품의 가격을 국내제품가격보다도 더 높게 만들어 수입을 금지하게 만드는 수준의 무역 금지적 관세수준(prohibitive tariff rate)보다는 낮은 중간수준에서, 사회후생을 극대화하는 내부해(interior solution)로서 주어진다.

마찬가지로 수출산업에 있어서도 대국의 경우, 자국의 수출제품에 수출세(export tax)를 부과하는 정책이다. 이 경우, 대국의 수출제품의 공급 감소는 세계시장에서의 수출제품의 공급 감소를 초래하여, 결국 세계시장에서 수출제품의 상대가격을 상승시키는 정책이 대국으로서의 수출국의 교역조건을 개선할 수 있다.

이와 같은 세계시장에서 시장지배력(market power)을 가지고 있는 대국이 수입관세나 수출세를 통하여 자국수출품의 상대가격을 높여서 교역조건을 개선시키고자하는 정책은 대국의 국내시장에서 상대적으로 가격탄력성이 높을 때, 그 효과가 더욱 커지게 되며, 세계시장에서는 상대적으로 가격탄력성이 높지 않을 때 교역조건 개선효과가 더욱 크게 나타난다. 한편 이와 같은 교역조건 개선을 위한 무역정책을 사용할 수 있을 정도의 시장지배력을 상대국도 가지고 있을 경우, 이러한 무역정책개입은 필히 상대국의 보복정책을 초래할 가능성이 매우 높다. 따라서 세계시장에서 시장지배력을 가진 복수의 국가가 있는 경우가 대부분 산업에서 현실인 만큼, 이렇게 교역조건 개선을 위한 일방적인 무역정책이 취해지는 경우는 현실에 있어서는 그리 흔히 관찰되지는 않는다.

나. 국내시장실패의 교정정책으로서의 보호무역정책

보호무역정책이 옹호되는 또 다른 근거는 국내시장에 시장실패가 존재할 때, 무역정책이 이러한 시장실패를 교정해줄 수 있는 역할을 하는 경우이다. 전통적인 사례가 바로 유치산업보호론이다. 즉 잠재적 기술력을 갖춘 기업 및 산업이지만, 현재에는 규모의 경제를 달성하지 못하여 그 잠재적 기술력을 실현할 수 없는 기업 및 산업들을 정부의 보호무역정책을 통하여 일정한 수준의 규모의 경제를 실현할 수 있을 정도로 보호할 경우, 그 유치산업이 잠재적 기술력을 실현하여 사회후생을 개선하게 된다는 것이다.

즉 만약 금융시장이 효율적으로 작동하는 경우라면, 이러한 잠재적 기술력을 가진 유치산업에 대하여, 미래의 이윤극대화를 추구하는 민간자본에 의하여 충분히 투자가 이루어져서 규모의 경제를 실현할 수 있을 것이다. 그러나 대부분 개발도상국의 경우, 금융 및 투자시장이 효율적으로 작동하지 못하는 시장실패의 상태이기에, 이러한 실패한 시장으로서의 투자금융시장의 역할을 정부가 대신하는 차원에서 유치산업 보호정책이 시장의 실패를 교정하여 사회후생을 개선할 수 있다는 논리이다.

한편 이러한 논의에도 불구하고 여전히 무역정책개입을 통한 국내시장의 실패를 교정하는 접근은 옳은 접근이 아니라는 비판이 제기되고 있다. 즉 예를 들어 국내에 유치산업이 존재하여 이 유치산업을 육성하는 것이 필요하다면, 이 유치산업육성에 필요한 직접적인 정책(direct intervention)으로서 유치산업에 대한 생산보조금(production subsidy)정책이 올바른 정책이라는 논지이다. 이러한 직접적인 정책이 아니라, 수입물품에 수입관세를 부과할 경우, 국제시장과의 가격왜곡에 따른 추가적인 시장왜곡이 발생하기에 무역정책을 통한 국내시장의 시장실패교정은 잘못된 접근이라는 비판이다.

이러한 비판에 대하여 특정산업에 대한 직접적인 보조금을 제공하는 정책의 정치적 비용에 비하여, 동종수입상품에 대하여 수입관세를 부과하는 정책의 정치적 비용과 부담이 훨씬 작은 만큼, 정책비용측면에서 일정한 사회적 비효용을 감수하더라도 무역정책과 같은 간접정책개입을 통한 국내시장실패교정을 위한 정책노력이 이루어지는 것이, 이러한 시장실패를 수수방관하는 자유방임정책에 비해서 사회후생을 개선할 수 있다는 차원에서 차선의 정책(second best policy)이라는 정책지지논의가 제시되고 있다.

국내시장실패를 교정하기 위한 수단으로서의 무역정책을 통한 정책개입에 대한 두 번째 반론은 비록 시장실패가 발생하더라도, 정부가 선불리 이러한 시장실패를 교정하기 위하여 정책개입을 시도할 경우, 오히려 시장의 비효율성을 확대시킬 뿐이라는 것이다. 이러한 논의의 배경은 정부의 시장상황의 파악 및 분석능력이 민간보다 저 정확하다고 볼 수 있는 근거가 희박하며, 이와 같이 정보파악 및 분석능력이 민간보다 낮을 뿐만 아니라, 설령 시장실패현황을 정확히 파악했을 경우에도 정확한 정책수단을 적기에 적용할 능력이 없다고 보기 때문이다. 이와 같이 시장의 상황에 대한 판단능력도 제약된 가운데, 최적정책을 집행할 능력도 제약된 정부가, 잘못된 정책으로 정책개입을 시도할 경우, 오히려 시장실패를 심화시켜, 사회후생이 더욱 감소한다는 논리이다. 이러한 논리는 결국 자유방임주의로 귀결되는데, 이러한 자유방임주의의 한계는 정부정책개입의 최소화를 절대적 가치로 한 신자유주의적 정책접근들이 반복되는 경제위기를 재생산하여 자본주의체제자체의 지속가능성까지 붕괴시켜온 최근까지의 경제위기 경험으로 더 이상 유효하지 않다는 것은 시장맹신주의자들조차도 인정하고 있다.

앞에서 살펴본 바와 같이, 시장실패가 존재하지 않는 경쟁적 시장에서는 항상 자유무역정책이 사회후생을 극대화할 수 있는 최선의 정책이나, 보호무역정책을 포함해서 수출보조금 등의 무역정책개입이 시장실패를 교정하는 역할을 하여, 이러한 무역정책개입을 통한 사회적 손실보다 시장실패 교정을 통한 사회적 편익이 더 클 경우에는 무역정책개입이 더 효율적일 수 있음을 확인하였다.

그러나 현실에서는 사회후생을 명백히 떨어뜨리는 무역정책들이 자주 선택되고 집행되는 경우를 관찰할 수 있다. 즉 세계시장에서 가격지배력을 가지고 있는 대국이 수출보조금을 제공하는 것은 명백히 사회후생을 감소시키는 경우이다. 또한 교역조건을 개선시키지도 않는데도 철강과 같은 수입중간재에 높은 수입관세를 부과하여 국내 수입물가 및 제조업제품 전반의 생산비용증가를 초래한 미국의 철강긴급수입제한 조치와 같은 무역정책들은 자국의 후생수준을 명백히 낮춘 사례들이다. 이와 같이 자국의 사회후생수준을 명백히 낮추는 무역정책들이 자주 취해지는 것은 무역정책결정자들이 합리성을 상실한 것이 아니라, 스스로의 정치적 목적을 극대화하고자하는 매우 합리적인 선택임을 다음의 무역정책의 정치경제학적 분석을 통하여 밝혀진다.

3. 무역정책의 정치경제학적 분석

앞 절에서 살펴본 바와 같이, 경쟁적 시장에서는 모든 형태의 무역정책개입이 사회후생을 감소시킬 뿐만 아니라, 시장지배력을 가진 대국경제(large economy)가 취하는 수출보조금 정책은 항상 자국의 사회후생을 감소시키게 됨을 확인하였다. 한편 현실세계에서 취해지는 다수의 무역정책들은 사회후생 극대화 조건들을 충족시키기보다는, 명백하게 자국의 사회후생을 떨어뜨리는 경우를 자주 관찰하게 된다. 즉 자국의 사회후생을 극대화하고자 하는 정부라면 절대로 선택하지 않을 무역정책들이 매우 자주 선택되어 집행되어지는 것이 관찰되어진다. 즉 과거 미국의 자동차산업을 보호한다는 명분하에 일본정부에 대하여 자율수출규제(voluntary export restraint: VER)정책을 취하도록 압력을 가하였던 부시정부의 무역정책이나, 미국 철강산업을 보호한다는 취지에서 모든 주요 철강제품수입품에 대해 긴급수입제한조치를 취하면서, 근 48%에 달하는 관세를 부과하였던 무역정책들은 모든 면에서 미국의 후생을 감소시키는 정책들이었다. 그러나 미국 행정부는 이런 사회후생을 감소시키는 비

합리적 정책을 국내적으로 매우 크게 홍보하면서 이 정책들을 집행하였다.[3)]

이러한 불가사의한 현실을 설명하기 위하여 시도되어진 노력이 바로 무역정책의 정치경제학이다. 즉 무역정책이 선택되어지는 실제의 정치경제학적인 구조에 초점을 맞추어 분석해보면 사회후생극대화를 추구하는 정책결정자라면 절대로 선택하지 않을 무역정책들이 자주 선택되는 현실이 쉽게 설명될 수 있음이 확인된다.[4)]

정치경제학적 접근을 통해 무역정책이 선택되는 과정을 분석할 때, 일반적인 분석접근방법은 먼저 무역정책결정자는 결국 정치인이기에 정치인으로서의 정치적 영향력을 극대화하는 것이 무역정책을 결정하는 목적으로 설정한다. 한편 대의민주주의체제(representative democratic system)에서 정치적 영향력을 극대화하는 방법은 결국 선거에서 가장 많은 지지표를 득표하는 것이기에, 무역정책결정자들의 목적함수는 정치적 지지(votes)를 극대화하는 문제로 귀착된다. 한편 이러한 정치적 지지를 극대화하기 위해서는 결국 유권자들의 효용을 극대화시킬 때, 이 유권자들로부터 가장 많은 정치적 지지를 받을 수 있는 것으로 가정하며, 이 경우 결국 정치적 지지 극대화문제는 유권자들의 효용극대화문제로 귀착될 수 있다.

그러나 무역정책결정의 정치적 목적함수가 완벽히 유권자의 효용극대화문제와 일치하지는 않는다. 그 이유는 현실정치에서 정치적 지지를 극대화하는 방법은 단순히 유권자들의 효용을 극대화하는 것 이외에 정치적 의견과 투표행위를 포함한 정치적 과정에 영향을 미치는 또 다른 요인, 즉 정치적 영향

---

3) 이미 앞에서 살펴봤듯이, 자율수출규제정책을 상대국이 취하도록 하는 부시정부의 무역정책은 결국 수입수량규제의 렌트를 외국수출기업에게 이전하여 미국의 사회후생을 감소시키는 정책이며, 미국의 철강제품 긴급수입제한조치는 미국산업의 중간재로 활용되는 철강재가격의 50%에 가까운 가격인상을 초래하여, 미국산업 전반의 가격경쟁력을 저하시키는 결과를 초래하였다.

4) 무역정책의 정치경제학적 분석의 이론적 기초를 제공한 논문은 Grossman and Helpman(1995)의 "Sales for Protection"이다. 이 논문은 무역정책결정자들의 목적함수를 사회후생극대화문제로 설정할 경우, 절대로 설명되어지지 않던 무역정책의 실질적 선택결과들이, 무역정책결정자들의 목적함수를 자신들의 정치적 이익 극대화문제로 설정할 경우, 매우 명쾌하게 설명되어짐을 이론모형분석을 통하여 보여주었다. 즉 무역정책결정자들이 개인의 사심은 없이 오로지 국가의 발전을 위하여 무역정책을 결정한다는 가정보다는 오로지 자기 자신의 이익만을 극대화하기 위하여 무역정책을 결정한다는 가정으로 분석해보면 더욱 그 정합성이 높아진다는 것을 보여주었다.

력을 높이기 위한 정치적 활동을 가능하게 하는 재원, 즉 정치자금이 큰 역할을 하기 때문이다. 이 정치적 재원(political resources)은 정치자금일 수도 있겠고, 정치적 자원봉사 등 다양한 형태를 띨 수 있다. 따라서 분석의 단순화를 위하여 이 정치적 재원은 정치적 기부(political contribution)로 단순화하여 무역정책결정자의 목적함수는 다음과 같이 표현할 수 있다.

$$\underset{t}{Max}(SW(t)+\alpha C(t))$$

여기서 $SW(t)$는 정부무역정책인 t에 의하여 영향을 받는 유권자들이 느끼는 사회후생이고, $C(t)$는 역시 정치인이 받는 정치적 기부(정치헌금 및 정치적 자원봉사 등의 지원), 그리고 α는 정치인이 정치적 기부에 부과하는 정치적 비중이다. 여기서 정치적 기부가 유권자들의 투표결과 및 정치적 지지도에 미치는 영향이 크게 되는 것은 정치자금을 활용하여 선거에서의 정치적 의견이나 여론에 영향을 미칠 수 있는 여지가 상대적으로 큰 경우이다. 따라서 이 정치적 기부에 부과하는 정치적 비중인 α는, 상대적으로 그 나라의 정치경제적 특성을 나타내는 계수로서, 이 정치자금을 통한 여론조작 등의 선거운동이 정치적 지지도에 미치는 영향이 클수록, 즉 정치적 성숙도가 낮은 나라일수록 높게 나타난다고 볼 수 있다.

한편 위와 같은 동기에 의하여 정부가 무역정책을 결정하면, 정부무역정책에 정치적 기부를 통하여 정부에 영향을 미칠 수 있는 기업 및 민간부문들은 다음과 같은 민간부문 효용극대화문제의 해로서 자신의 정치적 기부(C)의 양과 기타 기업의 전략변수의 결정이 이루어진다.[5)]

$$\underset{C,x}{Max}(\prod(t,x)-C(t))$$

5) 여기서 정부가 먼저 무역정책을 결정하고, 정부의 무역정책을 관찰한 후, 기업이 C와 생산량을 결정한다면, 실질적으로 기업이 정치헌금을 제공하여 정부의 무역정책에 영향을 미칠 수 있는 경로자체가 존재하지 않게 된다. 따라서 민간부문이 무역정책결정자에 영향을 미치기 위하여 정치적 기부를 할 수 있는 모형이 되기 위해서는 민간부문이 먼저 정치적 기부계획을 결정하고, 그 이후에 정부가 무역정책을 결정하고 마지막으로 기업을 이윤극대화를 위한 생산량 등의 전략변수를 결정하는 것으로 게임의 순서를 정하여 분석이 이루어지게 된다.

가. 중위투표자 정리(Median Voter Theorem)

<정치인들은 대다수의 유권자들이 선호하는 무역정책, 즉 가장 많은 정치적 지지를 이끌어낼 수 있는 무역정책을 선택한다.>

무역정책결정자들이 자신의 이익, 즉 정치적 영향력을 극대화하기 위하여 무역정책을 결정할 때, 가장 중요한 이슈는 무역정책결정을 통하여 대다수 유권자들의 지지를 이끌어내는 것이다. 그래서 무역정책결정자의 목적함수에 대다수 유권자들의 효용함수, 즉 사회후생함수가 포함되어 있다. 이 때, 대다수 유권자들의 효용을 극대화하는 전략은 결국, 무역정책에 있어서는 대다수 유권자들이 지지하는 무역정책을 선택하여 집행하는 것이다. 이 대다수의 유권자들을 대표하는 유권자가 바로 전체 유권자들이 선호하는 다양한 형태의 무역정책 중에서, 가장 중간에 해당하는 유권자 즉 중위투표자(Median Voter)이다. 따라서 이 중위투표자(Median Voter)가 선호하는 무역정책을 정책결정자가 선택하여 집행할 경우, 가장 많은 정치적 지지를 얻는 것이 가능해진다.

바로 이런 이유로 선거를 앞두고 많은 정당들이 매우 상이한 정치적 신념을 가진 듯이 보이다가도 선거일이 점차 다가오면서, 대체로 선거일 직전에 확인되는 무역정책공약내용은, 모든 정당들이 상당히 유사한 무역정책공약들을 제시하게 된다. 그 대표적인 사례가 매 4년마다 개최되는 미국대통령 선거에서 선거 막바지에 도달한 공화당과 민주당 후보들의 무역정책 공약내용들을 보면 두 정당이 내건 무역정책공약들의 본질적 차이를 거의 찾아볼 수 없다는 사실이다.

한편 이와 같은 중위투표자 정리(Median Voter Theorem)는 모든 유권자의 무역정책에 대한 선호가 일관성과 단봉성(Single Peakedness)의 특징을 가진다는 가정에 근거한다. 추가적으로 흥미로운 것은, 이러한 중위투표자 정리를 구체적인 무역이론모형에 적용할 경우, 다양한 정책적 시사점을 도출할 수 있다는 것이다. 즉 이 중위투표자 이론을 헥셔-올린 이론(Heckscher-Ohlin)에 적용하면 다음과 같은 흥미 있는 시사점을 도출할 수 있다. 헥셔-올린 이론의 기본은 특정국가의 무역의 형태를 결정짓는 것은 자원부존도의 차이이다. 즉 한 나라의 수출산업은 그 나라가 좀 더 풍부하게 부존된 생산요소를 더 집약적으로 사용하는 산업이 곧 수출산업이 된다. 그리고 상대적으로 부족하게 주어진 생산요소를 집약적으로 사용하는 산업은 곧 수입산업이 된다.

이러한 상황에서, 중위투표자의 자원부존도가 그 나라의 전체자원부존도와 차이를 보일 경우, 이러한 중위투표자의 정치적 영향력에 의하여 이 나라의 무역정책은 상당한 보호주의적 무역정책이 나타날 공산이 커진다. 즉 예를 들어 이 나라의 중위투표자의 노동대비 자본의 상대부존도가 이 나라 전체의 노동대비 자본의 상대부존도보다 낮다면, 이러한 중위투표자의 정치적 영향력의 결과, 이 나라는 노동집약적인 산업에 유리한 무역정책을 선택하게 된다는 것이다. 즉 이 나라의 다수의 유권자에 있어, 노동의 상대적 부존도가 더 높을 경우, 노동을 집약적으로 사용하는 산업에 유리한 무역정책을 펼치게 된다. 그 결과, 이 나라가 전체적으로 노동의 상대적 부존도가 더 풍부할 경우에는, 노동을 집약적으로 사용하는 산업이 수출산업이 되는 만큼, 자유무역정책을 펼치게 되며, 만약 이 나라가 자본부존도가 더 높을 경우, 노동을 집약적으로 사용하는 산업은 수입산업(import competing industry)이 되기 때문에 보호무역정책이 선택될 공산이 크다는 것이다. 이러한 결과는 결국 유권자 다수의 자원부존도가 국가의 전체적인 자원부존도와 일치할 경우, 다수 유권자에게 상대적으로 풍부하게 부존된 자원을 집약적으로 사용하는 산업이 곧 수출산업이 되기 때문에, 이 나라는 다수유권자들의 지지를 받아서 자유무역정책을 선택하게 된다는 것이다.

한편 미국의 경우나 한국에서도 무역정책을 결정하는 정책결정자의 목적함수가 가장 많은 유권자들의 지지를 얻는 것이라면, 이러한 정책동기와 매우 상반된 사례들이 현실에서 자주 관찰된다. 즉 미국이나 한국의 경우, 전체 유권자 중에서 농민이 차지하는 비중은 전체인구의 3% 및 7% 미만이다. 이와 같이 전체유권자에서 농민이 차지하는 비중은 상대적으로 소수임에도 불구하고, 미국과 한국 모두 대외무역정책의 결정과정에서 자국 농업의 피해를 최소화하고, 또 농업의 이익을 확보하는 것이 가장 주요한 무역정책의 우선순위를 차지하고 있다. 즉 지난 한·미 FTA 협상과정에서 미국정부가 가장 중요시했던 협상의제 중의 하나는 미국 쇠고기의 한국수출 이슈였으며, 한국정부 역시 한국 농산물시장의 보호가 최대협상현안이었다. 이와 같이 중위투표자정리(Mean Voter Theorem)로 설명되어지지 않는 무역정책의 정칙경제학적 특징을 설명해주는 이론이 다음에서 논의되는 집단행동이론(Collective Action Theory)이다.

나. 집단행동이론(Collective Action Theory)

무역정책결정자들이 자신의 정치적 영향력을 극대화하기 위하여 무역정책을 결정할 때, 대다수 유권자들의 정치적 지지를 유도하기 위하여 중위투표자가 선호하는 무역정책을 선택한다는 중위투표자정리(Median Voter Theorem)이 많은 현실에서의 무역정책결정과정에 대한 설명력을 높여주었다. 그러나 앞에서 살펴본바와 같이, 상대적으로 소수 유권자들의 이익이 무역정책에서 가장 중요하게 고려되는 현상이 자주 나타나면서, 이러한 현상들에서 다음과 같은 공통점이 발견되었다.

첫째, 비록 전체 유권자 중에서 상대적으로 낮은 비중을 차지하더라도, 특정 무역정책에 의하여 개개인차원에서 심각한 영향을 받게 되는 소수의 집단은, 개인적인 이해관계가 매우 큰 만큼, 조직적이고 적극적으로 자신의 이해관계를 관철시킬 유인을 가지게 된다.

둘째, 이와 같이 특정무역정책에 의하여 개개인별로 심각한 영향을 받을 경우, 동일한 이해관계를 가지는 이익집단은 매우 체계적이고도 조직적이며, 또한 정책결정자들의 정치적 입지에 효과적으로 영향을 미칠 수 있는 수단과 방법을 동원하여, 자신들의 이해관계를 관철시키려 노력하게 된다. 그 결과, 필요할 경우, 극단적인 시위(demonstration)를 포함하여 매우 적극적인 의사표시를 할 유인체계를 가지고 있기 때문에, 상대적으로 전체 유권자 중에서 상대적으로 소수에 불과함에도 불구하고 이들 소수의 의견과 이해관계가 무역정책에 우선적으로 반영되는 경우가 일반적으로 관찰된다.

이와 같은 집단행동(Collective action)의 유인을 상대적으로 많이 받을 수 있는 경우는, 수출산업 및 수입산업에 사용되는 생산요소의 특정성(production factor specificity)이 높은 경우이다. 즉 리카르도 모형에서 가정하듯이, 자유무역을 할 경우, 만약 비교열위산업에 고용되어 있던 노동력과 생산요소들이 자유무역이 시작됨과 함께 바로 비교우위산업으로 업종전환을 할 수 있는 유연성이 있다면, 그 어느 누구도 자유무역에 반대할 이유가 없다.

그러나 현실에 있어서, 비교열위산업인 쌀 농업에서 비교우위산업인 반도체산업으로 직업을 하루아침에 바꾸는 것은 현실적으로 불가능하다. 결국 이 집단행동의 강도는 이와 같은 수출산업과 수입산업의 요소특정성의 정도에 의하여 결정된다고 볼 수 있다. 한편 이러한 산업간의 요소특정성은 단순한 산업별 기술적 특성이라고 보기보다는 그 나라의 노동력에 대한 재훈련제도 및 요소재배치를 위한 제도적 유연성의 결과라고 보는 것이 적절하다.

무역정책에 의하여 영향을 받는 이익집단은 위에서 살펴본 바와 같이 시장개방에 의하여 피해를 받게 되는 수입경쟁산업(import competing industry)도 있지만, 시장개방의 결과, 수입물품의 가격이 하락하여, 이익을 얻게 되는 소비자들도 있다. 따라서 시장개방정책에 대하여 적극적으로 반대하는 수입품목을 생산하는 산업도 있지만, 시장개방을 지지하는 소비자단체들도 있다. 그러나 대부분의 무역정책들은 훨씬 다수를 차지하는 소비자들의 정치적 압력을 무시하고, 상대적으로 소수에 불과한 수입품목 생산기업들에게 더 많은 영향을 받는 이유는 무엇인가?

이는 시장개방에 의하여 이익을 얻게 되는 소비자들이 유권자 수에 있어서는 훨씬 큰 다수를 차지하고 있으나, 시장개방에 의하여 소비자 개개인이 얻게 되는 이익의 폭이 시장개방을 정치적으로 지지하면서 시장개방을 위한 정치적 압력을 행사할 정도로 크지 않기 때문이다. 반면 수입경쟁품목을 생산하는 기업들의 경우, 시장개방을 통한 저가의 수입품 수입은 이들 기업의 생사와 관련된 문제이기에 매우 적극적으로 대응하게 된다. 또한 과거 쌀시장개방논의과정에서 보았듯이, 다른 업종으로 업종전환을 할 수 있는 가능성이 매우 낮은 농민들의 경우, 쌀시장개방반대 시위를 하면서 실제로 분신을 시도할 정도로 쌀시장개방은 농민들의 생사가 걸린 이슈이나, 소비자들의 경우, 쌀시장 개방에 따른 쌀 가격 하락에 따른 개인적 이익의 규모가 쌀시장개방을 정치적으로 지지할 정도로 크지 않기 때문이다.

이와 같이 수출산업 및 수입산업의 요소특정성에 의하여 초래되는, 무역정책결정과정에 영향을 미치려는 집단행동의 영향을 분석하기 위하여 초기에는 상반된 이해관계를 가진 이익집단간의 로비노력들이 관세결정에 미치는 영향을 반영하는 '관세형성함수(tariff formation function)'를 중심으로 논의가 되었다(Feenstra and Bhagwati, 1982). 또한 좀 더 다양한 정치적 이해관계를 고려한 '정치적 지지함수(political support function)'를 통한 분석도 이루어졌다(Hillman, 1989; Van Long and Vousden, 1991). 이와 같이 무역정책결정과정의 정치경제학적 분석의 시도들은 Grossman and Helpman(1994)의 '정치적 기부'모형(political contribution model)에서 경제의 다양한 부문을 고려하고, 무역정책결정자들과 조직화된 이익집단들의 의사결정과정에 대한 미시경제학적 분석구조를 갖추고, 무역정책결정과정을 'Menu Auction'방법에 의한 분석을 통해 집대성되었다고 평가받고 있다. 이 Grossman과 Helpman의 정치적 기부모형의 특징을 살펴보면 다음과 같다.

다. 무역정책의 정치경제학적 분석모형

앞에서 살펴본 바와 같이, 무역정책의 정치경제학적 분석을 위한 이론분석모형은 Grossman and Helpman(1994)의 '정치적 기부'모형(political contribution model)이 그 때까지의 다양한 논의를 포괄하면서도 미시경제학적 기초(micro-foundation)를 갖춘 일반균형모형으로 집대성되었다. 따라서 이 Grossman and Helpman(1994) 모형을 중심으로 무역정책의 정치경제학적 분석의 틀을 살펴보면 다음과 같다.

무역정책결정과정에 대한 정치경제학적 분석의 기본 틀은 개별 국가들이 시장지배력을 가지지 않은 소국개방경제로서, 경쟁적 시장체제를 갖추고 있는 것으로 가정한다. 따라서 이 경제에서는 자유무역정책이 사회효용을 극대화할 수 있다. 각국은 노동만을 사용하여 생산할 수 있는 기준재화(numeraire good)와 특정재화 생산에만 사용할 수 있는 특정생산요소(specific factor)와 노동을 동시에 사용하여 생산할 수 있는 n개의 재화를 생산한다고 가정한다.

이와 같이 특정생산요소의 소유자들은 이러한 특정생산요소를 사용하여 생산하는 제품의 가격을 높일 때 자신의 소득이 증가하는 만큼, 항상 자신이 소유한 특정생산요소를 사용하여 생산되는 제품의 가격을 높이기를 희망한다. 또한 이러한 특정제품가격 인상을 통한 이익의 증가폭이 충분히 커서, 이 특정요소소유자들이 집단적으로 특정제품의 가격인상을 위한 무역정책을 정부가 취하도록 정치적 압력과 영향력을 행사할 동기 및 유인체계(incentive system)를 갖고 있다고 가정한다.

또한 무역정책결정권을 가진 정책결정자의 목적함수는 단순히 사회후생을 극대화하는 것이 아니라, 정치인의 목적인 정치적 영향력을 결정하는 것이 목적함수이다. 또한 정치인들의 정치적 영향력을 극대화하는 것은 결국 대의민주주의체제에서는 유권자의 지지, 특히 향후 예정된 선거에서의 정치적 지지를 표명하는 유권자의 수로 나타나게 된다.

이에 대해 유권자 중에서 특정생산요소를 가진 동일한 이해관계를 가진 유권자들은 정치적으로 조직화된 이익집단을 구성하여 자신에게 유리한 무역정책이 선택되도록 영향을 미치기 위하여 정치헌금(political contribution)을 제공한다. 한편 특정생산요소를 가진 개개인 차원에서는 의미 있는 정치적 영향력을 행사할 수 없으나, 일정한 수준 이상의 규모를 형성하는 집단적인 특정생산요소를 소유한 이익집단은 조직적으로 정치적 영향력을 행사할 유인을 가진다고 가정한다. 또 불완전정보를 고려하지 않기에 이 이익집단 내에서의 무임승차의 유인체계(free-riding incentives)는 존재하지 않는 것으로 가정한다.

이러한 배경에서 이익집단은 자신의 효용을 극대화할 수 있는 무역정책을 정부가 취하도록 유도하기 위하여, 정부의 무역정책에 대한 정치헌금계획(contribution schedule)을 밝히고, 무역정책결정자는 이러한 이익집단이 제시한 정치헌금계획을 관찰한 후, 정책결정자 자신의 정치적 이익을 극대화할 수 있는 무역정책을 결정하게 된다. 이 때, 서로 이해가 상반되는 이익집단에서 동시에 무역정책결정자에게 영향을 미치려고 노력을 하나, 정부의 정확한 정책결정과정을 완벽히 관찰할 수 없다는 차원에서 일종의 공동대리인 문제(common agency problem)가 발생하게 된다. 한편 이러한 상황에서 Bernheim and Whinston(1986)의 '메뉴경매(menu auction)'메커니즘을 활용할 경우, 다양한 이익집단들이 정책결정자가 취할 수 있는 다양한 무역정책들에 대하여,

각각의 정책들에 해당하는 다양한 형태의 정치헌금의 메뉴를 제시한 후, 정부가 실제로 취한 무역정책을 관찰한 후, 이 메뉴에 의하여 정치헌금을 제공하는 것이 균형체제가 될 수 있다.

좀 더 구체적인 모형의 구조를 살펴보면 다음과 같다. 먼저 무역정책이 결정되는 정치경제학적 구조에 대한 일반균형이론으로서의 이론적 체계를 구성하기 위하여, 모든 경제주체들의 행동들이 자신의 효용을 극대화하기 위한 최적화행위(optimized behavior)라는 차원에서, 각각의 경제주체들의 효용함수는 다음과 같이 정의된다.

먼저 각국에서 투표권을 가지고 있는 시민이자 소비자들의 효용함수는 다음과 같다.

$$u = x_0 + \sum_{i=1}^{n} u_i(x_i)$$

단, 여기서 x_0는 기준재화(numeraire good)의 소비량이며, $\sum_{i=1}^{n} u_i(x_i)$는 n개의 비기준재화의 소비로부터 발생하는 효용이다.

대표유권자의 간접효용함수(indirect utility)는 다음과 같이 정의된다.

$$V(p, E) = E + s(p)$$

단, E는 총지출, $s(p)$는 소비자 잉여로서 다음과 같다.

$$s(p) \equiv \sum_i u_i[d_i(p_i)] - \sum_i p_i d_i(p_i)$$

한편 각국 정부가 수입관세나 수출보조금 등의 무역정책을 통하여 국내가격과 해외가격간의 가격격차를 초래했을 때, 이러한 무역정책개입을 통하여 발생하는 정부수입(government net revenue)은 다음과 같이 정의된다.

$$r(p) \equiv \sum_i (p_i - p_i^*)[d_i(p_i) - y_i(p_i)/N]$$

단, 여기서 p_i는 무역정책이 집행된 이후의 i제품의 국내가격이며, p_i^*는 i제품의 해외시장가격, N은 투표권을 가진 전체인구, $y_i(p_i) = \pi'_i(p_i)$는 국내생산량이다.

이 때 로비그룹은 자신의 효용을 극대화하는 정치기부금(political con-tribution)을 결정하는데, 이러한 이익집단의 순효용은 다음과 같다.

$$V_i = W_i - C_i$$

W_i는 이익집단의 정치기부금을 포함한 총 효용으로서 다음과 같다.

$$W_i(p) \equiv l_i + \pi_i(p_i) + \alpha_i N[r(p) + s(p)]$$

여기서 l_i는 i산업의 특정생산요소를 소유한 이익집단의 총 노동공급량으로 이 이익집단의 노동소득과 동일하다. $\pi_i(p_i)$는 i산업의 이익, α_i는 이 특정생산요소를 소유한 이익집단의 전체유권자 가운데에서의 비중을 나타낸다.

한편 정부의 무역정책결정자들의 목적함수는 다음과 같이 정의된다.

$$G = \sum_{i \in L} C_i(p) + a\,W(p)$$

즉 정부의 무역정책결정자의 효용이란 이익집단들로부터 받는 정치헌금의 합과 사회전체 효용의 합이다. 한편 여기서 이익집단으로부터 받는 정치헌금과 사회전체효용에는 상대적 가중치(a)가 부여된다. 이러한 가중치는 결국 개별국가들의 정치 체제적 특성을 반영한다고 볼 수 있다. 즉 무역정책의 결정권을 가지고 있는 정치인이 자신의 정치적 입지를 다지기 위하여 지출하는 각종 정치캠페인에 비하여 일반 유권자들의 효용을 얼마나 중시할 것인가는, 정치인 스스로가 결정하기보다는, 그 나라의 정치경제학적 구조에 의하여 결정된다고 보아야할 것이다. 한편 특정적 생산요소를 소유한 모든 경제주체들의 효용의 합은 다음과 같다.

$$W(p) \equiv l + \sum_{i=1}^{n} \pi_i(p_i) + N[r(p) + s(p)].$$

이러한 배경에서 자신의 정치적 기반, 즉 정치적 지지를 극대화하고자 하는 정치인이 선택할 수 있는 균형무역정책 및 그 기반이 되는 정치기부금은 다음과 같이 정의된다.

명제 1. 다음의 조건이 필요충분조건으로 충족된다면 (C_i^o, p^o)는 무역정책의 부분게임 완전균형(Subgame Perfect Nash Equilibrium: SPNE)이다.

1) C_i^o는 모든 이익집단에게 가능하다.

2) p^o는 다음 정부 목적함수 극대화문제의 해이다. $\sum_{i \in L}^{n} C_i^o(p) + aW(p)$

3) p^o는 동시에 다음의 공동효용함수(joint welfare function)도 극대화 한다.

$$W_j(p) - C_j^o(p) + \sum_{i \in L}^{n} C_i^o(p) + aW(p).$$

명제 1의 1)은 균형 정치헌금은 모든 이익집단의 지불의사 및 능력의 한도 내에서 결정되는 0이상의 실수임을 나타낸다.

2)는 기본적으로 균형무역정책은 그 무역정책으로 결정되는 수입재화의 국내가격이 정부의 목적함수, 즉 정치헌금의 합계와 정치적 비중이 고려된 사회효용을 극대화한다는 것이다.

3)은 균형무역정책은 정책결정자의 효용함수뿐만 아니라 로비집단의 효용까지 합한 공동효용함수를 극대화한다.

여기서 조직화된 이익집단의 정치적 로비의 결과 이루어진 균형무역정책이 집행될 경우, 정책결정자의 효용뿐만 아니라, 무역정책에 대하여 정치적 압력을 행사한 이익집단의 효용도 동시에 충족시킨다는 차원에서 다음의 공동효용함수 극대화문제의 일계조건(first order condition)이 충족된다.

$$\nabla W_j^o(p^o) - \nabla C_j^o(p^o) + \sum_{i \in L}^{n} \nabla C_i^o(p^o) + a\nabla W(p^o) = 0$$

이익집단의 정치적 기부(political contribution)를 받은 정책결정자들의 행위는 항상 자신의 효용, 즉 정치적 지지를 극대화하고자하는 정치적 목적함수를 극대화하는 만큼, 다음의 일계조건이 항상 성립한다.

$$\sum_{i \in L}^{n} \nabla C_i^o(p^o) + a\nabla W(p^o) = 0$$

따라서 자동적으로 i산업 이익집단부문의 효용극대화문제의 일계조건도 동시에 충족된다.

$$\nabla W_j(p^o) = \nabla C_j^o(p^o)$$

여기서 주목할 대목은, 각 산업별 이익집단은 결국 자신의 이윤을 극대화할 수 있는 정치적 기부계획(political contribution schedule: CC)을 정책결정자에게 제시하게 되는데, 이 때 이 정치적 기부계획(Contribution Schedule: CC)을 이 이익집단의 실제적인 효용함수를 사실대로 나타내는 '진실한 정치적 기부계획(truthful contribution schedule)'을 밝히게 된다는 점이다.

이처럼 무역정책에 영향을 미치고자 하는 이익집단들이 자신의 선호체계를 있는 그대로 나타낼 경우의 '진실한 정치적 기부계획함수(truthful contribution function)는 다음의 형태를 띠게 된다.

$$C_j^T(p, B_j) = \max[0, W_j(p) - B_j]$$

위의 정치적 기여 혹은 기부함수의 의미는 개별 산업별 이익집단이 가지고 있는 최소한도의 기대효용, 즉 reservation payoff를 상회하는 효용을 가져다주는 무역정책이 취해질 경우, 이러한 무역정책에 의하여 가능해진 추가적인 효용만큼의 정치적 기부가 이루어질 수 있는 궤적을 의미한다.

따라서 결국 이러한 균형조건들을 충족시키는 최적무역정책은 결국 '진실한 균형(Truthful Nash equilibria; TNE)'으로 명할 수 있고, 이는 다음과 같이 정의된다.

$$p^o = \text{argmax}\,[\sum_{i \in L} W_j(p) + a\,W(p)]$$

결국 이러한 균형조건을 충족시키는 무역정책은 다음의 공동효용함수 극대화문제의 일계조건을 충족시키게 된다.

$$\sum_{i \in L} \nabla W_i(p^o) + a \nabla W(p^o) = 0$$

위의 균형조건들로부터 정치경제학적인 균형무역정책은 다음과 같이 도출된다.

명제 2. 로비집단이 미분 가능한 연속적인 정치적 기부계획(political contribution)을 밝히고, 균형무역정책이 내부해(interior solution)로 도출된다면, 정치경제학적인 균형무역정책은 다음의 조건을 충족하게 된다.

$$\frac{t_i^o}{1+t_i^o} = \frac{I_i - \alpha_L}{a + \alpha_L}\left(\frac{z_i^o}{e_i^o}\right).$$

여기서 $z_i^o = y_i(p_i^o)/m_i(p_i^o)$는 균형 수입량대비 국내생산량 비율이며, $e_i^o = -m'_i(p_i^o)p_i^o/m_i(p_i^o)$는 수입수요의 탄력성이다.

이 명제 2가 보여주는 바는 이익집단의 해당산업의 수입수요탄력성이나 수출탄력성이 높을 경우, 무역정책에 의한 가격왜곡이 상대적으로 작다는 점이다. 그 이유는 이와 같이 탄력서이 높은 산업부문에 대하여 정부가 무역정책개입을 할 경우의 사회적 손실 및 정치적 비용이 높기 때문이다. 또한 설령 정부가 주로 정치적 기부에만 정치적 비중을 두는 경우에도, 이 로비그룹에 속한 산업이 상대적 비중이 일정수준 이상일 경우, 이러한 정책개입을 통한 비용부담이 커지기에 역시 과도한 무역정책개입이 이루어지지 않는다는 것이다.

또한 수입량 대비 국내생산량의 비율이 높을수록 결국 정치적 영향력이 커지며, 따라서 이 정치적 영향력이 큰 로비그룹에 대한 무역정책을 통한 가격인상효과가 더 크게 나타난다는 것이다. 또한 그 수입량이 작을수록 보호주의 무역정책을 통한 손실도 작기에 더욱 적극적인 무역정책개입이 나타날 수 있다. 또한 무역정책결정자에게 영향을 미치기 위하여 정치적 기부를 하는 이익집단이 단 하나의 이익집단만 있던지 혹은 매우 집중된 이익집단의 형태를 띠고 있을 경우, 이러한 정치경제학적인 무역정책결정과정을 통한 잉여(surplus)를 이익집단을 이루고 있는 특정산업이 독점하게 될 것이다. 그러나 만약 이러한 정치적 압력을 행사하고자하는 이익집단이 복수의 산업간에 경쟁이 벌어질 경우, 결국 각 산업의 정치적 영향력에 상응하는 이익을 차지하게 될 것이다. 즉 상대적으로 산업의 비중이 낮은 이익집단이 더 많은 정치적 헌금을 제공하게 될 것이다.

라. 무역정책의 정치경제학적 귀결은 항상 보호주의정책인가?

위에서 살펴보았듯이, 무역정책이 결정되는 실제상황은 무역정책결정자가 스스로의 정치적 영향력을 극대화하는데 도움이 되는 무역정책을 선택한다는 정치경제학적 접근으로 가장 잘 설명되어짐이 확인되었다. 그 결과 정치적 영향력을 가장 적극적으로 행사하는 수입경쟁산업들의 정치적 영향이 시장개방을 지지하는 소비자단체들이나 수출산업보다 훨씬 조직적이고 강력하기 때문에, 정책결정자의 정치적 입지를 고려한 대부분의 무역정책들은 보호주의적 정책의 특성을 가질 가능성이 더욱 높아진다.

현실에 있어서 선거철을 앞둔 각국 정부는 항상 보호주의적 무역정책을 선택하는 빈도가 훨씬 높아지며, 개별정권의 정치적 지지도가 낮을 경우, 이러한 낮은 정치적 지지도를 만회하는 전략으로 보호주의 무역정책이 자주 선택되어왔다. 그 결과 현실에 있어서 개별국가들의 정치적 위기가 발생할 때마다 보호무역정책이 선택되는 빈도가 잦아지고, 세계 1차 대전과 2차 대전 직전에도 주요 국가들이 대부분 보호주의 무역정책을 선택하면서 결국 무역전쟁으로 비화되고 궁극적으로 물리적 전쟁으로 번지는 결과를 낳았었다.

앞에서 살펴본 국제무역정책의 정치경제학적 분석결과에 의하면, 대부분의 현실에서 정치적 지지를 극대화하고자하는 정책결정자들의 무역정책은 결국 많은 경우, 보호무역정책으로 귀결되고, 그 결과 무역전쟁 및 국제적 갈등으로 비화되는 경우가 빈번했다. 두 번에 걸친 세계대전을 경험한 인류는, 무역전쟁이 결국 이 두 번의 세계대전을 초래한 것을 기억하기에, 세계대전 이후의 안정적인 국제질서를 유지하기 위해서는 먼저 국제무역체제가 더 이상 이러한 개별국가의 정치경제학적 요인에 의하여 보호주의무역정책과 이로 인한 무역전쟁의 상태로 귀착되는 악순환의 반복을 원천적으로 방지할 수 있는 국제무역체제의 구축이 필요하다는 데에 주요선진국들을 중심으로 동의하게 된다.

즉 핵무기를 활용하여 2차 대전을 종식시킬 구체적 계획을 갖춘 2차 세계대전의 연합군 수뇌들은 단순한 전쟁종식보다는 전쟁 종식 이후 또 다시 보호무역주의의 재발을 통한 전쟁재발을 방지하기 위하여, 보호무역정책으로의 회귀를 방지하고 국제적인 자유무역체제를 유지시켜줄 수 있는 강제력을 가진 국제기구로서 국제무역기구(International Trade Organization: ITO)를 포함하는 브레턴우즈체제를 구축하였다. 즉 1차 세계대전과 2차 세계대전 공히 물리적 전쟁이 발발하기 직전의 상황은 보호무역정책에 의한 무역전쟁과, 또 이러한 무역전쟁과 동시에 각국의 수출촉진을 위한 경쟁적인 자국통화의 평가절하에 따른 국제결제체제의 붕괴가 발생하였었다.

이 점을 기억하면서, 2차 세계대전이 종전된 이후에는, 무역전쟁의 재발을 방지하기 위하여, 개별국가가 임의로 보호주의무역정책을 취하지 못하도록 자유무역정책을 강제하는 역할을 맡은 국제무역기주(ITO)와 개별국가가 임의로 자국통화를 평가절하 할 수 없도록 하여 안정적 국제결제체제를 유지하는 역할을 맡은 국제통화기금(International Monetary Fund: IMF), 그리고 전후 패전국인 독일과 일본 등의 신속한 경제부흥과 후진국의 경제발전을 위한 세계부흥개발은행(International Bank for Reconstruction and Development: IBRD or World Bank)을 중심으로 하는 브레턴우즈체제가 1944년 출범하였다. 이와 같이 브레턴우즈체제의 중심으로서의 다자주의 자유무역체제의 구조와 그 정치경제학적인 구조를 다음 장에서 살펴보기로 한다.

제 3 장

자유무역체제의 정치경제학
: 다자주의 자유무역체제와 지역경제통합

제 1 절 다자주의 자유무역체제의 정치경제학

1. 다자주의 세계무역체제의 성립배경

현재 WTO로 대표되는 다자주의 세계무역체제의 기원은 브레턴우즈 체제에서 논의되었던 국제무역기구(International Trade Organization, ITO)이다. 2차 세계대전이 종전되기 1년 전인 1944년 미국 대통령의 휴양지인 미국 뉴햄프셔주에 있는 브레턴우즈에서 당시 미국 루스벨트 대통령이 소련의 스탈린, 영국의 처질 수상 등 2차 세계대전 이후의 세계질서의 안정을 위하여, 국제무역기구(ITO), 국제통화기금(IMF), 국제부흥개발은행(IBRD)의 국제기구를 설치하기로 합의하였다.

이와 같은 브레턴우즈체제의 성립배경은 2차 세계대전 종식을 앞두고 세계지도자들이 2차 세계대전을 포함한 20세기의 국제분쟁은 각국의 보호무역정책 및 그 결과 초래된 무역전쟁과 각국의 경쟁적인 평가절하 및 이에 따른 국제결제체제의 붕괴가 그 원인이었다는 인식을 공유하게 되었다는 점이다.

이 브레턴우즈체제의 가장 중심적인 역할을 담당할 국제무역기구(ITO)는 각국이 자국의 국내정치적 필요에 의하여 보호무역체제로 회귀하고, 또 그 결과 전 세계적인 보호무역주의 및 무역전쟁이 재발하는 것을 방지하는 역할을 담당하도록 계획되었었다. 또한 이와 같은 안정적인 국제무역질서를 위해서는, 국제결제체제(international settlement system)의 안정과 이를 위한 경쟁적인 자국통화의 평가절하조치 등 국제외환시장을 교란하는 것을 방지하기 위한 국제기구로서 국제통화기금(International Monetary Fund: IMF)을 설립하였다. 마지막으로 세계질서의 장기적인 안정을 위해서는 선진국과 후진국, 승전국과 패전국이 모두 조화로운 공존 및 경제발전이 이루어지는 것이 필요하다는 인식을 갖게 되었다. 이를 위하여, 2차 세계대전의 패전국인 독일과 일본경제의 신속한 부흥과 세계의 안정적 질서에 대한 잠재적 위협요인인 국제적인 소득불균형을 해소하기 위하여 세계부흥개발은행(IBRD)이 창립되었다.

한편, 국제무역분쟁을 초래하는 보호주의무역체제를 자유무역체제로 전환하기 위하여 국제적인 강제력(credible enforcement mechanism)을 갖춘 국제무역기구(ITO)를 설립하려던 시도는, 1947년 미국의회의 비준표결에서, 공화당에 의하여 부결됨에 따라, 브레튼우즈체제는 위기에 봉착하였었다. 그러나 국제무역기구(ITO)가 출범할 때까지의 과도기구로 당초 시작된 '관세 및 무역에 대한 일반협정'(General Agreement on Tariff and Trade: GATT)이 실질적으로, 국제적인 자유무역질서를 관장하는 역할을 담당하게 되었다.[1)]

1948년 출범한 GATT체제는 1995년 WTO가 출범할 때까지, 실질적인 국제무역의 다자간 규범을 심의, 집행하는 국제기구로서의 역할을 수행해왔다. 그러나 제도적 차원에서도 법적 구속력을 가지는 국제무역기구의 출범에 대한 필요성이 강조되면서, GATT체제에서 이루어진 제8차 다자간 무역협상인 우루과이 라운드(Uruguay Round)에서, 세계무역기구(WTO)체제의 출범에 합의하기에 이르렀다.

2. 다자주의 무역체제의 기본원칙

현행 다자주의 무역체제인 세계무역기구(WTO)체제의 기본원칙은, 기본적으로 기존의 GATT체제의 기본원칙을 근간으로 하고 있다. GATT의 출범배경이 보호무역정책이 경쟁적으로 확산되는 것을 막기 위한 국제질서의 구축이

---

1) 당초 국제무역기구(ITO)는 국제법적 구속력을 가진 국제기구로서 출범할 예정이었으나, 미국 공화당의 반대로 그 계획이 무산되었다. 그 결과, 국제법적 구속력이 없는, 각국 행정부간 협의체제의 성격으로 '관세 및 무역에 대한 일반협정'(GATT: General Agreement on Tariff and Trade)이 출범하기에 이르렀다. 이 GATT는 국제기구가 아니었기에, 국회의 비준 없이도, 각국 행정부간의 합의에 의해서 출범할 수 있었다.

었던 만큼, 이러한 기본 정신이 다음의 다자주의 무역체제의 원칙들에 녹아들어 있다.

가. 차별금지원칙(Non-Discrimination Principle)

다자주의 세계무역질서의 근간을 이루는 WTO의 첫 번째 기본원칙은 회원국 간의 차별적 대우를 금하는 차별금지원칙이다. 과거 보호무역전쟁의 출발은, 무역상대국별로 차별적인 조치가 이루어지면서, 이러한 차별적 무역조치가 무역보복으로 확산되었던 역사적 경험이 차별금지원칙이 다자주의 무역체제의 가장 중요한 원칙이 된 배경이다. 이러한 차별금지원칙은 WTO의 구체적 행동강령으로, 최혜국대우조항(Most Favored Nation Clause)과 내국민대우원칙정책(National Treatment Policy)으로 구체화되고 있다.

최혜국대우(MFN)조항은 WTO의 회원국이 다른 특정 회원국에게 무역정책에 있어서 특혜적 조치를 적용하였다면, 다른 모든 회원국에게도 동일한 특혜적 조치를 제공하는 원칙을 말한다. 즉 WTO회원국이 다른 회원국에 대하여 적용하는 수입관세율이나 기타 무역정책이 상대 국가별로 차별화될 수 없다는 것이 최혜국대우조항의 기본내용이다.[2)]

내국민대우원칙(National Treatment Policy)은 WTO회원국인 교역상대국에 대해서는, 내국인과 동일한 대우를 하며, 어떠한 차별적 조치를 해서도 안된다는 것을 근간으로 하고 있다. 이는 무역정책에 있어 국가 간 차별을 금지한 최혜국대우원칙과 함께 외국기업에 대하여 내국인과 동일한 정책을 적용해야한다는 차원에서 좀 더 적극적인 차별금지조항으로 해석할 수 있다.

나. 상호주의원칙(Reciprocity)

WTO는 다자주의 국제무역체제에 있어, 세계적인 시장개방조치에 무임승

---

2) 한편 자유무역협정(FTA)을 포함한 특혜무역협정(Preferential Trade Agreement)과 일반특혜관세(General Special Preference)의 경우, 특정 회원국에 대해서만 관세를 철폐 혹은 인하한다는 면에서, 최혜국대우조항에 정면 배치된다고 볼 수 있다. 이와 같이, 특혜무역협정은 차별금지원칙과 배치됨에도 불구하고, 선진국들이 이러한 특혜무역협정을 주도하고 있다는 정치적 현실을 WTO가 받아들이면서, 이러한 상호모순적인 현상이 발생하게 되었다. 이러한 현상의 배경과 그 의미는 지역경제통합 부문에서 자세히 논의될 것이다.

차(free－riding)하는 경우가 발생하지 않도록, 모든 WTO회원국에 대하여, 상호주의원칙에 근거한 시장개방조치를 취하는 것을 원칙으로 하고 있다. 그 구체적인 예로 WTO에 새로 가입하는 국가들은 WTO가입협상을 통하여 기존 WTO국가들이 취하고 있는 시장개방정책에 무임승차를 하지 않고, 세계전체의 후생증대에 기여할 수 있도록 WTO가입희망국도 기존의 WTO회원국 수준에 준하는 시장개방조치를 취하거나, 중장기적으로 시장개방조치를 취하겠다는 시장개방약속을 제시하도록 유도하고 있다. 이러한 상호주의원칙의 엄격한 적용의 결과, 중국의 경우 WTO가입협상이 근 10년에 가까운 기간을 소요하기도 하였다.

다. 투명성 원칙

모든 WTO회원국은 자국의 무역정책과 각종규제들을 공개적으로 공시하고, 국제무역에 영향을 미치는 각종 행정조치들을 검토하고, 다른 회원국들의 요구에 응하여 무역정책관련 정보를 제공하며, WTO에 자국의 무역정책변화를 통지하는 역할을 담당하는 기구를 유지하는 것을 원칙으로 하고 있다. 또한 무역정책검토기구(Trade Policy Review Mechanism: TPRM)가 모든 회원국의 무역정책에 대한 정기적인 무역정책보고서(trade policy review)의 발간함으로써, WTO 모든 회원국의 무역정책의 투명성 유지를 하고자 노력해야 한다. 또한 회원국들의 무역정책의 투명성 보장을 위하여 수입쿼터 등 수입수량에 영향을 미치는 수량통제정책을 원칙적으로 금지하고 있다.

3. WTO의 역할과 그 한계, 그리고 미래

가. WTO의 역할: 자유무역체제의 보장

WTO의 설립목표는 국제법적 구속력을 가지는 국제기구로서, 세계자유무역체제를 보장하는 것이었다. 세계자유무역체제를 보장하는 방안은 크게 다음과 같은 두 가지로 구분된다. 첫째는, WTO가 모든 회원국으로 하여금, 자유무역정책으로부터 이탈하지 못하도록, 실질적인 강제력을 발휘하는 방안과 둘째는, WTO가 무역정책협의체계를 정기적인 무역정책협의체계로 구축하여, 자유무역체제를 유도하는 것이다. 이와 같은 WTO의 역할에 대한 이론적인 배경은 다음과 같다.

1) 비협조적 무역정책의 내쉬균형: 무역전쟁

흔히 '무역정책결정의 딜레마'는 '죄수의 딜레마'와 매우 흡사한 특징을 가지고 있다. 무역정책이 결정되는 정치경제학적인 구조를 고려할 때, 대부분의 무역정책을 결정하는 정책결정자(trade policy maker)의 목적함수는 정치적 효용을 극대화하는 것이다. 즉 국내에서의 정치적 지지를 극대화할 수 있도록 무역정책이 결정되는 것이 현실이다.

따라서 대부분의 무역정책은, 정치적 영향력이 가장 큰 국내이익집단의 영향을 크게 받게 된다. 시장개방정책의 효과가 소비자 개개인에게 미치는 효용증대효과는 상대적으로 제약적이지만, 수입대체산업에 미치는 부정적 효과는 매우 크기 때문에, 결국, 수입업종에 관련된 산업계에서는 매우 강력한 반대의견과 조직화된 정치적 영향력을 행사하게 된다. 그 결과, 개별국가들의 무역정책결정자들은, 자신들의 정치적 효용을 극대화하기 위하여 보호무역정책을 취하게 되며, 결과적으로 전 세계적인 무역전쟁으로 귀결될 가능성이 높아진다. 이러한 사실은 다음의 무역정책결정의 보수행렬에서도 잘 나타난다.[3)]

〈표 3-1〉 무역정책의 정치경제학적 균형

		B국 자유무역정책	B국 보호무역정책
A국	자유무역정책	100, 100	−100, 200
A국	보호무역정책	200, −100	<u>0</u>, <u>0</u>

위의 무역정책의 보수행렬에서 나타나듯이, 각국의 무역정책결정자들이, 주어진 상대국의 무역정책에 대하여, 자국에서의 정치경제학적 효용을 극대화

3) 보수행렬(payoff matrix)은 각국의 무역정책에 따른 정치경제학적인 효용수준을 나타낸다.

하기 위한 균형무역정책을 선택하고자 할 경우, 각국의 지배적 무역정책전략(dominant strategy)은 보호무역정책이 된다.[4)] [5)] 20세기에 들어서 제1차 세계대전과 제2차 세계대전 등 두 차례에 걸친 전 세계적인 재앙은, 비협조적 무역정책의 내쉬균형인 무역전쟁 상태가 점차 확산되어, 결국 물리적인 세계대전으로 확산된 결과라고 볼 수 있다.

2) 자유무역체제를 향한 첫 번째 길: 강화된 무역분쟁 해결기구

각국이 자국이 사회후생만을 극대화하기 위한 비협조적 전략으로서의 무역정책을 선택할 경우, 위의 보수행렬에서 나타나듯이 죄수의 균형(prisoner's dilemma)과도 유사한 보호무역정책이 균형전략으로 나타난다. 이러한 비협조적 무역정책의 결과 초래되는 무역전쟁 상태에서 벗어날 수 있는 길은, 첫째로 자유무역정책이 지배적 전략이 되도록 보수(payoff)체계가 바꿀 수 있는 경우이다.[6)]

자유무역정책이 지배적 전략이 되도록 보수를 바꿀 수 있는 방법은, <표 3-2>와 같이, 보호무역정책으로 이탈하는 국가들이, 자유무역정책을 고수할 때보다도 더 낮은 보수(payoffs)를 받도록, 보호무역정책에 대한 응징적 조치

---

4) 경제주체들의 효용수준이 다른 개별 경제주체에 의하여 영향을 받지 않을 경우, 즉 모든 경제주체가 가격수용자(price-taker)일 경우, 시장구조는 경쟁적 시장(competitive market)의 형태를 띤다. 경쟁적 시장에서는, 모든 경제주체가 가격수용자로서, 시장균형가격과, 다른 경제주체들의 효용수준에 영향을 미칠 수 없기 때문에, 개별경제주체가 의사결정을 할 때, 다른 개별경제주체의 전략을 고려할 필요가 없다.
그러나, 위의 경우와 같이, 시장참가자의 제한된 가운데, 개별경제주체들이 가격선도자(price leader)로서, 시장균형가격에 영향을 미칠 수 있으며, 따라서, 다른 경제주체들의 효용에 영향을 미칠 수 있는 비경쟁적 시장에서는, 개별경제주체가 의사결정을 할 때, 다른 개별경제주체의 전략을 고려하여, 자신의 전략을 결정할 필요가 있다. 이 때 자신의 효용을 극대화할 수 있는 상대방의 선택을 유도하는 행동을 전략적 행동(strategic movement)이라고 한다. 이와 같이, 비경쟁적 시장에서는 모든 경제주체들이 자신의 효용을 극대화할 수 있는 상대방의 선택을 유도하고자, 전략적 행동을 선택하게 되면, 그 결과 초래되는 균형을 내쉬균형(Nash Equilibrium)이라고 한다. 즉 모든 경제주체들이, 주어진 상대방의 전략 하에서, 자신의 효용을 극대화하고자 하는 내쉬전략을 구사할 때 도달하게 되는 균형이 곧 내쉬균형이다.

5) 상대방의 전략에 영향을 받지 않는, 자신의 후생을 극대화하는 전략을 지배적 전략(dominant strategy)이라고 한다. 위의 보수행렬의 예에서는, 보호무역정책이, 상대국의 무역정책에 관계없이, 항상 각국의 후생을 극대화하는 지배적 전략으로 나타난다.

6) 죄수의 딜레마(prisoner's dilemma)란, 앞의 무역정책의 보수행렬(payoff matrix)에서와 같이, 각각의 경제주체가 모두 자신의 효용을 극대화하고자하는 합리적 동기로 행동하지만, 결과적인 균형은 전체의 효용이 가장 낮은 결과로 귀결되는 딜레마를 의미한다.

가 취해지는 경우이다. GATT체제하에서도, 보호무역정책에 의해 초래되는 국제적인 무역분쟁을 해결하기 위한 기구가 있었으나, 그 강제집행력은 상당히 제약되어 있었다. 그 결과, 현실에 있어서, 자유무역정책이 지배적 전략으로 각인되지 않은 가운데, 각종 무역분쟁은 꾸준히 재연되었다.

〈표 3-2〉 강제력을 통하여, 자유무역정책이 지배적 균형전략이 되는 경우

		B국	
		자유무역정책	보호무역정책
A국	자유무역정책	100, 100	−100, 200 −*150(응징)*
	보호무역정책	200 −*150(응징)*, −100	0 −*150(응징)*, 0 −*150(응징)*

* 각국이 보호무역정책으로 이탈할 경우, WTO가 보호무역주의 이탈하는 국가들에 대하여 응징조치를 취한다. 그 결과, 기존의 보수행렬(payoff matrix)에서, 보호무역정책으로 이탈한 국가의 보수는 응징의 결과, 150만큼 감소한 효용을 누리게 되며, 자유무역정책이 지배적 전략(dominant strategy)으로 바뀌게 된다.

그 결과, 1986년부터 시작된 제8차 다자간 무역협상이었던 우루과이라운드에서, 정부간 협의체제였던 GATT체제를 국제법적 구속력을 가지는 국제기구인 WTO체제로 전환하기로 합의하여, 1995년 WTO가 출범하기에 이르렀다. 따라서 새로 출범한 WTO체제의 가장 주요한 특징은 더욱 강력해진 무역분쟁 해결기구였다.

이 무역분쟁 해결기구(Trade Dispute Settlement Body: TDSB)가 자유무역체제를 보장하기 위해서는, 보호무역정책을 선택했을 때의 보수(payoffs)가 자유무역정책을 견지했을 때보다 낮도록, 보호무역정책으로 이탈한 국가들에게 대하여, 실질적인 응징조치를 취할 수 있어야 한다. 그러나 WTO의 무역분쟁해결기구가 집행할 수 있는 가장 큰 응징조치는, 교역상대국에게 합법적으로 무역보복을 할 수 있는 권한을 허용하는 것에 불과하다.

따라서 무역분쟁이 대국경제(large economy)와 소국경제(small economy) 사이에 발생했을 경우, 소국경제가 대국경제에 실질적인 무역보복이 불가능한 만큼, 대국이 보호무역정책으로 이탈할 경우, 이를 억지할 실질적인 수단이 없

게 된다. 그 결과, 자유무역정책을 선택하게끔 하는 강제력 차원에서는, WTO는 종이호랑이에 불과하다는 비판까지 제기되기도 한다. 적어도, 보호무역정책으로 이탈하는 국가들에 대한 강제력을 집행하여 자유무역정책을 지배적 전략으로 만드는 강제집행력(credible enforcement mechanism)차원에서는 WTO가 그 역할을 수행하는 데에는 한계가 있다는 평가는 타당하다.

3) 자유무역체제를 향한 두 번째 길: 무한반복게임으로서의 WTO체제

앞에서 살펴본 바와 같이, WTO가 보호무역정책으로 이탈하는 국가들에 대하여, 유효한 실질적인 강제력을 행사하기 어려울 경우, 무역정책게임이 일회적인 정책협의체계(one-shot game)이거나, 혹은 유한반복의 정책협의체계(finitely repeated game)일 경우 세계무역체제는 불가피하게 다시금 죄수의 딜레마의 경우와 같이 무역전쟁(trade war)상태로 빠질 수밖에 없다.

그러나 이러한 자유무역정책을 강제할 수 있는 강제집행력이 없는 경우에도, 무역협상이 무한반복게임(infinitely repeated 의 형태를 띠게 될 경우, 협조적 전략으로서의 자유무역정책이 지배적 전략이 될 수 있다. 위의 <표 3-2>와 같은 장제적인 응징이 불가능한 상황인, <표 3-1>과 같은 상황이더라도, 무역정책게임이 무한 반복되며, 각국이 복수전략(trigger strategy)전략을 구사할 경우, 각국은 협조적인 시장개방 전략을 선택할 때의 보수(payoffs)가 비협조적 전략을 선택할 때의 보수보다 더 높게 된다.

협조적 전략을 선택했을 때의 보수는(Payoffs from cooperative trade policies) = 100 + 100 + 100 + 100 + ……이며, 비협조적 전략을 선택했을 때의 최대보수는 Non-cooperative Payoffs = 200 + 0 + 0 + 0 + ……가 된다. 따라서 무역협상게임이 3개 기간 이상만 반복되어도, 협조적인 자유무역정책이 더 높은 보수를 가져다줌을 알 수 있다. 한편 무역협상게임이 무한 반복될 경우의 협조적 자유무역정책의 보수는(Payoffs from cooperative trade policies in infinitely repeated game) = $\frac{100}{1-\delta}$이며, 비협조적인 보호무역정책의 보수는 200이다. 여기서 δ 는 할인요소를 의미한다. 따라서 할인요소(discount factor)가 0.5보다 클 경우에는, 항상 협조적 게임이 지배적 전략으로 확인된다.[7)]

7) 할인요소(discount factor)는 다음과 같이 정의된다. 할인요소(discount factor) = 1/(1 + r) r은

이와 같이, WTO가 협조적 무역정책을 강제할 수 있는 물리적 강제력이 가지고 있지 않더라도, 반복적인 무역정책협의체계를 제공하는 역할을 통하여, 무역정책게임을 무한반복게임에 가깝도록 해주는 역할만으로도, 협조적인 자유무역정책을 유도할 수 있게 된다. 이러한 맥락에서, 매2년마다 개최되는 WTO의 회원국 무역장관회의는 바로 무한반복게임에 의하여, 협조적 자유무역정책을 보장해주는 매우 주요한 역할을 담당한다고 평가할 수 있다.

나. WTO체제의 한계와 미래

앞에서 살펴보았듯이, WTO체제의 목적인 자유무역체제를 보장하는 방법은, 강력한 강제력(credible enforcement mechanism)을 동원하여, 모든 회원국으로 하여금 보호무역체제로 이탈하고자 하는 동기가 발생하지 않도록 하는 것이다. 그러나 현실의 WTO체제가 이러한 역할을 수행하자 못함을 확인하였다. 이와 같이 보호무역주의로 이탈하는 국가들에 대하여 동원할 수 있는 강제력이 제한적이라는 점이 WTO의 가장 큰 한계이며, 그 결과 WTO가 종이호랑이라고 묘사되기도 한다.

그러나 WTO체제가 이러한 물리적인 제제수단이 없음에도 불구하고, 반복적인 국제무역정책 협의체제를 작동함으로써, 무역정책게임을 무한반복게임의 형태를 갖추게 하여, 결과적으로 대부분의 WTO회원국들에게 협조적 무역정책이 지배적 전략이 되게끔 하고 있다. 즉 WTO체제는 자유무역체제를 보장하는 무한반복 무역협상체제로 작동하고 있으며, 이러한 WTO체제의 기능은 간헐적인 무역분쟁에도 불구하고 미래에도 지속될 것으로 기대된다.

할인율(discount rate)을 의미한다.

제 2 절 지역주의 경제통합과 그 효과

1. 지역주의 경제통합(Regional Economic Integration)의 배경

1948년에 출범한 GATT체제를 중심으로 한 다자주의 국제무역체제의 기본원칙이 회원국 간 차별금지원칙(non-discrimination principle)임은 앞에서 살펴보았다. 따라서 특정상대국에 대해서만 무역장벽을 철폐해주는 특혜무역협정(Preferential Trade Arrangement)은 명백히 WTO의 기본원칙에 배치됨에도 불구하고, 최근 WTO에 보고된 특혜무역협정은 200여건에 달하면서 급증하는 추세를 보이고 있다.[8)]

이와 같이, WTO체제를 통한 다자간 국제무역체제에도 불구하고, WTO의 차별금지원칙과 배치되는 지역주의경제협정이 증가하는 가장 중요한 이유는, 세계무역체제를 주도하고 있는 EU와 미국 등 대국경제(large economies)들이 지역주의 무역협정을 또한 주도하고 있는 정치적 현실 때문이다. 역사적으로 지역주의 경제통합노력은 유럽에서 시작되어, 현재까지 유럽에서 가장 깊이 진행되고 있다. 즉 철강연합체에서 출발한 유럽에서의 경제통합은 단순한 역내무역장벽을 철폐하는 자유무역협정의 형태를 훨씬 넘어서서, 현재는 역외무역정책도 모두 통합된 관세동맹(custom union)의 형태를 지나, 또 역내에서의 노동력을 포함한 생산요소 이동을 허용한 공동시장(common market)의 형태도 넘어서서, 결국 통화정책까지 통합된 경제공동체(economic union)의 단계까지 진화하였다. 결국 유럽연합(European Union)의 궁극적인 형태는 정치군사적 통합까지 포함한 완전한 국가통합의 형태가 될 것으로 예상된다. 이는 유럽통합노력의 출발점이, 과거 신성로마제국의 영화를 재건하고자 하는 유럽인들의 정치, 문화적 열망이 작용하였다는 점을 고려할 때, 그 개연성이 높음

---

8) 지역주의 경제통합(regional economic integration)의 의미가 항상 특혜무역협정(preferential trade agreement: PTA)과 항상 동일하게 사용되는 것은 아니다. 특혜무역협정은 특정회원국에 대해서만, 관세인하나 기타 특혜조치가 제공되는 경우이다. 그에 비해서, 지역주의 경제통합은 좀 더 포괄적인 개념으로, 특혜무역협정의 지역경제통합을 포함하여, 매우 느슨한 추상적 형태의 경제협력체제까지 포함하는 경우도 있다. 따라서 좀 더 구체화되고 실질적인 지역경제통합은 결국 특혜무역협정 형태의 경제통합을 의미한다. 특혜무역협정의 다양한 형태 및 그 경제적 효과는 다음 절에서 자세히 논의된다.

을 부인할 수 없다.

한편 유럽에서 진행된 매우 급속한 지역경제통합에 비하여, 다른 지역에서의 경제통합추이는 상대적으로 미미하다가, 1994년 미국이 북미지역에서 북미자유무역협정(NAFTA)을 체결하면서, 세계주요 선진국이 모두 지역경제통합을 주도하는 형국이 되었다. 그 결과, 지역경제협정의 체결이 지역에서의 정치경제적 영향력의 지표로까지 간주되면서, 일본 및 중국을 포함한 아시아 각국들까지 경쟁적으로 지역경제협정을 체결을 위하는 노력하는 결과를 낳고 있다. 심지어, 최근의 우리나라에서도 나타나고 있듯이, 소국개방경제의 경우, 마치 FTA를 포함한 지역주의경제협정의 체결이 경제선진화를 위한 지름길이라는 정치적 구호까지 등장하고 있어, 가히 지역주의 경제협정의 시대라고도 부를 수 있을 정도가 되었다. 한편 이와 같은 지역주의 경제협정에 대한 과도한 기대와 평가가 적절한 것인지, 모든 국가에 동일하게 적용되는 것인지를 다음 절에서 자세히 살펴보겠다.

2. 지역주의경제통합의 형태 및 그 경제적 효과

가. 자유무역협정(Free Trade Agreement)

자유무역협정은 가장 초보적인 지역주의 경제통합이 한 형태로서, 역내국가들 간의 관세 및 비관세장벽을 포함한 무역장벽을 철폐하는 형태의 경제통합이다.[9] 그러나 자유무역협정은 역내국간의 무역장벽 철폐에 그치며, 역외국에 대한 무역정책은 각국이 독자적으로 결정하여 집행하는 경우이다. 이러한 자유무역협정체결이 참가국에 미치는 영향에 대한 분석은, 일반적인 무역정책 효과분석의 경우와 마찬가지로, 정태적 효과분석 및 동태적 효과분석으로 구분할 수 있다.

---

9) 자유무역협정의 사례로는, EU등 일부국가를 제외한 대부분의 지역경제통합은 자유무역협정 형태의 통합이다. 즉 NAFTA, 한미자유무역협정 등 대다수의 경제통합은 자유무역협정의 형태를 취하고 있다. 이는 자유무역협정이 현실적으로 도달하기 가장 쉬운, 초보적 형태의 경제통합이기 때문이다.

1) 자유무역협정의 정태적 효과

먼저 정태적 효과(static effects)의 경우, 자유무역협정의 효과는 다음과 같이, 무역창출효과와 무역전환효과를 중심으로 평가할 수 있다. 무역창출효과란 자유무역협정의 결과, 국내수입품의 가격이, 자유무역협정 체결이전보다 낮아진 결과 발생하는 사회후생증대효과이다.

즉 아래 그림에서 나타나듯이, 자유무역협정이 체결되기 이전의 경우, 외국으로부터의 모든 국가로부터의 수입품에 동일한 수입관세가 부과되다가, 자유무역협정이 체결되면, 협정체결상대국으로부터의 수입품에 대해서는 수입관세가 철폐된다. 그 결과, 수입품의 국내가격이 하락하여, 소비자들의 수요도 늘어나는 반면, 비효율적인 국내생산업자의 생산은 상대적으로 효율적인 FTA 협정 상대국기업의 생산으로 대체된다. 그 결과, 자유무역협정체결에 따른 사회후생증대효과는, 더욱 저렴한 가격으로 소비기회가 늘어난 '소비부문에서의 효율성 증대효과(consumption efficiency enhancement effects)'와 비효율적인 국내생산이 상대적으로 더 효율적인 해외생산으로 대체됨에 따른 '생산부문에서의 효율성 증대효과(production efficiency enhancement)'로 이루어진다. 또한 이 두 가지 사회후생 증대효과를 합하여, 무역창출효과(trade creation effects)라고 한다.

반면, 자유무역협정의 결과, 사회후생의 감소도 발생할 수 있다. 즉 자유무역협정이 체결되기 이전에는, 모든 국가들에 동일한 수준의 관세가 부과되어, 수입상대국은, 가장 낮은 가격으로 생산할 수 있는, 즉 가장 효율적인 국가로부터 수입하게 된다. 그러나 자유무역협정의 상대국이 역외국보다 비효율적이며, 또한 자유무역협정의 결과 철폐되는 관세율이 역내국과 역외국간의 기술력차이, 즉 가격차이보다 클 경우, 자유무역협정이 이루어지면, 수입상대국이 비효율적인 역내국으로 전환되게 된다. 왜냐하면, 비효율적인 역내국으로부터의 수입한 제품의 국내가격이, 효율적인 역외국으로부터의 수입한 제품의 국내가격보다 더 낮기 때문이다.

이와 같이, 자유무역협정의 결과, 수입상대국이 비효율적인 역내국으로 전환될 경우의 사회후생감소효과는 아래 그림에서와 같이, 악화된 교역조건으로 나타나게 된다. 즉 자유무역협정 체결이전, 효율적인 역외국으로부터 수입할 경우에 발생했던 관세수입(tariff revenue)이 자유무역협정체결의 결과, 없어지게 된다. 이와 같은 자유무역협정의 결과, 수입상대국이 비효율적인 국가로 전환됨에 따른 사회후생감소효과는 무역전환효과(trade diversion effects)라고 한다.

[그림 3-1] 자유무역협정의 정태적 사회후생효과 분석

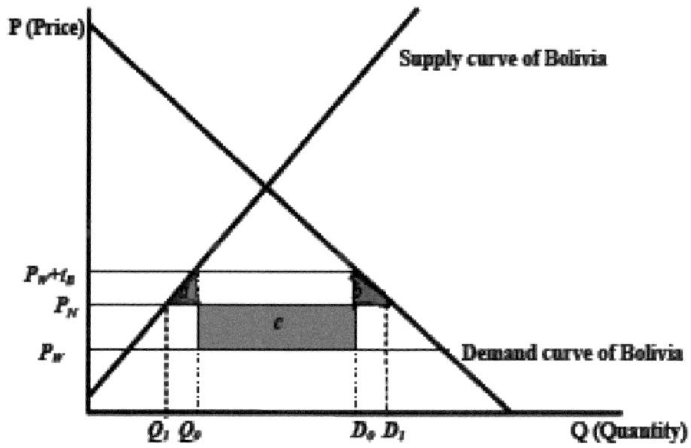

위의 [그림 3-1]에 예를 통하여 살펴보면 다음과 같다. 즉 예를 들어, 볼리비아와 니카라과가 FTA를 체결할 경우의 효과를 살펴보자. 니카라과의 기술력이 여타 세계국가들에 비하여 낮다고 가정하자. 이 경우, 생산비용을 반영한 니카라과산 제품가격은 세계시장가격보다 높게 된다. 이 때, 볼리비아가 모든 교역상대국에 균일한 최혜국대우원칙을 충족하는 수입관세를 부과할 경우, 볼리비아는 니카라과보다 상대적으로 더 효율적인 세계교역상대국으로부터 제품을 수입하게 된다. 이 때의 국내수입가격은 세계시장가격에 수입관세가 더해진 수준(P_W+t_B)이며, 그 결과, 국내생산은 Q_0, 국내소비는 D0에서 이루어지며, 수입량은 'D_0-Q_0'이다.

한편 볼리비아가 니카라과와 자유무역협정을 체결하는 경우, 볼리비아는 니카라과에 대해서만, 수입관세를 철폐하고, 나머지 국가들에 대해서는 기존

의 수입관세를 적용하는 차별적 관세를 적용하게 된다. 그 결과, FTA의 역외국인 세계로부터 수입한 제품의 국내가격은 기존의 가격수준$(P_W + t_B)$으로 동일하나, 니카라과로부터의 수입제품가격은 '$P_N + t_B$'에서 P_N으로 하락하며, 그 결과 역외국인 세계로부터 수입한 제품가격보다 더욱 낮아진다.[10] 그 결과, 볼리비아와 니카라과의 자유무역협정의 결과, 볼리비아의 수입품의 국내가격은 P_N으로 낮아짐과 동시에, 수입물량도, 자유무역협정의 '$D_0 - Q_0$'수준에서 '$D_1 - Q_1$'으로 확대된다.

이와 같이, 자유무역협정에 의하여, 무역량이 확대되었음에도 불구하고, 그림 1에서 보는 것처럼, 자유무역협정에 의한 사회전체적인 후생수준은 항상 개선되는 것은 아니다. 즉 자유무역협정의 결과, 수입물품의 국내가격이 하락하면서, 늘어난 수입품 수요증가와, 비효율적인 국내생산자의 퇴출에 따른 사회후생증가는 [그림 3−1]의 b와 a로 나타난다. 이와 같이 수입량 증가에 따른 소비자후생증가는 무역창출효과(trade creation effect)라 한다. 즉 자유무역협정에 의하여 증가된 무역량, 즉 수입량이 창출한 사회후생증대효과이다.

그러나 자유무역협정이 협정상대국에 대해서만 차별적으로 수입관세를 철폐한 결과, 자유무역협정이 발효되기 전에는 상대적으로 더 효율적이 역외국으로부터 수입하던 물품을 자유무역협정이 발효된 이후에는 상대적으로 비효율적인 협정상대국인 니카라과로 수입상대국이 전환되었다. 그 결과 자유무역협정 발표 전에 수입국 정부가 거두어들인 관세수입(tariff revenue) 중 국내수입제품의 가격인하폭 만큼은, 소비자 후생으로 전환되지만, 당초 역외국과 회원국 간의 가격차이 만큼의 수입관세는 상실하게 된다. 즉 국제시장가격 기준으로 보았을 때, 비효율적인 역내국으로 수입이 전환됨에 따라, 수입국 정부가 확보하던 관세수입 중 'c'에 상당하는 순손실이 발생하는데, 이를 무역전환효과(trade diversion effect)라 한다. 즉 자유무역협정의 결과, 수입상대국이 비효율적인 역내국으로 전환됨에 따른 사회후생손실이 곧 c 만큼의 무역전환효과이다.

10) FTA이전에는 역외국으로부터 수입을 하다가, FTA이후에는 수입선이 역내국으로 전환하게 되는 조건은, FTA로 인하여 역내국에 대해서 철폐되는 수입관세율의 크기가, 역외국과 역내국간의 가격격차보다 클 때 가능하다. 만약, FTA로 인하여 철폐되는 관세율의 규모가 기존의 역내국 및 역외국간의 가격격차보다 작다면, FTA로 인한 무역전환은 발생하지 않는다.

자유무역협정이 사회후생에 미치는 전체적인 결과는, 이러한 무역창출효과와 무역전환효과를 종합하였을 때, 무역창출효과가 무역전환효과보다도 더 크면, 사회후생효과가 긍정적이며, 만약 무역전환효과가 무역창출효과보다도 작으면, 자유무역협정이 사회후생을 감소시키는 경우이다. 한편 이와 같은 자유무역협정의 사회후생에 대한 평가는, 정태적인 사회후생효과만을 살펴본 것이다. 만약 중장기적인 동태적인 효과까지 동시에 고려한다면, 자유무역협정의 효과는 더욱 복합, 중첩적인 결과를 낳을 수 있다.

2) 자유무역협정의 동태적 효과

자유무역협정의 동태적 효과는 일반적인 무역자유화의 동태적 효과와 마찬가지로, 자유무역협정을 체결한 이후, 비교우위부문에서는 동태적으로 규모의 경제효과가 발생하고, 또한 시간이 흐르면서, 생산경험이 누적되면서 발생하는 학습효과(Learning Effects) 등에 의하여 경제전반의 생산성향상효과가 나타날 것으로 기대되고 있다. 예를 들어, 한·미 FTA의 경제적 효과는 정태적 효과차원에서는, 한국의 일방적 시장개방에 가까울 정도로 한국의 관세양허율이 일방적으로 높아, 수입의 대규모 확대 및 수출의 상대적으로 미미한 증가의 결과, 정태적으로 부정적 효과가 나타날 수 있으나, 동태적 효과측면에서, 정태적인 부정적 효과를 능가하는 사회후생증대효과가 있을 것으로 추정된 바 있다.

그러나 동태적 효과를 추정할 때 유의할 점은, 규모의 경제 및 학습효과에 의한 효율성증대효과는 자유무역협정을 체결한 경제의 모든 부문에서 나타나는 효과가 아니라, 자유무역협정의 결과, 생산규모가 확대된 산업에서만 나타나며, 이와 같은, 생산규모의 확대효과는 비교우위부문에서만 나타난다는 점이다. 즉 비교열위부문은, 시장개방의 결과 강화된 경쟁에서 도태되어, 그 생산규모가 축소되며, 따라서 규모의 경제효과로 그 효율성이 더욱 감소하게 된다. 따라서 자유무역협정의 동태적 효과는 규모의 경제효과가 나타나는 산업에서 정태적 효과가 확대 재생산되는 효과로 이해할 수 있다.

따라서 자유무역협정의 사회후생을 종합적으로 판단하기 위해서는 위에서 살펴본 무역창출효과와 무역전환효과에 대한 종합적인 고려가 필요하다.

즉 무역창출효과가 무역전환효과보다 클 경우에는 자유무역협정의 정태적인 사회후생효과가 긍정적이지만 무역전환효과가 무역창출효과보다 클 경우에는 자유무역협정은 사회후생을 감소시키는 결과를 초래한다. 즉 자유무역협정 상대국이 역외국보다 경제적 효율성이 낮을 경우에는 오히려 사회후생이 정태적으로도 감소하는 결과가 초래된다.

일반적인 무역정책효과분석의 경우와 마찬가지로, 자유무역협정의 동태적 효과도 고려할 수 있다. 즉 자유무역협정의 결과, 나타날 수 있는 규모의 경제효과(economies of scale effects)와 학습효과(learning effects), 그리고 경쟁심화에 따른 경제효율성 증대효과이다. 즉 자유무역협정의 결과, 특정산업의 수출증가에 따른 생산량증가가 이루어지면, 고정비용(fixed cost)의 비중이 상대적으로 클 경우, 평균생산비용(average production cost)이 감소하게 된다. 그 결과, 자유무역협정은 정태적 효과와 함께, 수출증대에 따른 평균생산비용 감소에 따른 추가적인 효율성 개선효과를 얻게 된다.

한편, 이와 같은 자유무역협정에 따른 동태적 효과로서의 규모의 경제효과는, 자유무역의 결과, 생산량이 증가하면서, 상대적으로 고정비용의 비중이 높은 산업에서 크게 나타난다. 즉 고정비용의 비중이 높은 비교우위산업에서만 양의 규모의 경제(positive economies of scale)가 긍정적으로 나타나게 된다. 반면, 비교열위산업의 경우, 고정비용의 비중이 상대적으로 높을 때, 자유무역협정의 결과, 생산량이 감소하면서 비교열위산업의 평균생산비용은 커지게 된다. 따라서 이러한 동태적 효과(dynamic effects)로서의 규모의 경제효과는, 비교열위산업의 시장퇴출을 더욱 촉진시키는 효과를 초래하게 된다.[11)]

또 다른 자유무역협정의 동태적 효과로 언급되는 것은, 자유무역협정에 따른 경쟁심화의 결과, 우리경제 전반의 효율성이 개선된다는 점이다. 그러나 경쟁심화의 결과, 경제효율성이 개선되는 효과의 근거는, 경쟁심화의 결과, 경

---

11) 한편, 최근 우리나라에서, 정부가 주도한 자유무역협정의 확산과정에서, 일부 관변학자들은, 정부의 입장을 지지하기 위한 방편의 일환으로 시도하였던, 자유무역효과추정에서, 동태적 효과로서의 규모의 경제효과가 국내 모든 산업에서 긍정적으로 나타난다고 가정하였다. 이러한 가정에 근거하여, 자유무역협정의 동태적인 효과를 포함한 장기적인 효과는, 정태적인 효과보다 그 긍정적 파급효과가 훨씬 커다는 결론을 내린 바 있는데, 이는, 동태적 효과를 잘못 이해한 결과라고 볼 수 있다.

쟁에서 이긴 산업이 창출하는 효율성 개선효과이며, 경쟁에서 도태되는 산업의 경우, 효율성이 개선되는 것이 아니라, 시장에서 퇴출되며, 장기적으로 비교우위산업으로 전환되지 못할 경우, 요소실업상태에 빠지게 된다. 따라서 자유무역협정의 동태적 효과는, 정태적 효과가 규모의 경제 및 학습효과에 의하여 더욱 확대 재생산된다는 특징을 가지는 만큼, 비교열위산업의 경우, 시장에서의 퇴출속도가 가속화된다는 점에 유의하여야 한다. 즉 자유무역협정의 동태적 효과분석의 가장 주요한 쟁점은, 자유무역협정 상대국에 비한 비교우위산업과 비교열위산업의 부가가치구조에 의하여 결정된다는 점이다.[12]

나. 관세동맹(Custom Union)

관세동맹은 역내국간의 무역장벽철폐와 함께, 역내국들의 대외무역정책을 단일화한 형태의 경제통합으로서 개별회원국의 무역정책주권(trade policy sovereignty)을 포기하는 형태이다. 이와 같이, 관세동맹의 경우, 개별회원국들이 독자적인 무역정책을 포기한다는 차원에서 자유무역협정에 비하여 상당히 진보된 형태의 경제통합이다. 즉 개별회원국들이 무역정책의 주권을 포기하는 형태의 경제통합이라는 차원에서 자유무역협정(FTA)과는 상당한 질적 차이를 가진다고 볼 수 있다. 또한 실질적으로 관세동맹을 체결한 사례도 EU등 일부 국가에 국한된다.

다. 공동시장(Common Market)

공동시장은 역내국간의 무역장벽철폐 및 역외국에 대한 공동의 무역정책을 집행할 뿐만 아니라, 역내국간의 생산요소의 자유이동이 허용된 형태의 경제통합이다. 즉 주요한 생산요소로서 자본의 자유이동뿐만 아니라, 노동력의 자유이동까지 허용하는 경우이다. 이 공동시장이 실질적으로 실현된 경우는, 1992년의 유럽공동체(European Union)가 유일한 경우이다.

자본(capital)의 자유이동의 경우, 별다른 경제통합조치가 취해지지 않은

12) 즉 자유무역협정 상대국에 비하여, 자국의 비교우위산업이 저부가가치산업일 경우, 자유무역협정의 동태적 효과는 장기적으로 부가가치구조를 더욱 저하하여, 장기적인 사회후생이 감소하게 된다.

경우에도, 외국인투자나 해외투자에 별다른 규제조치를 적용하지 않는 국가간에는 대부분 이미 자본의 자유이동이 허용되어 있다고 볼 수 있다. 그러나 노동력의 자유이동의 경우, 실질적인 국가통합의 사전단계로까지 간주할 수 있는 매우 진전된 형태의 경제통합이라고 볼 수 있다.

전통적 무역이론에서, 완제품의 자유무역이 이루어지면, 결과적으로 생산요소시장에서의 자유무역이 이루어지는 경우와 동일한 효과가 발생함을 헥셔올린 정리에서 도출된 요소가격균등화정리(factor－price equalization theo－rem)에서 증명한 바 있다. 이러한 요소가격균등화정리가 타당하다면, 굳이 역내국가 간의 생산요소의 자유이동을 보장한 공동시장(common market)의 경제적 효과가 역내국가 간의 완제품의 자유무역을 보장하는 자유무역협정(FTA)과 크게 다르지 않다고 해석할 수 있을 것이다.

그러나, 그 실제에 있어, 요소가격균등화정리가 성립되지 않는 이유로서 일반적으로 거론되고 있는 국제무역에서의 거래비용(transaction cost)의 존재와, 무역당사국간의 요소부존도의 극단적인 비대칭성 이외에도, 생산요소의 자유이동을 가능하게 하는 공동시장이 자유무역협정과 차별화되는 좀 더 본질적인 이유는 다음과 같다. 첫째, 생산요소의 국제적 이동에 있어, 자본의 국제적 이동은 이미 대부분 국가들 간에 상당한 자유화가 이루어져 있다. 자본의 국제적 이동의 구체적 형태는, 단기 및 장기 자본차입형태의 국제적 이동과 함께, 해외주식 및 채권의 매입과 같은, 국제적인 유가증권매입형태의 국제적인 자본이동, 그리고, 해외직접투자형태의 자본이동 등 다양한 형태의 국제적인 자본이동은 대부분 국가에서 활발하게 이루어져있다.

한편 생산요소 중 노동력의 국제적인 자유이동은 다른 생산요소의 자유이동과는 그 영향 및 의미가 전혀 다른 차원의 경제통합이슈로서, 많은 부분 사회적 정치적 통합과도 관련된 민감한 요소이다. 왜냐하면, 노동력의 자유이동이란, 단순한 생산요소로서의 노동력의 자유이동효과와 함께, 사회적, 정치적 의사결정의 주체로서의 시민의 자유이동효과를 동반하기 때문이다. 따라서 이러한 사회적 정치적 통합가능성까지 배제하지 않은 형태의 경제통합에서만 공동시장이 가능한 만큼, 현실에서 관찰할 수 있었던 공동시장의 사례는 완전한 국가통합을 염두에 두었던 EU에서 가능했으며, 그 이외의 지역에서 실효성 있는 공동시장이 이루어진 사례는 없었다. 이러한 여러 특성을 고려할 때, 공동시장은, 장기적으로 사회통합 및 정치통합까지도 가능한 지역경제통합의 단계로 이해하는 것이 적절할 것이다.

라. 경제동맹(Economic Union)

경제동맹은, 지역주의 경제통합과정에서 공동시장보다 좀 더 획기적으로 진전된 형태의 경제통합으로서 거시경제정책차원에서의 통합이 이루어진 경제통합단계이다. 즉 가장 주요한 거시경제정책으로서 통화정책의 통합과 또한 재정정책의 통합이 이루어진 경제권이 곧 경제동맹이다. 통화정책과 재정정책의 통합이란 곧 통합된 국가의 개별국가에서는 경제정책의 주권을 포기하는 것과 동일한 상태로 경제정책차원에서의 국가통합의 수준이라고 해석할 수 있다.

그 구체적 형태로서 통화정책의 통합은, 이미 EU의 통화통합의 형태로 실현되었다. 그 구체적 실현은 우선 통화의 단일화를 통하여 이루어졌으며, 그 구체적 의미는 개별국가들이 통화 공급량의 결정을 독자적으로 내리는 것이 아니라 유럽중앙은행의 결정에 따르는 형태의 통화주권의 포기였다. 그 실질적 효과는 각국의 환율을 고정환율로 유지하는 정책과도 동일하며, 따라서 회원국 간의 국제거래의 불안정성을 제거하는 효과를 가져와 역내국간의 거래량을 획기적으로 증가시키는 효과를 나았다.

한편 이러한 통화정책의 통합이 지속적으로 유지되기 위한 조건에 대한 연구로는, 먼델(Robert Mundell)의 최적통화이론(Optimum Currency Area)이 있다. 이 최적통화이론에 따르면, 통화통합이 이루어질 수 있는 조건은, 첫째, 노동의 자유이동이 가능해야 하며, 이를 위해, 문화적 장벽이 상대적으로 작아야 한다는 점, 둘째, 회원국 간의 시장개방확대에 따른 자본의 이동성 및 가격과 임금의 유연성이 확보되어야 한다는 점, 셋째, 노동 및 생산요소의 자유이동 및 가격유연성에 의하여 피해를 볼 수 있는 지역에 대한 소득이전체제가 원활히 이루어질 수 있는 체제(fiscal transfer mechanism)가 작동해야 한다는 점이다. 최적통화지대이론(Optimum currency area theory)에 따르면, 통화통합은 결국 경제적 여건뿐 만 사회문화적 동질성을 공유하는 지역에서 실현될 개연성이 상대적으로 더 높음을 보여주고 있다.13)

이는 또한 동아시아에서 최근 논의되고 있는 동아시아 공동통화도입 논의에 있어서도 먼저 노동력을 포함한 생산요소의 자유로운 이동 및 회원국 간 원활한 소득이전시스템이 작동할 때 진정한 통화통합이 가능하다는 최적통화지대이론은 회원국 간의 소득이전체제 등 사전적인 통합노력이 통화통합에 선행되어야 한다는 점을 분명히 밝혀준다.

3. 한국경제에 있어, 지역주의 경제통합의 형태별 사회후생효과

2000년대 초반까지, 한국정부는 다자주의에 의한 시장개방을 표방하면서, 지역주의 경제협정은 거의 체결한 바 없었다. 그러나 1992년 공동시장(Common Market)으로 그 통합의 깊이를 더 했던 EU가 1999년 단일통화를 도입하면서 통화통합에 도달하였다. 또한 전통적으로 다자주의에 의한 자유무역을 표방하던 미국도 1994년 북미자유무역협정(NAFTA)을 체결한 이후, 미주대륙을 중심으로 적극적으로 지역주의 경제통합을 주도하는 정책을 표방하게 되었다. 아시아에서 중국이 지역적 영향력 확대차원에서 동남아지역과의 지역경제통합노력을 확대하기 시작하였다. 또한 WTO체제에서의 다자간 시장개방노력의 일환으로 진행되던 2002년부터 시작된 DDA(Doha Development Agenda: 도하개발어젠더)협상이 교착상태에 빠지면서, 실질적인 추가시장개방조치는 주로 개별국가 간 취해지는 지역경제통합의 형태로 이루어지기 시작하였다.

이와 같은 배경에서, 한국정부는 지역주의 경제통합의 흐름에서 낙오할 경우, 해외시장 접근기회가 상실될 것이라는 위기의식이 확대되기 시작하였다. 즉 WTO체제에 의한 추가적인 해외시장 접근기회 확보가 사실상 답보상태를 보이고 있는 가운데 유일한 해외시장에 대한 추가적인 접근기회를 확보할 수 있는 지역주의경제통합에서 낙오될 경우, 해외시장 진출경쟁에서 낙오할

13) 최적통화지대(Optimum Currency Area)이론의 세부내용은 다음 논문을 참조하라: Mundell, R.A.(1961), "A Theory of Optimum Currency Areas", American Economic Review 51: 657–665.

것이라는 위기감이 팽배하기 시작했다. 그 결과 한-칠레 FTA를 필두로, 싱가포르, EFTA(European Free Trade Agreement), ASEAN과는 이미 FTA를 체결, 발효 중이며, 최근 타결된 한-인도 CEPA(Comprehensive Economic Partnership Agreement: 포괄적 경제동반자 협정), 한-EU FTA 및 2007년도에 타결된 한·미 FTA가 발효될 경우, 동아시아에서 지역경제협정 체결에 가장 앞선 나라 중의 하나가 될 전망이다. 한편 이와 같이 적극적으로 추진되어 왔던 FTA 정책이 한국경제에 미칠 영향에 대한 좀 더 분석적 접근이 필요하다.

가. FTA 정책의 의의 및 기본방향

특혜무역협정으로서의 FTA 정책의 효과는, 결국 수출입재화의 상대가격을 변화시키고, 결과적으로 FTA에 의하여 상대가격이 상승하는 산업을 육성하는 산업정책과 동일한 효과를 가지게 된다. 따라서 FTA 정책은 중장기적 산업구조조정정책의 일환으로 추진되어야 한다. 또한 FTA 체결은 교역재화의 상대가격변화를 통하여, FTA상대국에 대해 비교우위가 있는 산업으로, 산업구조의 특화를 초래한다. 특히, 한국과 같은 소국개방경제의 경우, 사회후생에서 전략산업의 생산자잉여가 차지하는 절대적 비중을 고려할 때, 기존의 FTA 효과분석에서와 같이, 정태적 소비자후생효과와 전략산업의 생산자 잉여효과에 동일한 비중을 두는 것은, 대국경제와의 차별성을 간과하는 것이다.

따라서 한국의 FTA 정책목표는 FTA 체결건수의 극대화가 아니라 FTA 체결을 통하여 실질적인 해외시장접근 기회를 확대하여 국제분업구조에서 기술적 시장지배력을 확보하는 데에 초점을 맞추어야 할 것이다. 즉 한국의 주력수출제품인 공산품(SITC 7단위)에 대한 일본 및 미국의 평균수입관세율은 1% 및 2% 미만에 그쳐 FTA 체결에 따른 추가적인 시장접근 기회는 미미한 반면, 중국, 멕시코, ASEAN, 인도 등과의 FTA는 최고 30% 이상의 관세율 인하효과로, 실질적인 시장접근 기회 확대를 제공한다는 측면을 고려할 때, 최근 인도 및 ASEAN 등의 지역과 FTA협정을 체결한 접근은 그 실질적 효과측면에서 바람직한 접근으로 평가된다.

외부충격에 매우 취약한 소국개방경제로서의 한국경제의 구조적 특성을 고려할 때, FTA 정책을 통한 산업구조조정정책은, 고부가가치산업에서 기술적 시장지배력(technical market power)을 확보하는 데에 초점을 두어야 한다. 즉 한국경제 및 산업구조는 OECD 및 동아시아에서 대외의존도가 가장 높아, 대외적 충격에 가장 취약한 구조적 특성을 한국경제다. 이와 같이 대외의존도가 높은 소국개방경제가 국내경제의 안정과 지속 가능한 성장기반 확보의 기본조건은, 고부가가치산업에서 기술적 시장지배력(technical market power)을 확보하는 것이다.

한국의 FTA 정책방향은 FTA 체결건수를 극대화하는 것이 아니라, 우리산업구조의 고부가가치화 및 중장기적 성장기반 확보를 위한 대외경제여건을 조성하는 데에 그 기본목표를 두어야 한다. 따라서 FTA상대국 선정의 우선순위 문제는, 국제분업구조에서 우리산업의 부가가치구조를 결정하는 중대한 변수인 만큼, FTA로드맵 설정은 시나리오별 국제분업구조재편 및 한국산업의 부가가치구조에 미치는 효과분석에 근거하여, 산업정책적 차원에서의 전략적 접근이 필요하다.

나. 우리나라 FTA 정책의 특징

2000년대 초반에 수립된 한국의 FTA 정책방향(Road map)에 따르면, 궁극적으로는 거대·선진경제권과의 FTA 체결이 목적이나, 단기적으로, 취약산업인 농업부문에 대한 구조조정압력이 낮아, FTA 체결의 정치적 부담이 가장 가벼운 상대국(싱가포르, EFTA)과 FTA를 먼저 체결한 후, 장기적으로, 거대 선진경제권과 FTA를 추진한다는 것이 그 주 내용이다. 위와 같은 순차적 FTA로드맵의 근거는, FTA타결의 정치적 부담이 낮아, 현실적 체결가능성이 가장 높은 FTA를 우선 출범한 후, 이를 계기로, 중국 및 기타국가와의 FTA 체결을 확산한다는 것이다.

기존의 FTA 체결의 경제적 효과에 대한 연구결과(예: 한·일 FTA 산관학 공동연구회, 한·미 FTA의 효과연구 등)에 따르면, 미국, 일본 등 소위 거대선진경제권과 FTA를 체결할 경우, 단기적으로 무역수지는 악화되나 동태적으로는 경쟁심화의 결과 등으로 생산성이 향상되어 결과적으로 사회후생이 증대할 것이라고 추정하고 있다.

1) 선진경제권과의 FTA 효과에 대한 기대와 현실

우리 정부가 FTA 정책의 궁극적인 목표로 설정하고 있는 선진경제권과의 FTA 체결의 경제적 효과에 대한 연구로는, 한·미 FTA 및 한·일 FTA의 효과에 대한 정부출연연구소들의 연구가 자주 인용되고 있다. 예를 들어, 정부출연연구소를 중심으로 진행된 한·일 FTA 효과 연구결과에 따르면, 한·일 FTA는 한국의 대일무역수지적자 확대(약 60억 달러의 적자폭 확대) 및 GDP의 감소(−0.07%)를 초래하나, 동태적 효과는 한·일 FTA의 결과, 경쟁심화에 따른 생산성향상(매년 1%씩 10년간)과 외국인투자증가(매년 30억 달러)의 결과, 전체 무역수지는 30억 달러 개선되고, GDP도 2.88% 증가한다고 분석하였다.

한편 한·미 FTA 및 한·일 FTA의 효과에 대한 기존의 국책연구소의 연구의 동태적 효과에 대한 추정결과는, 거대 선진경제권과 FTA가 체결될 경우, 한국으로의 FDI 유입액이 대규모 증가한다고 가정하여, 이러한 FDI 유입액의 증가가, 연간 1%씩의 총요소생산성의 증가를 초래한다고 가정에 근거하고 있다. 그러나 한·일 FTA에 따른 30억 달러의 FDI 유입 효과 과정은 그 개연성이 매우 취약한 바, 한·일 FTA의 결과 이미 주요제조업제품의 수입관세율이 1% 미만인 일본시장으로의 우회진출을 목적으로, 생산요소비용이 매우 높은 한국으로, 제3국이 투자할 개연성은 매우 낮다. 또한 한국의 수입관세율이 0%로 낮춰지면, 일본기업의 대한국 투자 동기는 더욱 감소할 뿐만 아니라, 지속적인 구조조정전략을 구사하고 있는 일본 기업들의 한국투자여력은 낮은 것으로 평가된다.

‘03년 한일투자협정이 발효된 이래, 일본으로부터의 총 FDI 유입액이 61%나 감소하여, 5억4000만 달러에 불과하였다는 사실이, 30억 달러의 추가유입 가정의 한계를 반증하고 있다. 한편 ‘04년 들어, 일본의 LCD 등 부품·소재업체들이 직접투자 형식으로 한국진출을 확대하고 있는 바, 2004년 2/4분기 일본기업들의 국내투자는 8억5,000만 달러를 기록, 한국의 전체 외자유입액의 42.5%나 차지했으며, 2004년 상반기에, 11억4,400만 달러로 2003년의 두 배에 달하고 있다.

최근 일본 부품업체들의 한국투자는, 한국 내에서 삼성전자·LG전자 등 국내 대기업을 중심으로 한 거대한 부품수요시장을 선점하기 위한 제한적 전략으로 분석되는 가운데, 한국에 투자 진출하는 일본기업들은 이미 한국기업들도 확보하고 있는 기술에 기반한 부품생산에 집중한다던지, 혹은 핵심부품 설계기술의 대한국 이전을 엄격하게 통제하여, 중장기적인 한국산업의 대일기술의존도는 더욱 심화될 개연성이 높은 것으로 판단된다. 따라서 기존의 30억 달러의 추가적인 FDI유입이라는 외생적 가정이 수정될 경우, 한·일 FTA가 동태적으로 긍정적인 영향을 가질 것이라는 추정결과 역시 재검토되어야 할 것이다.

2) 기술선진국과의 FTA 체결의 동태적 효과

미국, 일본 등 선진경제권과FTA를 체결할 경우, 기존의 정부출연구소 중심의 연구결과에 따르면, 예외 없이, 동태적으로 규모의 경제효과 및 경쟁심화에 따른 효율성 증대효과가 전체산업에 나타나는 것으로 가정하였다. 그러나 생산량이 늘어나서 평균생산비용이 감소하는 규모의 경제효과는 비교우위업종에서만 긍정적으로 나타나며, 비교열위업종에서는 규모의 경제효과가 역으로 작용하여, 시장에서의 퇴출요인으로 작용하게 된다.

또한 경쟁심화에 따른 효율성 증대효과는 경쟁심화의 결과 시장지배력을 확보한 비교우위기업에서만 나타나는 것이지 경쟁심화의 결과 시장에서 퇴출되는 비교열위기업에는 나타날 수 없다. 따라서 한·일 FTA에 따른 동태적 효과, 즉 규모의 경제효과와 생산성증대효과는 일본에 대한 비교우위업종(예: 의류산업, 농업 및 양식업, 단순소비재 산업, 일부 화학산업, 메모리 반도체 및 IT제품 조립업 등)에서만 긍정적으로 나타나며, 기타 비교열위업종(예: 기술집약적 제조업종 전반 및 특히 핵심부품산업)에서는 동태적 효과에 의해, 국내 산업기반이 더욱 위축될 것으로 추정된다.

현재까지도 기술집약적 주요산업의 한·일간 국제분업구조는 수직적 결합 형태로, 휴대전화, LCD 등 한국의 주요산업은 일본의 핵심부품을 조립생산 및 대리 수출하는 구조이다. 한국산업 주요수출제품의 대일 부품의존도를 보면, 휴대전화는 42.4%, LCD 액정재료 90%, 반도체 감광액 70%에 달하며, 가전제품을 포함한 전체 전자산업의 대일부품의존도는 38%에 달하고 있다. 최근 한국산업의 부품자립도가 점차 증가하고 있으나, 여타 국가가 배제된 가운데, 한·일 FTA가 성립될 경우, 핵심부품의 대일의존구조는 더욱 심화될 것으로 예상되고 있다.

기존의 분석모형은 국가 간 산업별 기술력격차를 고려하지 않고 있으나, 이를 고려할 경우 정태적인 부정적 효과는 확대될 것으로 추정된다. 또한 동태효과분석에서 기술력격차를 고려할 경우, 기술집약적 산업에서의 부정적 효과는 더욱 확대될 것으로 예상된다. 이와 같은 분석은, 결국 산업적 효과를 고려할 경우, 선진국과의 배타적 FTA협정이 그 자체로서, 기술후진국의 효율성 개선을 보장해주는 것이 아니라, 기술후진국의 동태적 부가가치 구조개선을 위한 전략적 접근이 필요함을 보여준다.

3) FTA 전략별 효과분석 및 한국의 최적 FTA 정책방향

FTA를 통한 시장개방전략이 우리나라의 주요 통상정책방향으로 채택되기 시작한 2000년대이래, 우리나라의 주요 FTA 정책방향은, 초기에는, “FTA 체결의 정치적 부담이 적은 상대국과 우선적으로 FTA를 체결하고, 향후 중장기적으로 거대선진시장과 FTA를 체결하는 순차적 FTA 전략”을 표방하였으나, 최근 동시다발적 FTA 추진을 FTA기본정책방향으로 택하는 정책방향 수정이 이루어졌다. 다자주의에 의한 시방개방과는 달리, 협정상대국에 대해서만 시장을 개방하는 FTA 정책은, 협정상대국이 어느 나라이며, 또 그 협정상대국의 순서가 어떻게 구성되는가에 따라, 그 산업구조적 영향이 매우 상이하게 나타난다. 본 장에서는, 다양한 형태의 FTA 체결형태의 사회후생효과를 분석해 본다.

i) 순차적 FTA 전략의 산업재편효과

기존 한국정부의 FTA로드맵에 따라, “기술선진국과 우선적으로 FTA를 체결하고, 중국과 같은 거대경제권과 사후적으로 FTA를 체결하는 순차적 FTA 전략”을 체결할 경우, 국제분업구조에서, 한국산업의 부가가치구조가 왜곡되어, 한국산업의 기술적 비교우위부문 확보가 어려워질 것으로 추정된다. 이러한 결과가 초래되는 배경은, 기술력 격차가 존재하는 국가 간의 배타적 시장개방협정이 이루어질 경우, 각국경제는 상대적으로 비교우위를 가진 산업부문으로 특화되도록 유도될 것이다. 물론 무역협정 상대국과의 교역비중에 따라 그 산업재편효과에 차이가 나타날 것이다.

특히 기술선진국과의 배타적 FTA와 기술후진적 거대시장국과의 FTA 간의 시간적 격차가 커질수록, 국제분업구조에서, 한국산업의 부가가치구조는 심각하게 왜곡되어, 한국 산업이 고부가가치산업에서 기술적 비교우위부문 확보가 어려워질 것으로 분석된다. 그 이유는 기술선진국과의 배타적 FTA의 결과, 한국산업이 비교우위가 있는 저부가가치산업으로의 특화가 상당 폭 진척된 이후에, 기술후진적 거대시장국가와 배타적 FTA를 체결할 경우, 한국산업의 비교우위부문 확보가 구조적으로 불가능하기 때문이다.

즉 예를 들어 한·일 FTA가 먼저 체결되어, 한국이 일본에 대해 비교우위를 가진 산업(예: 섬유산업, 양식업, IT관련제품(메모리반도체, 이동전화기, LCD, PDP 등) 조립공정 등 상대적인 저부가가치부문)에 특화하게 된 이후, 한·중 FTA가 체결될 경우, 한국산업의 기술적 비교우위부문 확보는 원천적으로 불가능해질 것이다. 즉 한·일 FTA이후 한국산업구조가 특화하는 '저부가가치 산업 및 대량생산공정'은, 중국에 대해서는 비교열위 뿐만 아니라, 절대열위에 처하게 될 것이기 때문이다.

〈표 3-3〉 FTA 추진 형태별 사회후생효과 및 산업생산효과

	순차적 FTA	Hub & Spoke 형 FTA	광역 FTA
사회후생증가율(%)	1.99 %	14.02 %	6.87 %
산업생산 증가율(%)	−20.16 %	11.48%	−10.42%

〈표 3-4〉 FTA 형태별 주요산업별 산업생산 효과

	한·일 간 기술력 격차지수	순차적 FTA	광역 FTA	Hub & Spoke 형 FTA
전체산업	110.5	−20.16 %	−10.42%	11.48 %
반도체산업 (비메모리)	111.0	−20.54 %	−10.64%	10.82 %
컴퓨터산업	105.8	−16.13 %	−8.26 %	18.16 %
조선산업	106.5	−16.79%	−8.59%	17.11%
가전산업	106.7	−16.97 %	−8.68%	16.81 %
섬유산업	110.1	−19.85 %	−10.24%	12.01 %
통신기기산업	110.3	−20.00 %	−8.26 %	16.97 %
석유화학산업	112.3	−21.49%	−11.21%	9.14%
철강산업	115.7	−12.65 %	−10.64%	5.05 %
자동차산업	116.1	−23.93 %	−12.81 %	4.59 %
일반기계산업	117.3	−24.65%	−13.30%	3.26%

ii) '동시다발적 양자간' FTA 정책의 효과분석

한국이 취할 수 있는 FTA 정책 중 주요 교역상대국인 일본 및 중국 등의 국가들과의 양자간 FTA를 동시다발적으로 추진하는 'Hub & Spoke 형 동아시아 FTA 형성전략'의 효과를 살펴보면 순차적 FTA에 비하여 여러 가지 측면에서 긍정적 효과가 큰 것으로 나타났다.[14] 즉 'Hub & Spoke 형 FTA 전략'은 해외시장접근 기회와 같은 정태적 효과뿐만 아니라, 동태적 산업재편효과에 있어서도 광역 FTA 효과와 유사하게 다자주의체제에 의한 시장개방효과와 가장 유사한 결과를 초래하는 것으로 나타났다. 즉 동태적 효과측면에서는, FTA 체결 상대국이 일본과 같은 기술우위국뿐만 아니라 아세안, 인도 등 기술열위

14) 'Hub & Spoke 형 FTA 전략'이란 우리나라가 다수의 상대국들과 양자간 FTA를 체결하였으나, 상대국간에는 양자간 FTA가 체결되지 않아, 결과적으로 우리나라가 FTA 체결의 중심국으로, 상대국들은 FTA 체결의 주변국으로, 우리나라가 마치 FTA구조라는 바퀴의 중심(Hub)에 있고 상대국들은 바퀴살(Spoke)로서의 양자간FTA 체결에 의하여 연결되어 있는 구조를 의미한다.

국을 포함하게 됨에 따라, 다양한 국가들에 대한 시장접근 기회 확보 및 비교우위부문에 의한 산업특화의 방향도 다자주의체제에 의한 시장개방과 유사하게 된다.

따라서 동시다발적인 양자간FTA에 의한 Hub & Spoke형 광역 FTA 전략하에서는 기존의 일본 및 중국에 대한 한국산업 고유의 비교우위구조가 반영된 국제분업구조가 유지되면서 한국의 산업구조는 동아시아 전체 차원에서의 비교우위부문으로 특화될 것으로 분석된다. 즉 중국 및 동남아국가들에 대해서는 비교열위산업인 단순제조업 및 저부가가치농업은 위축되는 반면, 정보통신산업 등 기술집약적 제조업에 특화되며, 한편 일본에 대해서 비교열위산업인 정밀기기산업 및 첨단소재부품산업에서는 한국의 기술적 우위가 확보된 부문이외에는 시장에서의 퇴출압력 혹은 일본 산업에 수직통합되는 산업재편이 예상된다.

이러한 Hub & Spoke형 FTA 전략에 의한 한국산업의 특화부문은, 다자주의체제하에서의 시장개방에 따른, 우리산업 고유의 비교우위부문으로 특화가 이루어지는 만큼 FTA와 같은 차별적 시장개방(preferential trade agreement)에 따른 투자전환효과도 최소화되어 국제분업구조의 왜곡효과도 감소시킬 것으로 그 효과가 추정된다. Hub & Spoke형 FTA 전략은 해외시장의 실질적 접근기회확보효과도 가장 큰 만큼, 외국인직접투자(FDI) 유입효과도 가장 커 장기적인 총요소생산성 개선효과가 가시적으로 나타날 것으로 예상된다.

iii) 우리나라의 최적 FTA 정책방향 및 세부추진전략

기술력격차가 있는 국가 간의 전략적 경쟁모형분석 결과, 한국과 같은, 기술 중간국의 경우, 동시다발적 양자간 FTA 전략인 Hub & Spoke형 FTA 전략이 가장 바람직한 정책으로 확인되었다. 초기부터 모든 주요 교역상대국들이 FTA에 동시 참여하는 광역 FTA 전략의 사회후생효과가 두 번째로 높았으며, 일본과 같은 기술선진국과의 FTA를 필두로 하는 순차적 FTA의 사회후생효과는 가장 낮은 것으로 나타났다. 상기 이론모형분석결과 및 시나리오별 분석결과, 대외의존도가 높은 소국개방경제로서의 한국경제에 가장 적절한 최적 FTA 정책은 동시다발적 양자간 FTA를 추진하는 Hub & Spoke형 FTA 전략임

이 확인되었다.

따라서, 일본과 같은 기술선진국과 FTA가 먼저 체결된 후, 중국 등 기술후진국과의 FTA 체결의 시간적 격차를 최소화하기 위한 정책노력이 필요하다. 그 일환으로, 한·일FTA 협상은 관세율 측면에서는 한국의 일방적 시장개방과 가까운 만큼, 관세율인하와 '기술 및 자본이전' 사안을 연계하는 연계협상전략(issue－linkage strategy)과 함께, 협상완료시한 및 발효시한을 탄력적으로 조정하는 방안의 검토가 필요하다. 한편 이와 같은 Hub & Spoke형 광역 FTA 전략으로 중국 및 동남아국가들과 FTA가 체결될 경우, 저부가가치농업 및 단순제조업에 심각한 충격을 초래할 것으로 예상된다. 즉 저부가가치농업 및 단순제조업의 상대가격이 급속히 하락하면서, 대규모 실업 및 도산이 예상된다.

이와 같은 '동시다발적 양자간FTA(Hub & Spoke)전략'의 선결조건은 범정부차원의 체계적인 '국내 산업구조조정정책'이다. 즉 단순농업 및 노동집약적 제조업에 고용된 노동력 및 생산요소들을 신속하게 고부가가치 농업 및 기술집약적 비교우위업종으로 재배치할 수 있는 직업교육 및 업종전환지원과 과도기간의 실질적 생계대책이 될 수 있는 사회안전망 구축을 위한 범정부적 산업구조조정 정책이 추진되어야한다. 이를 위해서는 FTA 정책 관련 '중장기 산업구조조정정책'에 필요한 정책재원확보, 정책수립 및 집행을 전담, 조정하는 범정부차원의 조직을 구축하여, 적극적인 산업구조조정정책을 FTA 정책과 병행하여야 할 것이다. 즉 농업구조개혁, 중소기업정책, 경제구조의 양극화 개선 정책과 연계하는 정책노력이 필요하다.

또한 '동시다발적 양자간FTA(Hub & Spoke)전략'의 효율적 추진을 위하여서는, FTA 협상담당조직과 '산업구조조정 담당기관' 및 농업, 중소기업관련 정책담당 기관들 간의 유기적 협력 체제를 구축이 필요하다. 또한 향후의 FTA 협상과정에서 우리산업의 이해관계를 반영할 수 있는 체제를 구축하면서, 동시에, '우리 산업계의 강력한 요구'를 대외협상에 전략적 활용할 수 있도록 하며, FTA를 통한 공개적 시장개방정책이, 동시에 업계에도 필요한 구조조정의 정책신호(policy signal)로 작동할 수 있도록 일관성 있고도 예측 가능한 FTA 정책이 되어야 할 것이다.

4) 기술력 격차가 있는 국가 간 FTA 형태별 사회후생효과분석

순차적 FTA와 Hub & Spoke형 FTA 및 광역 FTA 등 동아시아 FTA 형성의 3가지 시나리오별 사회후생효과 및 산업구조재편효과는, 과점시장에서 기술력 격차를 보이는 4개국의 전략적 경쟁모형분석을 통하여 분석하였다. 즉 순차적 FTA는 기술중간국(A)과 기술선진국(B)이 먼저 양자간 FTA를 형성하는 경우를 분석하였으며, Hub & Spoke형 FTA는 기술중진국(A)이 기술선진국(B)과의 양자간 FTA 및 기술후진국(C)과의 양자간 FTA를 동시에 체결하는 경우를 분석하였다.

기술중간국(A)의 FTA 형태별 효과추정 시, 기술력격차에 따른 FTA 효과추정에 초점을 맞추기 위하여, 시장규모, 각국 소비자들의 수요가격탄력성은 대칭적으로 가정하였으며, 기술선진국, 기술중진국 및 기술후진국간의 기술력 격차는 대칭적이라 가정하였다. 기본적인 모형구조는 광역 FTA 효과분석을 위하여, 4개국 모형으로서, 제4의 국가(D)는 C국과 마찬가지로 기술력은 열위에 있는 가운데, 항상 역외국으로 있다고 가정하였다. 즉 4국간 기술수준의 차이를 한계생산비용의 차이를 통해서 나타내면 다음과 같다.

$$C_B < C_A < C_C = C_D$$

모형구조는 각국 정부가 먼저 FTA의 형태 및 무역정책을 결정하고, 각국의 기업은 정부정책을 관찰한 후, 생산량 등 기업전략을 결정하는 하는 two-stage Cournot competition모형에 근거한다. 이 때 FTA 형태별 사회후생효과 및 산업생산효과는 역진귀납법(backward induction)에 의하여 도출된 균형사회후생 및 균형생산량에 근거하여 추정한다.

이 때 무역정책게임의 구조는 다음과 같다. 즉 A국을 포함한 각국정부가 FTA 체결 여부 및 FTA 형태, 그리고 각각의 경우에서의 최적관세를 동시에 결정한다. 각국기업들은 이러한 정부정책을 관찰한 후, 생산량을 동시에 결정하는 쿠르노게임의 형태를 취한다. 역진귀납법에 의한 균형도출 결과, 다음의 정책적 시사점들이 확인되었다. 즉 기술력격차가 있는 국가 간의 과점적 시장구조하의 전략적 경쟁시장모형에 근거한 이론모형분석 결과, 한국과 같은 기술중간국에 있어, 순차적 FTA 전략의 사회후생효과는 동시다발적 Hub & Spoke형 FTA 전략 및 광역 FTA 전략에 비해 가장 낮은 것으로 나타났다. 이론모형추정의 결과, 기술선진국 및 기술중진국 간의 기술력 격차를 10%로 가정했을 때, 기술중진국에 있어, Hub & Spoke형 FTA 전략의 사회후생증대효과는 13.8%로 가장 높게 나타났으며, 그 다음이 광역 FTA로 6.9%, 순차적FTA 전략이 2.0%로 가장 낮았다. 한편 산업생산(producer surplus)증가효과에서도, Hub & Spoke형 FTA 전략은 12,1%로 가장 높게 나타났으며, 그 다음이 광역 FTA로 −10.2%, 순차적FTA 전략은 −19.8%로 가장 낮았다.

기술중간국(B)의 FTA 형태별 효과추정시 기술력격차에 따른 FTA 효과추정에 초점을 맞추기 위하여, 시장규모, 각국 소비자들의 수요가격탄력성은 대칭적으로 가정하였으며, 기술선진국, 기술중진국 및 기술후진국 간의 기술력 격차는 10%에 달하는 것으로 가정하였다.

산업생산효과에 있어, Hub & Spoke형 동시다발적 양자간 FTA의 경우, 기술중간국의 생산자 잉여가 증가하여, 장기적으로 산업구조에 있어, 학습효과 등에 의한 산업집적 및 산업고도화효과가 나타날 개연성이 높으나, 순차적 FTA의 경우, 산업생산이 크게 감소하는 것으로 나타났는바, 특히 과점시장구조를 고려할 경우, 생산자잉여의 감소는 동태적으로 더욱 확대되어, 산업공동화 및 산업구조의 저부가가치화를 촉발할 것으로 분석되었다.

또한 이론모형분석결과, FTA 참가국가 간 기술력 격차가 확대될수록 Spoke형 FTA가 바람직한 것으로 확인되었으며, 기술력격차가 전혀 없을 경우에는 광역 FTA가 시장접근 기회 확보 및 소비자후생증대차원에서 가장 바람직한 것으로 나타났다.

기술중간국의 산업생산 및 생산자잉여(producer surplus)효과에 있어서는, 모든 구간의 기술력격차수준에 있어, 항상 Hub & Spoke형 FTA가 가장 바람직하고, 순차적 FTA의 생산자잉여효과가 가장 낮은 것으로 나타났으며, 특히 기술력 격차가 확대될 경우, 기술중간국의 생산자 잉여효과는 감소하는 것으로 나타났다.

한편 산업생산효과에 있어, Hub & Spoke형 동시다발적 양자간 FTA의 경우, 기술중간국의 생산자 잉여가 증가하여, 장기적으로 산업구조에 있어, 학습효과 등에 의한 산업집적 및 산업고도화효과가 나타날 개연성이 높으나, 순차적 FTA의 경우, 산업생산이 크게 감소하는 것으로 나타났는바, 특히 과점시장구조를 고려할 경우, 생산자잉여의 감소는 동태적으로 더욱 확대되어, 산업공동화 및 산업구조의 저부가가치화를 촉발할 것으로 예상된다. 이론모형분석결과, FTA 참가국가 간 기술력 격차가 확대될수록, Spoke형 FTA가 바람직한 것으로 확인되었으며, 기술력격차가 전혀 없을 경우에는, 광역 FTA가 시장접근기회 확보 및 소비자 후생 증대 차원에서 가장 바람직한 것으로 나타났다.

[그림 3-2] FTA 형태별 사회후생(Social Welfare)효과

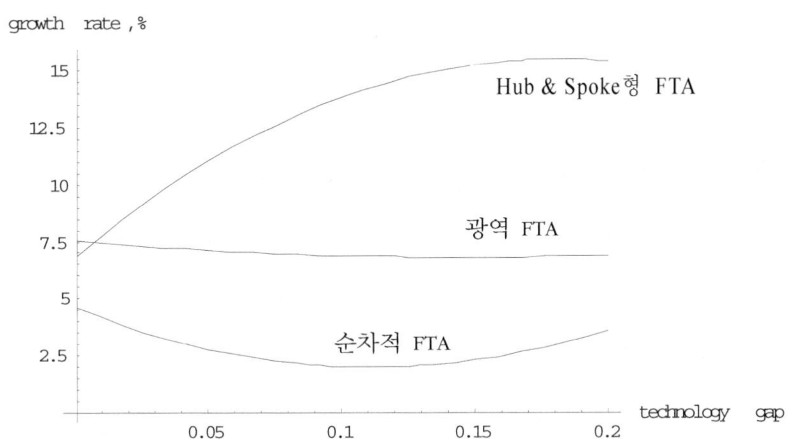

한국과 같은 기술중간국의 산업생산 및 생산자잉여(producer surplus)효과에 있어서는, 모든 구간의 기술력격차수준에 있어, Hub & Spoke FTA 형태의 한·일 FTA가 가장 바람직하고, 순차적 FTA의 생산자잉여 및 기술력 격차가 나타나는 산업전반에 가장 부정적인 효과를 가지는 것으로 나타났다. 특히 기술력 격차가 확대될 경우, 한국과 같은 기술중간국의 생산자 잉여효과에 부정적 영향이 크게 나타나는 것으로 확인되었다.

이와 같은 분석 결과가 도출된 배경은, 첫째, FTA가 Hub & Spoke형 FTA

형태를 띠면서 체결될 경우, 즉 이는 한·일 FTA와 함께, 한·아세안 FTA 및 한·중 FTA 등의 양자간 FTA가 동시에 체결되는 경우로서, 한국이 기술적 열위를 보이고 있는 일본과 같은 기술 선진국과의 양자간 FTA에서는, 한국 산업 전반의 기술력 열위에 의하여, 생산자 잉여 부문에서 심각한 손실이 발생하게 된다. 한편 동시에 한국이 기술적 비교우위를 보이고 있는 국가들과의 양자간 FTA인 한·아세안 FTA 및 한·중 FTA에 의해, 상대적으로 한국이 기술 우위인 아세안 및 중국 시장에서 추가적인 시장접근 기회가 확보할 수 있기 때문이다. 특히 이 지역 시장에서 한국 기업들은 일본 기업들이 확보하지 못하는 특혜적 시장접근 기회를 Hub & Spoke형 FTA를 통하여 확보하게 됨에 따라 한·일 FTA에 의해 초래되는 기술집약적 산업에 대한 부정적 효과가 상대적으로 상쇄되는 효과가 강하게 나타나게 된다.

그 결과, 한·일 FTA가 Hub & Spoke 형태로 이루어질 경우 한국 산업, 특히 일본에 비해 기술격차가 상대적으로 작은 가전산업이나, 메모리 반도체, 조선산업 등의 생산자 잉여는 상당 폭 개선되는 반면, 일본과의 기술격차가 현격하게 존재하는, IT 부문 핵심부품산업, 정밀기기산업, 정밀화학산업 등 기술집약적 산업에서는 한·일 FTA가 Hub & Spoke형으로 이루어지더라도, 한국 산업 부문에 대한 긍정적 영향은 미미할 것으로 분석되었다. 한편 기술력 격차가 동일 부가가치 대비 생산비 기준 20% 이상으로 확대되는 부문의 경우, 한·일 FTA가 Hub & Spoke형 FTA 형태를 띠더라도 한국의 산업구조에 부정적 영향을 미칠 것으로 분석되었다.

FTA가 순차적 FTA 형태로 체결되어, 중국 및 ASEAN 등 아시아 국가들이 배제된 가운데, 한·일 FTA가 가장 먼저 체결될 경우, 한국의 산업구조에 미치는 영향은 매우 부정적인 것으로 확인되었다. 즉 한일산업간 기술력 격차가 상대적으로 작은 가전부문, 화학산업 부문 등의 생산자 잉여에도 부정적 효과가 있을 뿐 만 아니라, 기술력 격차가 상대적으로 큰, 정밀화학, IT 핵심부품, 정밀기기 산업 등에서의 한국산업의 생산자 잉여는 더욱 큰 폭으로 감소할 것으로 분석되었다. 이러한 순차적 FTA 형태에 의하여, 양자간 한·일 FTA가 가장 먼저 체결되었을 때, 한국 산업에 대한 부정적 영향이 크게 나타나는 배경은, 8%에 달하는 현행 평균 관세율이 일본에 대해서만 철폐되어, 일본 기업들만이 한국 시장에 대한 특혜적 접근기회(preferential market access chances)를 가지게 될 경우, 한일 기업 간 기술력 격차에 의하여, 양국 시장에서의 한국 기업의 시장점유율 및 생산자잉여는 절대적으로 감소하게 된다.

특히, 본 분석모형에서는, 정부가 무역정책결정과정에서, 생산자후생과 소비자후생에 동일한 정책적 비중을 두는 사회후생극대화를 정책목표로 설정하고 있다는 가정에 의하여, 한·일 FTA 체결시, 상대적으로 무역전환효과가 나타날 수 있는 역외기업제품의 소비기회를 보전하는 차원에서, 즉 무역정책의 전략적 상보효과(strategic complementarity effect)에 의하여, 역외국에 대해서도 한·일 FTA 체결과 함께 실효관세율이 인하되는 것으로 나타났다. 그 결과, 자국기업중심의 무역정책기조에 의하여, 역외기업들에 대한 실효관세율 인하효과가 전혀 나타나지 않는 경우에 비하여, 한국시장에서의 생산자 잉여의 감소폭이, 다소 크게 나타난 측면이 있다. 그러나 부록에 나타난 바와 같이, 현재, 한국의 평균실행관세율이 약 8%인 반면, 공산품 부문의 일본의 평균실행관세율은 1% 미만이어, 실질적인 의미에서의 자유무역단계에 일본은 이미 들어가 있는, 한일 양국 간 평균실행관세율의 격차를 고려할 경우, 한·일 FTA의 관세율차원의 실질적 효과는 한국의 일방적 시장개방에 가깝다. 따라서 순차적FTA 전략에 따른 한·일 FTA가 한국 산업에 미치는 부정적 효과는 본 모형의 추정치보다 더욱 높게 나타날 개연성이 크다.

마지막으로 한·일 FTA가 ASEAN 및 여타 아시아 국가들을 포함한 광역 FTA의 일환으로 체결될 경우, 한국산업의 생산자잉여는 순차적 FTA방식에 의하여 한·일 FTA를 체결할 경우에 비하면, 그 부정적 영향은 작았으나, Hub & Spoke방식에 의한 한·일 FTA 체결의 경우에 비하면, 한국산업의 생산자 잉여에 부정적인 영향을 미치는 것으로 나타났다. 순차적 FTA 경우와 마찬가지로, 일본에 대하여 기술격차가 작은 산업인 가전부문 및 화학산업, 철강산업 등은 그 부정적 효과의 규모가 작은 반면, 정밀기기산업 등 기술집약적 산업에서는 생산자잉여가 상당 폭 감소할 것으로 나타났다.

이와 같은 결과가 도출된 배경은, 한·일 FTA가 중국 등 여타 아시아 국가들을 포함하여 광역 FTA의 일환으로 체결될 경우, 한국기업과 일본기업은 양국시장뿐만 아니라, FTA에 참가한 여타 아시아 국가에도 동일한 특혜시장접근 기회를 확보하게 된다. 따라서 한국 및 일본시장에서 뿐만 아니라, FTA에 참가하는 제3국 시장에서도, 일본기업의 절대적 기술우위에 의하여, 한국기업들의 생산자잉여는 감소하게 된다. 그러나 한국기업들이 제3국 시장에 대한 시장접근 기회를 확보함에 따라, 한국이 기술적 비교우위를 가지고 있는 산업부문에서의 생산자잉여증가를 통하여, 순차적 FTA 전략에 의한 한·일 FTA에 비해서는, 한국 산업에 대한 부정적 효과는 작은 것으로 나타났다. 이러한 한국 산업에 대한 효과는, 마찬가지로, 산업별 한·일 간 기술격차의 크기에 따라 달리 나타나는 바, 한·일 간 기술격차가 크게 나타나는, 기술집약적 산업에서의 한국산업의 생산자잉여에 부정적 효과가 더욱 크게 나타나는 것으로 확인되었다.

[그림 3-3] FTA 형태별 산업생산(Producer Surplus) 효과

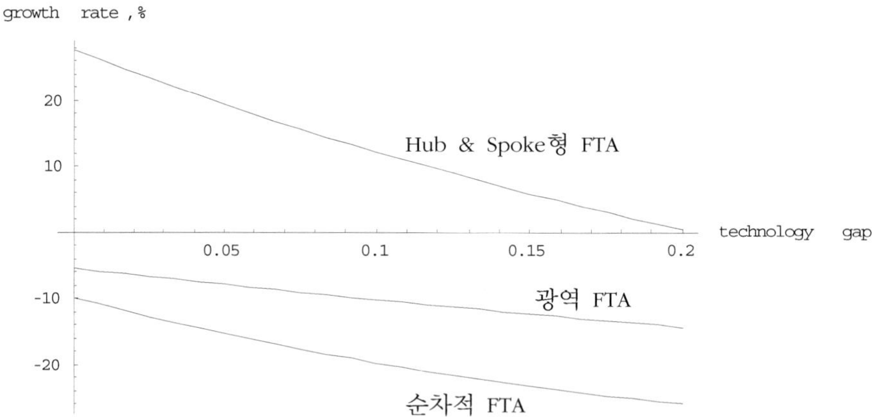

5) 주요산업별 FTA의 형태별 효과분석

FTA가 주요산업별로 미칠 파급효과분석은 한일 주요업종별 기술격차를 기준으로 그 효과를 추정해보면 다음과 같다. 먼저 반도체 산업의 경우, 일본은 생산기술적 측면에서는 한국과 유사하나, 설계기술 등 기술집약적 생산공

정에 있어서는 한국에 비해 상당히 앞서 있는 것으로 조사되었다.[15] 세부업종별 효과에 있어서는, 중국 및 아세안을 배제한 한·일 FTA가 우선 체결되는 순차적 FTA의 경우, 주요 산업의 한·일 간 기술력 격차를 고려한 과점적 경쟁모형 분석결과, 일반기계산업 및 자동차산업의 피해가 가장 커, 산업생산이 각각 24.65% 및 23.93%가 감소하고, 석유화학, 통신기기, 반도체 산업 모두 20% 이상의 산업생산 감소효과가 발생하는 것으로 나타났다. 이는 기술집약적 산업에서 일본 산업에 수직결합 구조를 보이고 있는 한국산업이 일본에 대하여 일방적 관세율 인하에 가까운 특혜시장접근 기회를 제공할 경우, 현재의 산업구조를 그대로 유지할 경우의 산업생산효과로서, 동태적으로는 각 업종별로 일본에 대한 비교우위를 보일 수 있는 생산공정, 즉 저부가가치 생산공정 특화할 경우, 동태적 부가가치창출효과는 더욱 악화될 것으로 추정된다.

한편 Hub & Spoke형 한·일 FTA가 체결되어 FTA의 결과 동아시아에서 한국만이 중국 및 아세안시장에 대한 특혜시장접근 기회가 확보되고, 일본시장에서도 관세율 인하효과를 누릴 경우, 모든 산업에 걸쳐 산업생산이 증가하는 긍정적인 효과가 나타나는 것으로 확인되었다. 이는 일본에 비하여, 기술적 비교열위에 처한 기술집약적 산업의 경우에도, 중국 및 아세안 시장에 대한 특혜시장접근 기회를 확보하여 한국산업의 생산자잉여가 큰 폭으로 증가한 가운데, Hub & Spoke형 특혜무역협정이 초래한 전략적 상보효과(strategic complementarity effect)에 의한 추가적인 시장접근 기회 확보의 결과인 것으로 판단된다.

한편 기술선진국의 경우, 과점시장에서 기업전략 및 정부정책의 전략적 상호작용이 일어나고, 소비자잉여를 포함한 사회후생전체를 극대화하는 정부목적함수의 특성에 의해, 무역정책의 전략적 상호효과(complementarity effect of trade policies)가 나타나는 본 모형의 특성에 의해 다음과 같은 결과가 도출되었다. 즉 사회후생전체차원에 있어, 기술선진국의 경우, 광역 FTA가 최적의 무역정책으로 확인되었다. 반면 Hub & Spoke형 FTA의 경우, FTA 참가국

---

15) 즉 한국의 기술지수를 100으로 할 때, 일본의 반도체 생산기술지수는 100이나, 반도체 설계기술지수는 108.6, 제품개발기수지수는 106.8로 나타났으며, 종합적인 일본의 기술지수는 104.9로 나타났다.

이 확대되면서 나타나는 전략적 상보효과에 따른 교역상대국의 관세인하로, 사회후생 및 생산자 잉여 모두, 순차적 FTA보다 바람직한 것으로 나타났다.

[그림 3-4] 기술선진국(B)의 FTA 형태별 사회후생(Social Welfare)효과

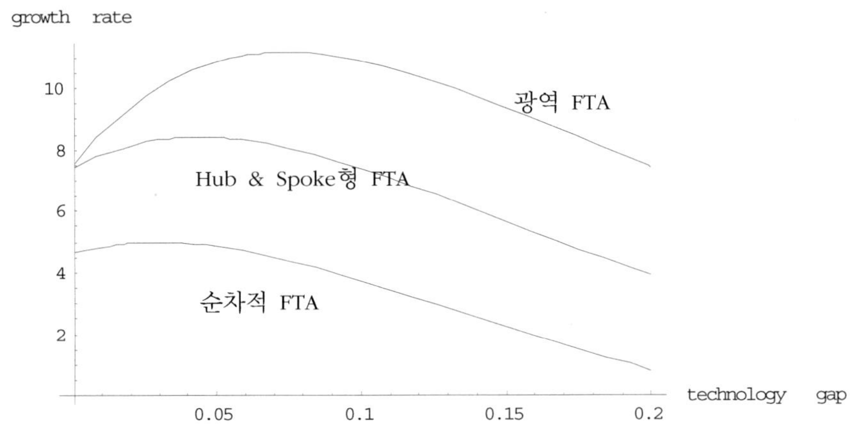

[그림 3-5] 기술선진국(B)의 FTA 형태별 산업생산(Producer Surplus) 효과

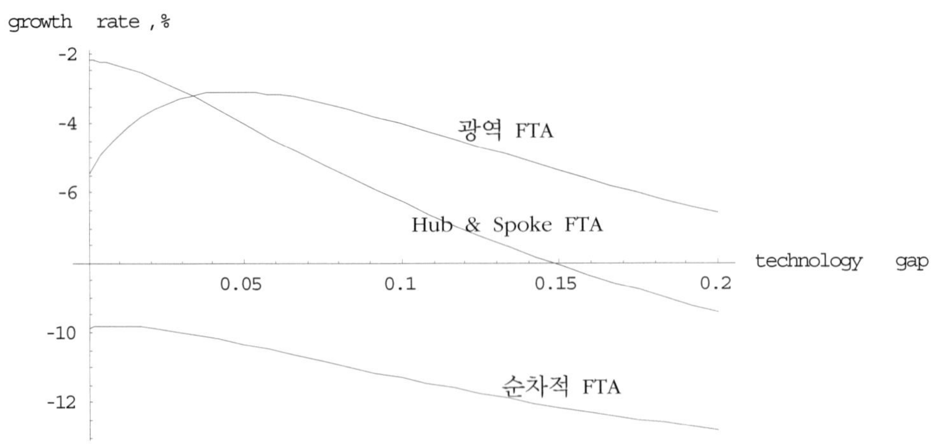

B국 산업의 경우, FTA 체결에 따라, FTA상대국에 대한 시장진입기회는 늘어나는 한편, 역외국에 대해서는, 소비자후생을 포함한 국내사회후생 극대화를 추구하는 정부의 정책결정과정에서 나타나는, 수입관세의 전략적 상보효과(strategic complementarity effect)에 의하여, 역외국에 대한 관세를 인하하게 된다.

〈표 3-5〉 한중일의 주요관세율 비교

(%)

	한국	일본	중국
평균 관세율	7.9	3.6	16.8
섬유	8.4	6.4	23.8
화학	7.6	5.9	13.8
철강	3.9	2.5	8.4
비철금속	6.0	2.1	23.1
금속제품	8.0	2.2	15.1
일반기계	7.5	0.4	13.8
전기기계	7.8	0.0	25.5
수송기계	3.6	0.0	44.3
정밀기계	7.6	0.0	14.7

4. 생산비용차원의 기술격차를 보이는 국가 간 경제통합의 사회후생효과

2008년 미국을 중심으로 확산된 세계 금융위기의 여파 중에서 두드러진 특징을 보인 부문중의 하나가 세계 무역의 흐름이다. 2008년 말 이후 세계 무역량은 '무역 대붕괴(the Great Trade Collapse)'로 불릴 정도로 단기간에 급격히 그리고 동시적으로 급감하였다가 2009년 3분기부터 다시 전 세계적으로 회복세를 보이고 있다. 한국의 경우도 2009년에 수출은 전년대비 13.9% 수입은 25,8% 감소하였다가 2010년 상반기 세계경제 회복과 함께 각각 34,4%와 40.2%의 큰 폭의 증가율을 보여주고 있다. 세계 무역의 이러한 빠른 회복세는 한편으론 대공황의 교훈을 바탕으로 각국이 보호무역 정책을 경쟁적으로 도입하지 않은 점도 있지만, 그 이전에 WTO중심의 다자주의의 확산으로 협조적 국제무역질서가 일정부분 정착되었기 때문이다. 그러나 현재 세계 무역질서는 WTO의 뉴라운드인 도하개발아젠다(DDA)가 수년째 최종 합의 도출에 난항을 겪고 있는 가운데 지역주의에 기반을 둔 특혜무역협정(Preferential Trade Agreements, PTA)이 급속히 확산되고 있다. 2011년 현재 전 세계적으로 300여개의 협정이 발효되어 몽골을 제외하고 국가당 평균 13개의 자유무역협정을 체결하고 있다. 한국도 ASEAN, EU, 칠레, 싱가포르, 인도, 페루 등과 자유무역협정을 체결하였고, 한·미 FTA가 비준을 기다리고 있다. 또한 캐나다를 비롯한 8개국과 협상 중에 있고, 한·중, 한·일 또는 한·중·일 FTA를 비롯한 다수의 국가들과의 협정을 고려하고 있다.

이러한 상황에서 특혜무역협정에 대한 초기 연구는 지역무역협정이 WTO 중심의 다자주의의 디딤돌(Building block)이 될지 복잡한 원산지 규정 등으로 인해 걸림돌(Stumbling block)이 될지에 대한 논쟁에 초점이 맞추어져 있었다(Baldwin 2008). 그러나 최근에는 거의 모든 국가들이 최소한 하나 이상의 특혜무역협정을 체결하고 있는 현실적 상황을 인정하고 특혜무역협정 자체가 전 세계적인 무역질서에 미친 영향에 대한 분석으로 연구의 초점이 옮겨가고 있다(Baldwin and Jaimovich 2010). 본 연구의 주요 연구목표도 다자간 자유무역 체계의 달성이 어려운 상황에서 각 국가에게 최적의 특혜무역협상 균형에 대한 연구이다. 전략적 무역이론을 기반으로 한 과점모형 분석에서 기존의 동일한 국가 간의 무역협상에 대한 연구를 확장하여 국가 간에 기술력 격차가 존재할 때의 특혜무역협상 전략에 대해 정태적 균형과 동태적 균형을 이용해 비교 분석하고자 한다.[16] 본 연구의 주요 연구목표는 다음과 같다. ① 과연 특혜무역협정을 통해 역내국뿐 아니라 역외국에 대해서도 확장적인 무역자유화가 이뤄지는가? ② 기술적으로 비대칭적인 국가들 간에 어떠한 조건에서 어떠한 형태의 무역협정이 안정적인 균형을 달성하는가? ③ 마지막으로 무역협정이 계속 유지될 수 있는 동태적 안정성은 어떤 조건에서 이뤄지며 협정 대상

16) 생산기술차원의 기술력격차가 존재하는 상황에서의 특혜무역협정의 사회후생효과를 분석한 세부내용 및 균형증명은 김영한 & 김재덕 (2011)을 참조하라.

국가들 간의 기술력 격차가 자유무역협정의 안정성에 어떠한 영향을 미치는지에 대해 분석한다.

이러한 질문에 답하기 위해 4개의 국가가 존재하는 쿠르노 과점모형을 설정하여 최적 무역협상 전략에 대한 분석을 시도한다. 4개국 모형은 표준적인 3국 모형 보다 복잡하지만 하나 이상의 무역협정이 공존하는 상황을 분석할 수 있게 해주는 장점이 있다. 이는 현재 선진국간, 선-후진국간, 또는 후진국 간 무역협정 등 여러 형태의 협상들이 복잡하게 얽혀 있는 특혜무역협정의 상황을 보다 현실적으로 분석할 수 있도록 해준다(Das and Ghosh 2006). Kim(2004)은 4개국 모형을 이용해 시장크기와 정보의 불완전성이 존재할 때 다양한 정책조정 전략을 구분하여, 정책조정에 따라 시장지배력의 차이가 대국과 소국의 최적무역정책에 미치는 영향을 분석하였다. 이와 다르게 본 논문에서는 국가 간의 기술력 격차에서 오는 무역협상의 전략적 조정메커니즘을 분석한다.

또한 대부분의 표준적인 3국 모형에서는 부분게임완전 내쉬균형(Subgame-Perfect Nash Equilibrium, SPNE)을 이용한 정태적 분석이 주를 이루고 있는 반면, 본 연구는 내생적인 협상모형에서의 보다 안정적인 협상 균형을 도출하기 위해 Coalition-Proof Nash Equilibrium(CPNE 또는 Strong Nash Equilibrium)을 이용하여 분석한다(Burbidge, DePater et al. 1997; Saggi and Yildiz 2011). CPNE을 이용함으로써 전 세계적인 자유무역협정이 가능하지 않은 상황에서 다양한 무역협상 대안을 위한 보다 안정적인 균형전략을 도출할 수 있다. Saggi and Yildiz(2011)도 기술비대칭적인 특혜무역협정이 다자간 무역자유화에 미치는 영향을 CPNE를 이용하여 분석하였지만, 하나의 기술 후진국만 존재하는 3국 모형으로 관세상보효과를 분석하지 않으며 정태적 분석만 시도했다는 점에서 후진국간 South-South FTA 증가에 초점을 맞추는 본 논문과 차이를 가진다. 또한 정태적 분석과 더불어 협정이 계속 유지될 수 있는 동태적 안정성에 대한 분석을 위해 Saggi, Sengul et al.(2007)과 같이 무한반복 게임 상황에서 안정적 균형 조건을 탐색한다. Saggi, Sengul et al.(2007)은 국가 간 차이에 기반한 무역협상에서 MFN조항과 관세차별 조건이 무역협정의 안정성에 미치는 영향에 대하여 분석하였다.

앞서 제기한 연구목적에 대한 본 연구의 주요 결론은 다음과 같다. 우선 특혜무역협정은 기술력 격차와 상관없이 역내국은 물론 역외국에 대한 추가적인 무역자유화를 유발한다. 따라서 개별 국가들의 특혜무역협정은 무역자유화 확산의 점진적인 주춧돌(Stepping Stone)이 될 수 있다. 한편 국가 간 기술 비대칭성이 작을 때는 Global Free Trade가 가능하지만, 기술 격차가 커지면 기술력이 낮은 국가들 간의 South－South FTA가 균형으로 도출된다. 이러한 분석은 동태적 균형에서도 기술 비대칭성이 커질수록 비효율적인 생산기술을 가지고 있는 국가는 무역협정을 유지할 유인이 더 적음을 통해 확인된다. 따라서 비대칭적인 국가 간의 무역협상에서는 전반적인 자유무역체계가 궁극적인 목표라 할지라도 이를 달성하기 위해서는 보다 전략적인 정책 조정메커니즘을 필요함을 알 수 있다.

가. 비협조적인 무역체제

1) 기본분석모형

4개의 국가에 하나의 대표적인 기업이 존재하여 생산량 경쟁을 하는 표준적인 쿠르노 과점 모형을 설정한다. 3단계 동시게임(3－stage simultaneous game)으로 게임의 순서는 다음과 같다. 먼저 개별 국가의 정부는 무역협정 상대국을 선택한다. 선택된 무역협정상황에서 각 정부는 자신의 사회후생을 극대화하는 최적의 무역정책으로 관세수준을 결정한다. 자유무역협정 상황에서는 각 국가는 협정 상대국에게는 관세를 철폐하고 비회원국에 대해서는 개별적인 역외관세를 부과한다. 마지막으로 각 정부의 관세수준이 결정되면 각국의 대표기업은 내수시장과 수출시장에 대해 최적생산량을 결정하는 쿠르노 경쟁을 한다. 우선 본 장에서는 기본 가정과 각 경제주체의 특성을 나타내는 함수들을 정의하고 기본 모형으로서 비협조적인 상황에서 부분게임완전 균형을 역진귀납법(backward induction)을 통해 도출하고자 한다.[17)]

Brander and Krugman(1983)의 모형에 기반하여 국가는 기술적으로 우위

17) 기본모형과 관련한 보다 자세한 연구는 Brander and Krugman(1983), Kim(2003), Saggi(2004; 2006)참조.

가 있는 선진국(N국)과 다수의 후진국($S_j, j \in \{1,2,3\}$)이 존재하며 각 국가는 두 개의 동질적인 상품 y와 X를 생산한다. y재는 완전경쟁 하에서 생산되는 기준재(the numeraire)이며, X재는 불완전 경쟁 하에서 각 국가의 단독 기업이 생산한다. 시장은 분리된 것으로 가정하여(segmented market), 각 시장에 판매할 양에 대해서는 각각 독립적으로 결정한다. 일반적인 준선형 효용함수를 통하여 다음과 같은 선형 역수요함수가 도출된다.

$$P_i = a_i - b_i X_i = a - b\left(x_{ii} + \sum_{j \neq i}^{n-1} X_{ji} \right),\ \text{단},\ a_i, b_i > 0 \qquad (1)$$

가격(P_i)을 결정하는 총수요량(X_i)은 국내기업의 내수용 생산량(χ_{ii})과 j국에서 i국으로의 수출량(i국의 수입량) X_{ji}의 합이다. a_i와 b_i는 각각 시장크기와 수요량에 대한 한계 소비성향을 나타내는 모수이며 국가 간에 동일한 것으로 가정한다. 개별 기업은 생산에 있어서 한계비용(C_i)이 존재하며, 한계 비용의 차이가 국가 간 기술력 차이를 나타낸다. 우선 계산을 단순화하기 위해 N국의 경우에 한계비용은 0이고 S국의 경우에는 C로 동일하다고 가정한다. $C_N = 0 < c = C_{Sj}, j \in \{1,2,3\}$. 이러한 생산조건에서 개별 기업의 이윤함수는 다음과 같이 정의 된다.

$$\prod_i = (P_i - C_i) x_{ii} + \sum_{j \neq i}^{n-1} (P_j - C_i - t_{ji}) X_{ij} \qquad (2)$$

t_{ji}는 j국이 i국으로부터 수입량에 대해 부과하는 수입관세이다. 식(2)에서 우변의 첫 번째 항은 자국 기업에 국내 시장으로부터 얻는 이윤이고 두 번째 항은 수출을 통한 생산자 이윤을 나타낸다. 2단계에서 각 국 정부의 최적관세수준(t^*)은 주어진 것으로 가정하여 게임의 마지막 3단계인 기업의 이윤극대화 문제는 다음과 같다.

$$
\begin{aligned}
& Max \prod_i (x_{ii}, X_{ij}; t^*) = (P_i - C_i)q_i + \sum_{j \neq i}^{n-1} (P_j - C_i - t^*_{ji}) X_{ij} \\
& F.O.C \quad \frac{\partial \Pi}{\partial q_i} = 0, \frac{\partial \Pi}{\partial X_{ij}} = 0,
\end{aligned}
\tag{3}
$$

식(3)의 이윤극대화 문제의 해를 구하기 위해 1계 조건을 모든 기업과 개별시장에 대해 각각 구하고, 연립방정식을 구축하여 도출한 최적 생산량은 다음과 같다.18)

$$
\begin{aligned}
x^*_{ii} &= \frac{1}{(n+1)b}\left(a_i - nC_i + \sum_{j \neq i}^{n-1} (C_j + t^*_{ij}) \right) \\
X^*_{ij} &= \frac{1}{(n+1)b}\left(a_j - n(C_i + t^*_{ji}) + \sum_{j \neq i}^{n-1} C_j + \sum_{k \neq i,j}^{n-2} t^*_{jk} \right)
\end{aligned}
\tag{4}
$$

기업의 균형생산량은 자국 정부의 보호수준이 높은 수록 증가하며 $(\partial x^*_{ii} / \partial t^*_{ij} > 0)$, 외국시장에서는 수입국이 부과하는 관세수준에 반비례하며$(\partial X^*_{ij} / \partial t^*_{ji} < 0)$, 다른 경쟁기업에 부과하는 관세수준에 대해서는 비례함을 알 수 있다$(\partial X^*_{ij} / \partial t^*_{jk} > 0)$. 또한 개별 국가 간의 무역량과 관세수준이 모두 양이 되도록 기술후진국의 한계비용은 $c < a/4$를 가정한다.19)

다음으로 개별 국가의 사회후생함수를 정의한다. 개별 국가의 후생함수는 소비자 잉여(Consumer Surplus)와 생산자 잉여(Producer Surplus) 그리고 정부의 관세수입(tariff revenue)의 합으로 정의한다. 이 때 정부는 국내의 각 경제주체의 후생에 대해 특정한 가중치를 부여하지 않는 것으로 한다. 국의 사회후생함수는 다음과 같다.

18) 4개국 시장에 대해 각각 1계 조건을 구하면 모두 16개의 연립방정식이 구성된다. 본 논문의 모든 수식 결과와 그래프는 Mathematica 프로그램을 이용하였다. 선형 수요함수와 고정한계비용 가정에서 극대화를 위한 2계 조건은 충분조건으로 성립한다.

19) 이 조건을 통해 N국만이 수출하는 일방무역(one-way trade)의 경우를 제외한다.

$$\begin{aligned} W_i\left(t_{ij}\right) &= \int_{P^*}^{a} D(P)dP + \prod_{i}(X) + \sum_{j\neq i}^{n-1} t_{ij}X_{ji}, \quad 단, i \neq j \\ &= \underbrace{\left(U'(X(t_{ij})) - P(t_{ij})\right)X(t_{ij}) + \prod_{ii}(x_{ii}(t_{ij})) + + \sum_{j\neq i}^{n-1} t_{ij}X_{ji}}_{\text{Domestic Surplus}} + \underbrace{\prod_{ij}\left(X_{ij};t_{ji}\right)}_{\text{Export Profit}} \end{aligned} \tag{5}$$

식(5)의 각 행 우변의 첫째 항은 소비자잉여로 선형 역수요함수를 가정하며 수요함수의 절편(a)에서 가격까지의 면적이 된다. 둘째 항은 생산자 잉여로 내수시장의 이윤과 수출이윤의 합으로 구성되며 셋째 항은 관세수입이다. 달리 표현하면 두 번째 줄에서 보듯이 사회후생은 국내잉여와 수출이윤으로 구분할 수 있다. 분리된 시장 가정 하에서는 수출이윤은 자국의 관세에 영향을 받지 않으며, 상대방 국가의 무역정책에만 영향을 받는다. 기본적으로 관세부과는 수입품에 대한 가격 상승으로 소비자잉여를 감소시키면서 자국 기업의 내수이윤을 증가시킨다.

기본적인 분석을 위해 우선 개별 국가가 어떠한 무역협정도 체결하지 않는 상황에서의 무역정책을 분석하자. 이 때 각 국가는 WTO의 기본 원칙인 최혜국대우조항(Most Favored Nation clause, MFN)을 적용한다고 가정한다. 따라서 각 정부는 상대방 국가의 특성에 관계없이 비차별적인 관세를 부과한다. 역진귀납법에 의해 균형생산량 식(4)를 식(5)에 대입하여 정부의 후생극대화 문제를 구성하여 도출된 해는 다음과 같다.

$$t_i^{MFN} = \arg Max\, W_i^{MFN}\left(t_i\right) \tag{6}$$

MFN 상황에서 N국과 S국의 최적 관세수준은 다음과 같다.

$$t_N^{MFN} = \frac{1}{11}(3a-c),\ t_S^{MFN} = \frac{1}{33}(9a-8c)$$

위 결과는 실제로 관찰되는 자료와 달리 선진국인 N국의 관세수준이 S

국의 관세수준 보다 높다. 이러한 결과는 모형상 동일한 시장크기를 가정하고 다수의 후진국을 설정했기 때문이다. MFN 조건이 아닌 관세차별 하에서는 기술적인 우위가 있는 국가에게 더 높은 관세를 부과하고 고비용 국가에는 더 낮은 관세를 부과한다. 그리고 MFN 하에서는 기술 격차가 평균비용보다 낮으면 그 두 지점의 중간에 위치하게 된다(Saggi 2004). 본 논문의 초점은 N국과 S국의 관세수준 비교가 아니라 무역협정 체결 이후 개별 국가의 관세수준과 후생수준의 변화이다. 다음 장에서 각 협정형태별 관세수준의 변화를 분석한다.

나. 특혜무역협정의 정태적 균형 분석

하나의 선진국(N)과 다수의 후진국(S_1, S_2, S_3)이 존재하는 상황에서 다양한 조합의 무역협정을 구성할 수 있다. 우선 WTO의 기본 원칙인 무차별 원칙과 최혜국대우조항이 적용되는 상황에서 국가 간의 비협조적인 무역체제(이후, MFN)와 반대로 도하개발라운드와 같이 WTO산하 모든 회원 국가가 협력하여 자유무역에 도달하는 글로벌 자유무역 체제(Global Free Trade, 이후 GFT)가 있다. 위의 두 개의 극단적인 경우 사이에 개별 국가들은 하나의 상대국과 양자간 자유무역협정(Bilateral FTA) 또는 다수의 국가들과 여러 조합의 특혜무역협정(Large FTA 또는 Mixed FTA)을 체결할 수 있다. 무역협정에 참여하는 국가들의 협력 정도에 따라 다음과 같이 7개의 조합이 있다.[20]

$$\text{MFN} - \{N, S, S, S\}$$
$$\text{Bilateral FTA:} \textit{Case I} - \{(N, S), S, S\}, \quad \textit{Case II} - \{N, S, (S, S)\}$$
$$\text{Large FTA:} \quad \textit{Case III} - \{(N, S, S), S\}, \quad \textit{Case IV} - \{N, \{S, S, S\}\}$$
$$\text{Mixed FTA:} \quad \textit{Case V} - \{(N, S), (S, S)\}$$
$$\text{GFT} - (N, S, S, S)$$

자유무역 협정에 포함된 국가의 규모에 따른 구분뿐 아니라 기술력 격차

20) 한 국가가 두 개 이상의 특혜무역협정에 중복되어 체결하는 Hub and Spoke FTA도 발생 할 수 있으나 분석의 범위를 좁히기 위해 본 논문에서는 이 경우는 제외한다. Hub and Spoke FTA에 관한 논의는 Kim(2005)와 Saggi and Yildiz(2011)참조.

가 존재하는 국가들 간의 North－South FTA(Case I, Case III)와 기술 수준이 비슷한 후진국간의 협정인 South－South FTA(Case II, Case IV)로 분류할 수 있다. Case V의 경우는 N－S FTA와 S－S FTA가 공존하는 경우이다. 위와 같이 다양한 조합의 무역협정을 맺을 수 있는 내생적 무역협상 상황에서 각 국가는 다른 협정으로 이탈할 유인을 가지게 된다. 따라서 더욱 안정적인 협정 전략을 도출하기 위해서는 자기구속적인(self－enforcing) 균형 조건이 필요하다. 따라서 이 장에서는 각각의 협정상황에 대해 도출된 Sub－game Perfect Nash Equilibrium(SPNE) 후생수준을 보다 정치화(refinement)하여 Coalition－Proof Nash Equilibrium(CPNE)을 균형으로 분석한다(Burbidge, DePater et al. 1997). 이러한 모형은 향후 FTA계획으로 한·중·일, 한·일 또는 한·중 FTA 등 여러 가지 시나리오를 가정한 가운데 최적의 무역협상 전략을 모색하기 위한 사전적 분석모형으로 이용될 수 있다. 다음 절에서는 무역협정의 결과로서 관세수준의 변화를 살펴본다.

1) 최적 관세와 관세상보효과(Tariff complementary effect)

WTO체제의 기본축인 무차별원칙과 MFN 조항의 적용으로 개별 국가는 상대국에 대해 비차별적인 대외관세를 부과해야 한다. 또한 GATT XXIV의 조항에 따라 특혜무역협정을 맺은 이후의 비회원국에 대한 역외관세는 이전 수준보다 더 높아질 수 없다. 식(6)의 도출과 비슷한 방법으로 국과 국이 자유무역 협정을 체결하는 Case I에서의 최적 관세는 다음과 같이 도출된다.

$$t_N^I = \arg Max W(t_{NS_1}=0, t_{NS_j}; t_{S_1N}=0, t_{S_1S_j}, t_{S_j}), j=2,3, \quad (7)$$

무역협정 회원국 간에는 관세를 철폐($t_{NS_1} = T_{S_1N} = 0$하고 비회원국에 대한 역외 관세는 각국의 후생을 극대화하는 수준에서 결정된다. 동일한 방법으로 각각의 협정상황에 대한 개별 국가의 관세수준은 <표 3－6>에 정리되어 있다. <표 3－6>은 각 Case에 대해 협정에 참여한 회원국과 비회원국의 역외관세 수준을 나타낸다.[21] 분리된 시장 가정으로 최적관세 수준은 다른 국

21) Case V의 경우는 기술후진국의 비회원국(Non) 칸은 South－South FTA에 참여한 국가의 역

가의 관세수준의 영향을 받지 않으므로 협정에 참여하지 않은 국가는 MFN 관세수준을 그대로 유지한다. 그러나 관세수준에 영향을 받지 않더라도 최종적인 후생수준에는 영향을 미친다. 이에 대해서는 다음 절에서 살펴볼 것이다. 우선 <표 3-6>을 통해서 다음과 같은 결과를 알 수 있다.

〈표 3-6〉 무역협정별 역외관세 수준

Case		MFN	I	II	III	IV	V	GFT
		N,S,S,S	(N,S),S,S	(S,S),N,S	(N,S,S),S	(S,S,S),N	(N,S),(S,S)	(N,S,S,S)
North		$\frac{1}{11}(3a-c)$	$\frac{1}{24}(3a-c)$	$\frac{1}{11}(3a-c)$	$\frac{1}{37}(3a-c)$	$\frac{1}{11}(3a-c)$	$\frac{1}{24}(3a-c)$	0
South	Mem	–	$\frac{1}{24}(3a-11c)$	$\frac{1}{16}(2a-c)$	$\frac{1}{37}(3a-11c)$	$\frac{1}{37}(3a-14c)$	$\frac{1}{24}(3a-11c)$	0
	Non-Mem	$\frac{1}{33}(9a-8c)$	$\frac{1}{33}(9a-8c)$	$\frac{1}{33}(9a-8c)$	$\frac{1}{33}(9a-8c)$	–	$\frac{1}{16}(2a-c)$	–

명제 1. *N*국과 *S*국 모두 기술력 격차와 상관없이 관세상보효과(tariff complementarity effect)가 존재한다.22)

$$i)\ t_N^{MFN} > t_N^{I} = t_N^{V} > t_N^{III},\ for\ \forall c < a/4$$

$$ii)\begin{cases} t_S^{MFN} > t_S^{I} = t_{S1}^{V} > t_S^{III} \\ t_S^{MFN} \geq t_S^{II} = t_{S2}^{V} \\ t_S^{MFN} \geq t_S^{IV} \end{cases},\ for\ \forall c < a/4$$

명제 1은 특혜무역협정의 체결 후 국가들의 비회원국에 대한 역외관세수준이 더 낮아진다는 것을 알 수 있다. 이러한 관세상보효과가 나타나는 이유는 국가 간 무역자유화로 인해 협정 회원국가들 간의 무역은 증가하고 비회원

외관세이다.

22) ii)에서 S1은 Case V의 첫 번째 North-South FTA에 참여한 기술후진국을, S2는 두 번째 South-South FTA에 참여한 국가를 나타낸다.

국으로부터의 수입은 감소하여 회원국은 비회원국에 대한 관세부과의 유인이 줄어들기 때문이다(Bagwell and Staiger 1997).

이를 통해 특혜무역협정은 협정 당사국들뿐만 아니라 비회원국들에 대한 추가적인 무역자유화의 효과가 있다는 것을 알 수 있다. 이에 대한 실증연구로 Estevadeordal, Freund et al.(2008)은 라틴아메리카 국가들의 산업별 자료를 이용하여 관세상보효과가 존재함을 실증적으로 보였다. 이 연구에서 무역자유화로 인한 역외관세의 감소 경향은 FTA의 경우에 강하고 관세동맹의 경우에는 약하게 나타난다.[23]

명제 1과 더불어 <표 3-6>의 관세수준을 통하여 기술후진국에 대해서 협정간의 이행상황을 가정하면 다음과 같은 추가적인 결과를 도출할 수 있다.

보조정리 1.

1) S국은 North-South FTA보다 South-South FTA일 때 더 높은 관세를 부과한다.
2) South-South FTA의 경우 기술력격차가 클 경우 추가적인 자유화로 관세자유화가 이뤄지지 않는다.

$$t_S^I - t_S^{II} = t_S^I - t_{S2}^V = -\frac{25c}{48} < 0 \ \ and \ \ t_S^{III} - t_S^{IV} = -\frac{25c}{37} < 0 \qquad (8)$$
$$t_s^{II} - t_s^{IV} > 0, \ if \ \ c < 0.1390a$$

직관적으로 Bilateral과 Large FTA에서 S국의 North-South와 South-South간 관세수준을 각각 비교하면 South-South FTA의 경우에 더 높은 역외관세를 부과함을 알 수 있다. South-South FTA의 경우(Case II, Case IV, Case V)에는 무역자유화로 인한 회원국 간의 무역증대에 비해 기술력에 우위가 있는 선진국으로부터의 무역량이 상대적으로 덜 줄어들기 때문에 기술 후진국의 입장에서 North-South FTA 보다 관세를 부과할 유인이 더 크다. 따라서 기술력 격차가 큰 경우 관세상보효과가 상대적으로 약하게 나타난다. 또한

23) 이러한 이유는 FTA의 경우 역외관세 수준을 상대 회원국과 상관없이 개별 국가가 독립적으로 결정할 수 있지만, 관세동맹의 경우에는 모든 회원국의 동의를 얻어 역외관세를 결정하기 때문이다.

South－South FTA의 경우 협정에 참여하는 회원국이 늘어날 경우에는 기술력 격차가 작을 때에만 추가적인 관세인하가 이뤄지는 것을 알 수 있다.

2) 사회후생 수준분석

분리된 시장의 가정으로 비회원국은 다른 국가들의 자유무역협정 체결로 자신의 관세수준을 변동하지 않는다. 그러나 비회원국의 후생은 다른 국가들의 대외관세의 변동으로 수출이윤을 통해 영향을 받는다. 따라서 어떤 형태의 무역협정이 체결되는지에 따라 수출시장에서 i) 역내 경쟁기업들이 받는 역내 관세감소분의 양, ii) 협정의 영향을 받는 경쟁기업의 수, iii) 비회원국에 대한 관세상보효과의 정도에 따라 비회원국 기업의 수출이윤에 영향을 받는다. 앞의 i)과 ii)는 비회원국의 수출이윤과 후생에 부정적인 영향을 주고 iii)는 긍정적인 영향을 미친다. 이러한 효과를 분석하기 위하여 <표 3－6>에 주어진 각 협정 상황에서의 최적관세를 식(4)와 식(5)에 대입하여 후생수준을 도출할 수 있다. 각 무역협정 조합에서의 후생수준의 구조적 특징은 다음 보조정리 2와 같이 정리될 수 있다

보조정리 2. 세계사회후생

1) 기술력 격차와 상관없이 세계후생은 Global Free Trade의 경우에 가장 높은 후생을 나타낸다.
2) Global Free Trade가 불가능한 경우 기술력 격차가 심하지 않으면 Mixed FTA가 가장 높은 후생을 가지며, 기술력 격차가 크면 N국이 포함된 Large FTA(Case III)가 높은 후생을 나타낸다.

$$WW^{V} - WW^{III} = \frac{1072440a^2 - 3506004ac - 19385677c^2}{95413824} > 0 \ \mathit{if}\ c < 0.161561a$$

3) Bilateral FTA와 Large FTA의 경우 모두 North－South FTA가 South－South FTA보다 후생이 더 높다.

$$WW^{I} - WW^{II} = \frac{5076ac - 9427c^{2}}{69696} > 0$$

$$WW^{III} - WW^{IV} = \frac{374869c^{2} + 39528ac}{496947} > 0$$

세계후생의 관점에서 전 세계적인 자유무역이 가장 높은 후생을 보여준다. 그러나 국가 간의 기술력 격차가 존재하는 가운데 동시적인 무역장벽의 철폐는 보다 효율적인 생산자에게 상대적으로 많은 이윤의 재배분이 이뤄지도록 한다. 기술선진국은 자유무역으로 상대적인 이득을 얻지만, 기술 후진국의 경우에는 자신의 시장을 잃게 되는 결과가 초래할 수 있다. 이러한 효과는 현실에서 WTO의 도하 개발 라운드 협상에서 선진국 중심의 의제에 대한 개발도상국들의 반발을 일정부분 설명해준다.

가) 기술선진국의 경제통합 형태별 후생분석

기술력 우위를 가지고 있는 선진국의 경우에는 기본적으로 자유무역의 정도가 클수록 더 높은 후생수준을 보여주며 다음과 같은 특징이 확인된다.

보조정리 3. 기술 선진국의 후생분석 결과

1) N국의 경우에는 기술력 격차와 상관없이 GFT가 가장 높은 후생수준을 보여준다.
2) 만약 GFT가 달성되지 않으면, 기술선진국의 경우 기술력 격차가 아주 적을 때는 Mixed FTA가, 기술력 격차가 클 때는 Large FTA가 최적의 무역협상 전략이다.

$$W_{N}^{V} - W_{N}^{III} = \frac{-134964a^{2} + 7085412ac + 16702837c^{2}}{63609216} > 0,\ if\ c < 0.018262a$$

3) Bilateral FTA와 Large FTA의 경우 모두에서 North－South FTA일 때 N국은 더 높은 후생을 가진다.

$$W_{N}^{I} - W_{N}^{II} = \frac{756a^{2} + 10668ac + 3175c^{2}}{139392} > 0$$

$$W_{N}^{III} - W_{N}^{IV} = \frac{4(1026a^{2} + 142617ac + 298192c^{2})}{1490841} > 0$$

보조정리 4.

*N*국이 특혜무역협정에 참여하지 않는 경우, *N*국은 기술력 격차가 작을 때는 다수의 *S*국이 무역협정을 맺을수록 후생이 크고, 격차가 클 때는 South−South Bilateral FTA일 때 후생이 더 높다.[24)]

$$\tilde{W}_N^{IV} > \tilde{W}_N^{II} > W_N^{MFN},\ if\ \ c < 0.0679a$$
$$\tilde{W}_N^{II} > \tilde{W}_N^{IV} > W_N^{MFN},\ if\ \ 0.0679a < c < 0.1107a$$
$$\tilde{W}_N^{II} > W_N^{MFN} > \tilde{W}_N^{IV},\ if\ \ 0.1107a < c$$

나) 기술후진국의 지역경제통합 형태별 후생수준 분석

앞에서 분석한 바와 같이 기술선진국의 경우는 모든 형태의 무역협정에 참여하는 것이 더 높은 후생을 보장한다. 그러나 다음의 분석결과에서 보여주듯이 기술후진국의 경우는 보다 복잡한 전략적 선택을 가지게 된다.

보조정리 5.

*S*국은 기술격차가 작을 때는 Global Free Trade가 후생극대화 조합이지만, 기술격차가 커질수록 최대의 후생을 보장하는 무역협정 조합은 Mixed FTA의 South−South FTA에서 Large FTA의 South−South FTA로 이동한다.

$$W_S^G - W_{S2}^V > 0,\ if\ \ \ \ 0 < c < 0.0659a$$
$$W_{S2}^V - W_S^{IV} > 0,\ if\ \ 0.0659a < c < 0.1329a$$
$$W_{S2}^V - W_S^{IV} < 0,\ if\ \ 0.1329a < c < 0.25a$$

보조정리 6. North−South FTA vs South−South FTA

*S*국의 경우 Bilateral FTA는 항상 South−South FTA가 더 후생이 높고, Large FTA에서는 기술력 격차가 크지 않을 때 South−South FTA의 후생이 높다.

$$\mathrm{W}_S^I - \mathrm{W}_S^{II} = \frac{13277c^2 - 9396a}{69696} < 0,\ for\ \forall c$$
$$\mathrm{W}_S^{III} - \mathrm{W}_S^{IV} = \frac{250877c^2 - 487686ac}{2981682} < 0,\ if\ \ c < 1.94392a$$

24) $\widetilde{W}$은 협정에 참여하지 않은 비회원국의 후생을 나타낸다.

□ 양자간 FTA와 다자간 FTA의 후생효과 비교

*S*국은 기존의 무역협정에서 추가적인 회원국의 진입은 항상 후생의 증대를 가져온다.

$$W_S^I - W_S^{III} < 0$$
$$W_S^{II} - W_S^{IV} < 0 \qquad , for\ \forall c$$
$$W_S^I - W_{S1}^V < 0\ and\ W_S^{II} - W_{S2}^V < 0$$

한편 비회원국으로서 기술후진국의 후생 수준의 크기는 $\tilde{W}_S^{III} > \tilde{W}_S^I > \tilde{W}_S^{II} > W_S^{MFN}$ 순이다. 그러나 기술력 격차가 커짐에 따라 North－South FTA의 경우 무역협정에 참여한 *S*국 보다 비회원국이 더 높은 후생을 달성할 수도 있다.

$$W_S^I - \tilde{W}_S^I = \frac{9481c^2 - 5616ac + 189a^2}{34848} < 0, \quad if\ 0.0358a < c$$
$$W_S^{III} - \tilde{W}_S^{III} = \frac{888953c^2 - 559290ac + 8208a^2}{2981682} < 0, \quad if\ 0.0150a < c$$

앞서 도출한 보조정리들을 정리하면 기술력 격차가 존재하는 상황에서 다음과 같은 무역협상전략 균형을 도출할 수 있다.

명제 2. Coalition－Proof Nash Equilibrium

기술력 격차가 매우 작다면$(c < 0.0659a)$ Global Free Trade가 CPNE이다. 그러나 기술격차가 크다면$(0.0659a < c)$ South－South Large FTA가 CPNE이다.

증명) 명제 2에 대한 증명은 앞에서 열거한 보조정리의 결과를 이용하여 직관적으로 도출할 수 있다. 우선 기술력 격차가 작은 경우$(c < 0.0659a)$에는 보조정리 3과 보조정리 6의 결과를 바탕으로 협정에 참여한 *N*국과 *S*국 모두 Global Free Trade를 이탈할 유인이 없다.

기술력 격차가 큰 경우에도 *N*국은 보조정리 3에 의해 여전히 GFT가 최적전략이지만, *S*국의 경우 보조정리 6에 의해 Case V나 Case IV로 이탈할 유인을 가진다. 또한 Case V의 경우 North－South FTA를 체결한 *N*국과 South－South FTA를 체결한 두 *S*국은 이탈할 유인을 가지지 않는다(보조정리 6). 그러나 *N*국과 특혜무역협정을 맺은 *S*국의 경우에는 다른 South－South FTA로 이탈할 유인을 가지므로 Case V는 안정적인 균형이 될 수 없다. 따라서 Global Free Trade가 불가능한 경우 South－South Large FTA(Case IV)가 안정적인 균형이 된다. Q. E. D.

명제 2는 국가 간 차이가 크지 않은 상황에서는 모든 국가에게 자유무역이 더 높은 후생을 보여주지만, 기술격차가 큰 경우에는 기술후진국들만이 무역협정을 맺는 South－South Large FTA(Case IV)가 균형임을 확인해 준다. 이러한 결과는 다양한 조합의 자유무역협정이 복잡하게 존재하는 현재의 상황에 적용하면 다음과 같은 함의를 가진다. 우선 다자간 협정이든 특혜무역협정이든 비회원국이 존재하는 것보다는 가능한 모든 국가가 무역자유화에 참여하는 것이 더 나은 결과를 가져온다는 것을 알 수 있다. 그러나 현재의 DDA협정이 선진국간의 산업별 이해관계뿐 아니라 다수의 개발도상국과 저개발국의 저항으로 최종합의에 도달하지 못하는 상황이다.

이러한 상황에서 다수의 기술 후진국의 입장에서는 Large South－South FTA를 구성하는 것이 보다 나은 전략이 될 수 있다. 만약 초기 세계무역질서가 하나의 $N-S$ FTA가 체결된 상황이면, 나머지 *S*국의 입장에서는 기술력이 비슷한 *S*국이 존재하는 협정에 참여하여 *N*국 *S*국 모두와 경쟁하기 보다는 비슷한 기술 수준의 다른 *S*국과 FTA를 체결하고 *N*국과 *S*국에 역외 관세를 부과하는 것이 더 나은 후생을 가져온다. 이러한 결과는 최근 남미, 아프리카와 남아시아에서 증가하고 있는 저개발 국가 간의 활발한 자유무역협정 체결 흐름을 설명해준다.

또한 명제 2는 소득이나 시장크기의 차이(Das and Ghosh 2006) 또는 부존도 차이(Saggi and Yildiz 2010)를 중심으로 CPNE를 분석한 연구의 결과와 차이를 보인다. 두 연구에서도 경제규모의 차이가 크지 않을 때는 Global Free Trade가 안정적인 균형임을 보인다. 그러나 경제규모에 차이가 있을 때는 경제규모가 비슷한 국가들 간의 FTA, 특히 경제규모가 큰 국가들 간의 협정이 더 안정적인 균형임을 보인다. 이는 시장크기에 상대적으로 큰 시장에의 접근으로 얻는 편익이 더 강조되어 소국의 경우 대국과 협정을 체결할 유인이 크지만, 대국 역시 소국 보다는 대국 간에 협력이 더 큰 유인을 제공하기 때문이다.[25] 그러나 본 논문에서는 국가 간 기술력 격차에 중점을 두고 있기 때문에 기술후진국의 경우에는 비용적인 열위 때문에 상호적인 무역자유화를 통해 선진국 시장으로 접근할 유인이 상대적으로 작다. 앞에서도 언급했듯이 이는 기술력 격차로 인해 잃게 되는 자국 시장점유율이 $N-S$ FTA에서 더 크기 때문이다. 이러한 결과는 다음 장에서 살펴볼 동태적인 균형분석에서도 나타난다.

다. 지역경제통합의 동태적 안정성 분석

앞에서 우리는 3단계 일회성 동시게임 모형을 통해 무역협정의 정태적 균형을 분석하였다. 그러나 앞장에서 분석한 정태적 균형은 단지 1기 협상의 결과로서만 균형의 의미를 가진다. 만약 협정이 1기 이상 반복된다면 각 국가는 이탈의 가능성으로 인해 균형이 유지되지 않을 것이다. 따라서 이번 장에서는 보다 현실적인 균형 분석을 위해 각 무역협정의 지속적 유지가능성을 동태적인 무한반복 게임을 이용해 분석하고자 한다. 무한 반복게임에서 협정이 유지될 조건은 다음과 같다.

□ 자기강제 조건(the self-enforcement condition)

$$\begin{aligned} & W_i^D(t_i^D, t_{ji}=0, t_{jk}, t_k) + \sum_{t=1}^{\infty} \delta_i^t W_i^{MFN}(t_i^{MFN}, t_j^{MFN}, t_k^{MFN}) \le \sum_{t=0}^{\infty} \delta_i^t W_i^C(t_{ij}=0, t_{ik}, t_{ji}=0, t_{jk}, t_k) \\ \Leftrightarrow \quad & W_i^D(t_i^D, t_{ji}=0, t_{jk}, t_k) + \frac{\delta_i}{1-\delta_i} W_i^{MFN}(t_i^{MFN}, t_j^{MFN}, t_k^{MFN}) \le \frac{1}{1-\delta_i} W_i^C(t_{ij}=0, t_{ik}, t_{ji}=0, t_{jk}, t_k) \end{aligned} \tag{9}$$

위 식에서 좌변의 첫 번째 항 W_i^D는 i국이 기존의 무역협정에서 이탈하여 자국의 후생을 극대화하는 전략, 즉 MFN 관세를 부과했을 때 얻는 후생수준이다. 이때 기존의 회원국들은 i국에 대한 무관세($t_{ji}=0$)와 비회원국(k)에 대한 관세수준도 유지하며, 비회원국도 MFN의 관세(t_k)를 유지한다. 좌변의

25) Das and Ghosh(2006)는 이러한 효과를 상대적인 시장 접근효과(relative market access effect)로 정의했다.

두 번째 항 W_i^{MFN}는 i국의 이탈에 대응해 나머지 국가들이 일제히 보복관세를 부과하여 비협력적인 상황에서의 할인된 후생의 가치를 나타내며, W_i^C는 협정이 계속 유지될 때의 할인된 총후생가치이다. δ_i는 시간 할인인자(the discount factor)이다. 정리하면 무한반복 상황에서 i국이 한번이라도 협정을 어겼을 때의 사회후생과 이후 보복국면(punishment phase)에서 할인된 사회후생의 합보다 협력적 무역협상을 유지했을 때 달성하는 사회후생이 더 크면 i국은 협정을 유지한다.

$$\underbrace{\left(W_i^D - W_i^C\right)}_{the\ Benefit\ of\ Deviation} \leq \frac{\delta_i}{1-\delta_i}\underbrace{\left(W_i^C - W_i^{MFN}\right)}_{the\ Cost\ of\ Deviation} \tag{10}$$

또한 (9)식을 다시 쓰면 (10)과 같이 협정으로부터 이탈의 비용(the cost of deviation)과 편익(the benefit of deviation) 개념으로 구성할 수 있다. 좌변은 이탈부터 얻는 일회성 편익이고 우변은 협력으로부터의 이탈에 대한 할인된 비용이다. 무역협정으로부터 얻는 편익이 이탈 비용의 할인된 가치보다 작을 때 국이 협정을 유지할 유인 적합성 제약(the incentive compatibility constraint, IC)이 된다.

(10)식을 할인인자에 대해 정리하면 다음과 같다.

$$\delta_i \geq \delta_i^* = \frac{W_i^D - W_i^C}{W_i^D - W_i^{MFN}}, \ \text{단}, 0 < \delta_i < 1 \tag{11}$$

i국의 할인인자 δ_i가 임계치(critical level, δ_i^*)보다 크다면 협력적 무역체계가 유지된다. δ_i^*는 이탈의 편익과 비용의 합에 대한 편익의 상대적 비율로 해석할 수 있다. 따라서 δ_i^*가 0에 가까울수록 협정이 유지될 가능성이 높고 1에 가까울수록 i국이 이탈할 가능성이 높다.

<표 3-6>에 주어진 관세수준과 후생수준을 이용하여 정리하면 앞 장의 Case I부터 Case V까지 5개의 FTA 조합과 GFT에 대해 (11)식과 같은 협정

이 유지될 유인 적합성 제약(IC)과 각 조합에 대한 할인인자의 임계치를 구할 수 있다. 공간적 제약으로 우리는 여기서 Case I에 대한 N국의 도출과정을 보이고 나머지 경우에 대해서는 할인인자 임계치의 계산결과를 그래프를 통해 분석하고자 한다. N국과 하나의 S국이 FTA를 맺은 상황에서 이 협정이 유지될 조건은 다음과 같다.

$$
\begin{aligned}
& W_N^D(t_N^D, t_{S_1N}^I = 0, t_{S_1S_k}^I, t_{S_k}^I) + \sum_{t=1}^{\infty} \delta_N^t W_N^{MFN}(t_N^{MFN}, t_{S_i}^{MFN}) \le \sum_{t=0}^{\infty} \delta_N^t W_N^I(t_{NS_1} = 0, t_N^I, t_{S_1N} = 0, t_{S_1S_k}^I, t_{S_k}^I) \\
& \qquad \text{단}, i = \{1,2,3\}\ k = \{2,3\} \\
\Leftrightarrow \quad & \left(W_N^D - W_N^I\right) \le \frac{\delta_N}{1-\delta_N}\left(W_N^I - W_N^{MFN}\right) \\
\Leftrightarrow \quad & \left(\frac{3(315a^2+122ac+1091c^2)}{1936b} - \frac{2637a^2+1230ac+9797c^2}{5808b}\right) \\
& \le \frac{\delta_N}{1-\delta_N}\left(\frac{2637a^2+1230ac+9797c^2}{5808b} - \frac{315a^2+78ac+1454c^2}{726b}\right)
\end{aligned}
\tag{12}
$$

위 식을 정리하여 도출된 Case I의 N국과 동일한 방식으로 도출한 S국 할인인자의 임계치는 다음과 같다.

$$\delta_N \ge \delta_N^I = \frac{22(3a-c)^2}{315a^2+474ac-1813c^2} \tag{13}$$

$$\delta_S \ge \delta_S^I = \frac{66(9a^2-6ac-43c^2)}{945a^2-2478ac+721c^2} \tag{14}$$

기술력 격차가 클수록 $N-S$ FTA 경우 생산비용에 상대적 열위인 S국은 무역자유화로 인해 잃게 되는 자국기업의 시장점유율이 증가하는 반면, N국의 관세인하로 인해 수출시장에서 얻는 생산자 이윤은 상대적으로 적다. 즉 기술후진국은 기술력 격차가 클수록 무역협력에서의 이탈로부터 발생하는 손실이 상대적으로 더 적다는 것이다. [그림 3-6]과 [그림 3-7]을 통해 결과를 정리하면 무한반복 상황에서 각각의 무역협정의 동태적 안정성에 대해 다음과 같은 명제를 도출할 수 있다.

명제 3. 무역협정의 동태적 안정성[26)]

1) N국은 기술력격차가 아주 작을 때는 Mixed FTA가 더 안정적, 기술력 격차가 클수록 Global Free Trade가 가장 안정적인 무역협정이다.
2) S국은 North-South FTA보다 South-South FTA일 때 할인인자의 임계치가 더 작다($\delta_S^{NS} > \delta_S^{SS}$). 즉, S국은 North-South FTA보다 South-South FTA에서 더 동태적 안정성을 가진다.
3) 기술력 격차가 커질수록 North-South FTA에 참여한 S국의 할인인자의 임계치는 증가하는 반면, South-South FTA에 속한 국가의 할인인자의 임계치는 감소한다.

$$\partial\delta_S^{NS} / \partial c > 0, \partial\delta_S^{SS} / \partial c < 0$$

즉, 기술력 격차가 증가할수록 S국에게는 South-South FTA가 더 지속 가능하다.

[그림 3-6] 기술선진국의 동태적 안정성

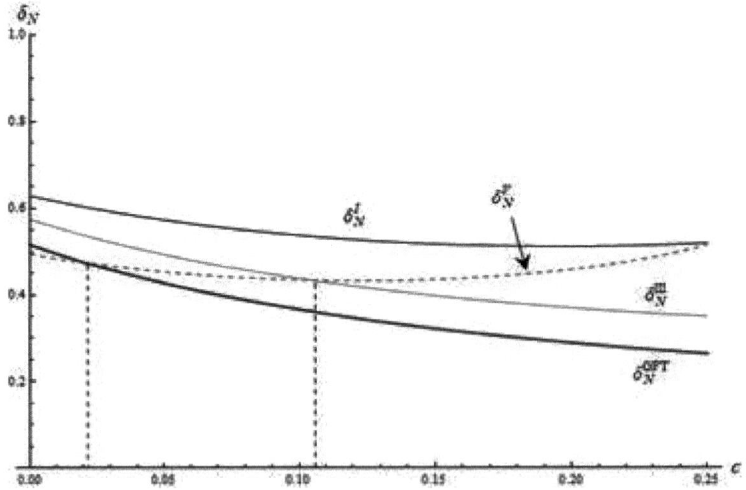

26) 명제 3의 증명은 공간상의 제약으로 [그림 3-6]과 [그림 3-7]로 대체한다. 수치의 계산과 그래프는 Mathematica 프로그램을 이용하였다.

[그림 3-7] 기술후진국의 동태적 안정성

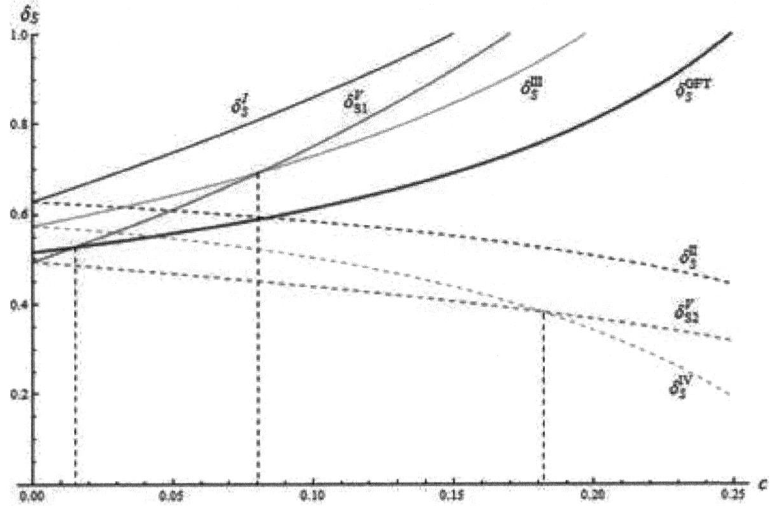

[그림 3-6]에서 기술선진국은 후진국과의 기술력 격차가 클수록 더 많은 수의 국가들과 자유무역을 체결하는 것이 보다 안정적인 협상전략이 됨을 알 수 있다. 반면 [그림 3-7]에서 확인할 수 있듯이 기술후진국의 경우에는 기술력 격차가 벌어질수록 Global Free Trade가 South-South FTA의 임계치 값이 더 낮아지므로 보다 안정적인 협상전략이 된다. 특히 Case V의 Mixed FTA에서 선진국과 무역협정을 체결한 기술후진국은 기술력 격차가 커질수록 협정을 유지할 유인의 임계치(δ_{S1}^V)가 급격히 줄어드는 반면 기술후진국간의 무역협정(δ_{S2}^V)은 보다 안정적이 된다.

또한 그 절대값($\delta_S^{II} > \delta_S^{IV}$)과 정도($\partial^2\delta_S^{IV}/\partial c^2 > \partial^2\delta_S^{II}/\partial c^2$)에서도 더 많은 국가들이 South-South FTA에 참여할수록 더욱 안정적이 된다. 정리하면 동태적 균형분석에도 앞 장에서의 정태적 분석과 유사하게 전 세계적인 자유무역 협정의 유지가 불안정한 상황에서는 기술후진국간의 자유무역 협정이 동태적으로 보다 안정적인 균형전략임을 확인할 수 있다.

라. 생산기술력 격차가 있는 국가 간의 지역경제통합효과의 정책적 시사점

우리는 앞에서 선후진국간 기술력 격차가 존재하는 상황에서 WTO 중심의 다자간 무역협정과 개별 국가 간 다양한 조합의 특혜무역협정이 동시에 고려될 때 개별 국가의 전략적 무역정책 조정 메커니즘을 분석하였다. 정태적 분석을 통하여 특혜무역협정은 협정에 참여하지 않은 국가들에 대해서도 역외관세수준을 낮추는 관세상보효과를 발생시켜 전반적인 무역자유화에 진전을 가져오는 것이 확인되었다.

한편, 정태적 분석과 동태적 분석을 통해서 다양한 조합의 협상조건을 비교분석한 결과 기술수준에서 비대칭적인 조건을 가지고 있는 회원국들이 공존할 때, 기술후진국의 경우, 기술선진국과의 양자간 FTA보다는 광역 FTA 체결이 높은 후생을 보장하는 안정적인 협상 전략으로 도출되었다. 또한 기술후진국이 기술선진국과 양자간 FTA협정을 체결할 경우, 기술선진국으로부터의 기술이전과 같은 추가적인 무역조정장치가 없을 경우, 기술후진국의 사회후생이 감소할 수 있음이 확인되었다. 이러한 결과는, 선진국과 후진국간의 양자간 FTA가 후진국의 사회후생을 감소시킬 수 있음을 지적한 UNCTAD의 연차보고서(Trade and Development 2007)와도 상통하는 결과이다.[27)]

이러한 결과는 기술선후진국간의 FTA는 단순히 양국 간의 무역장벽 철폐만으로 후진국의 사회후생개선을 보장하지 못하는 만큼, 중장기적으로 기술이전 등 보완적 조치가 병행되던지 혹은 FTA초기부터 다자주의체제와 가까운 광역 FTA의 체결이 기술후진국에 더욱 바람직함을 보여준다. 또한 WTO와 같은 다자간 무역체제의 정책조정 메커니즘이 효율적으로 작동할 경우, 기술후진국에 대한 중장기적 기술이전정책 등 다양한 무역조정지원정책이 수립된다면 보다 FTA를 포함한 특혜무역협정의 안정적 균형조건이 달성될 수 있을 것이다. 구체적인 국가 간 최적 무역조정지원정책수단들에 대한 분석은 향후 연구과제로 추가적인 분석이 필요하다.

또한 특혜무역협정을 통하여, 후진국의 입장에서 높은 소비수준과 시장크기를 가지고 있는 선진국으로의 시장진입 효과를 고려하더라도, 기술력 격차

27) UNCTAD, 2007, The New Regionalism" and North－South Trade Agreements, in Trade and Development Report 2007,Geneva, UNCTAD. pp 53－86을 참조하라

가 축소되지 않을 경우, 선진국 시장과의 자유무역협정으로부터 얻을 수 있는 시장진입의 특혜적 이점은 점차 감소되는 특혜침식(Preference Erosion)이 발생할 수 있음도 지적된 바 있다(Hoekman, Martin et al. 2009).

즉 특혜무역협정 상대국의 시장크기가 클수록 신규시장 진입과 소비자 후생을 통해 자국의 후생이 개선될 수 있지만, 장기적으로 잠재적 경쟁 대상자의 신규진입을 통해 시장 확대로 인한 후생증가는 결국 각국의 기술경쟁력에 의하여 결정됨이 확인되었다. 이러한 분석결과는 기술선후진국간 특혜무역협정이 기술후진국의 후생을 고려한 장기적으로 안정적 균형에 도달하기 위해서는, 기술이전을 포함한 다양한 무역조정정책 등의 보완적 조치가 필요함을 다시금 부각시키고 있다.

5. 제품품질차원의 기술격차를 보이는 국가 간 경제통합의 사회후생 효과분석

가. 품질차원의 기술력 격차가 있는 국가 간의 경제통합의 의미

앞에서 우리는 동질적 재화를 생산하면서 생산기술, 즉 생산비용 측면에서 기술적 비대칭성을 보이는 국가들 간의 지역경제통합의 사회후생효과와 정책적 시사점을 살펴보았다. 그러나 실제 산업구조에서는 다양한 품질의 격차를 보이고 있는 것이 좀 더 현실적이다. 따라서 전장에서의 논의를 기초로, 다양한 품질의 격차를 보이고 있는 산업에서의 지역경제통합의 사회후생효과를 살펴보고자 한다. [28)]

세계 경제성장이 지속되고 기술 개발이 가속화되면서 국제적으로 교역되는 상품의 종류도 다양화되고 있을 뿐 아니라 그 질적인 측면에서의 차별성도 확대되고 있다. 이와 동시에 세계 무역구조는 세계무역기구(WTO)에 편입되는 국가들이 증가하고 자유무역협정(FTA) 체결이 늘어나면서 국가 간 관세율이 하락하는 등 무역장벽이 지속적으로 완화되는 추세에 있다. 상품무역(서비스 제외)만을 따지면 세계 교역규모는 1980년대 세계 무역규모는 2조 달러에서

28) 각 산업제품의 품질격차가 존재하는 상황에서 지역경제통합의 사회후생효과 및 균형증명의 세부분석내용은 오세신, 김영한 (2013)을 참조하라.

2011년에는 17조 8천억 달러를 기록하여 연평균 7% 이상 급성장해 왔다. 이 과정에서 교역되는 상품의 수와 양도 대폭 증가해 왔지만 특히, 기술개발이 가속화되면서 상품의 질도 다양화되었다. 과거에는 품질이 차이가 크게 존재하지 않는 농산품과 광물 및 에너지자원, 일반 산업기계나 경공업 제품들이 높은 무역비중을 차지했지만 제조회사에 따라 성능과 디자인 등의 품질차이가 다양한 가전제품과 전자기기, 자동차, 컴퓨터 소프트웨어 등 기술집약도가 높은 재화들의 교역비중이 점차 확대해왔다. 심지어 전통적인 저부가가치제품으로 분류되던 의류제품도 디자인과 기능성이 다양해지면서 과거와 달리 소득계층별로 소비자의 선호도 달라지고 있으며, 가격 및 품질의 차별화가 심화되고 있다.

과거의 무역에 대한 이론적인 연구는 대부분 쿠르노 모형을 기반으로 한 수량경쟁을 다루어 왔다. Bagwell and Staiger(1997)와 Freund(2000)는 쿠르노 모형을 기반으로 하여 세 국가 간의 양자 간 또는 다자 간 자유무역 협정이 무역정책과 국가후생에 미치는 영향을 분석하였으며, Kim(2002) 또한 쿠르노 모형을 이용해 세 국가 간 생산비용의 차이가 존재할 때 자유무역협정이 무역정책과 국가경제에 미치는 효과를 규명하였다. Saggi(2004) 역시 쿠르노 수량경쟁 모형을 바탕으로 3개국 이상의 다자간 무역에 있어 GATT 체제의 최혜국대우(MFN) 조항의 역할을 연구하면서 MFN이 비협조적 무역에서 발생하는 비효율성[29]을 완화시키나 독자적인 채택(unilateral adoption) 유인이 존재하지 않기 때문에 상호채택(reciprocal adoption)의 필요성을 분석하였다. 이러한 모형의 적용은 반도체 산업의 D램 부문이나 원자재와 같이 지역 간 생산품질의 차이가 거의 없는 재화 간에 적용하기에는 적절하나 자동차, 휴대폰, 패션 등 생산 지역에 따라 제품의 디자인이나 품질의 차이가 큰 산업에 대해서는 적용하는데 한계를 가진다. 이들 산업은 물량 경쟁보다는 품질을 기반으로 한 가격 경쟁을 하는 시장으로 보는 것이 보다 바람직하기 때문에 이러한 특성을 반영하는 이론모형의 개발 및 분석이 필요하다.

29) Saggi(2004)는 비협조적 무역체제에서 수출기업의 생산비용이 낮을수록 높은 관세에 직면하기 때문에 전 세계적인 생산측면에서 봤을 때 비협조적 무역체제는 고효율 기업의 생산을 저해하는 비효율성을 가지고 있다고 말한다.

최근 들어 품질 다양성을 가정한 과점적 시장구조 하에서 국제무역의 효과를 분석하는 연구결과들이 제시되고 있다. 과점적 시장에서 제품품질과 자유무역협정과의 관계를 분석한 주요연구들은 다음과 같다. Hur(2006)에서는 3개국 모형[30]을 기반으로 하여 기업의 품질 선택과 정부의 무역 정책의 선택간의 관계를 과점적 이론모형에 근거하여 분석하였다. 이 논문은 R&D에 따른 기술유출(technology spillover)이 불완전할 경우 양자간 FTA 체결 시 FTA 회원국의 품질 수준이 역외국에 비해 더 높아짐을 쿠르노 경쟁을 전제로 한 부분균형 모형을 통해 증명하였다. 또한 특혜무역협정의 결과 더 높은 제품의 소비기회가 확대됨에 따라, 특혜무역협정 참가국의 사회후생은 장기적으로 역외국에 비하여 더 높을 수 있음을 보여주었다.

Saggi and Sara(2008)는 품질 비대칭성이 존재하는 두 국가가 품질 격차와 시장규모에 따라 WTO 체제 하에서 내국민대우(National Treatment) 원칙에 참여할 유인을 분석하였다. 여기서는 교역재의 품질 비대칭성과 소비자의 품질 선호도 차이를 가정하여 기업의 가격경쟁 모형을 구축하였으며, 양국이 모두 내국민대우 원칙에 합의할 유인이 존재하기 위해서는 고품질을 생산하는 국가의 시장규모가 저 품질을 생산하는 국가보다 커야한다는 결과를 제시하였다.

우리는 Saggi and Sara(2008)에서와 같이 기업간에 생산하는 제품의 품질 비대칭성이 존재하나, 연속적인 가격 경쟁이 가능한 시장을 가정하였다. 앞에서 살펴본 품질다양성을 가정한 과점적 경쟁시장에서의 무역균형을 분석한 기존의 선행연구에 비하여, 본 연구는 품질 수준격차가 존재하는 비대칭적 국가간 다양한 형태의 특혜무역 협정의 조합을 비협조적 무역체제 및 다자간 자유무역체제와 비교분석하였다는 점이 본 연구가 선행연구와 차별화되는 점이다. 또한 세 국가 간의 비협조적 무역체제(Non cooperative Nash trade regime)의 균형과, 다자간 자유무역협정 및 다양한 양자간 특혜무역협정의 국가별 무역균형 및 사회후생효과 분석 결과에 기초하여, 양자간 FTA 및 다자간 자유무역체제에 대한 국가별 차별화되는 참여유인(incentives for participation) 및 그에

30) Hur(2006)는 수입만을 하는 1개 국가와 서로 다른 품질을 수출하는 2개 국가로 모형을 구성하였다.

따른 정책적 시사점을 분석하였다는 점이 기존연구와 추가적으로 차별화되는 점이다.

품질 격차가 존재하는 과점적 가격경쟁체제하에서 FTA를 포함한 다양한 무역체제의 사회후생효과를 분석한 결과, 고품질제품을 생산하는 국가는 다자간 자유무역체제를 선호함을 확인하였다. 또한 모든 국가가 자국의 후생수준만을 극대화하는 비협조적 무역체제에서는, 자국 기업이 품질 수준이 더 높은 제품을 생산하더라도, 가격경쟁 체제에서 전략적 경쟁관계가 심화될 경우, 사회후생수준이 더 낮을 수도 있음이 확인 되었다. 또한 세계 총 후생수준 차원에서는 다자간 자유무역체제가 양자간 FTA 체제보다 더 높으나, 품질 수준이 상대적으로 낮은 국가는 다자간 자유무역체제보다는 양자간 FTA 체제에서 사회후생수준이 더 높은 것으로 나타났다.

이는 FTA 체제가 초래하는 역내국과 역외국간의 경쟁완화효과 및 역외국에 대하여도 무역장벽을 상대적으로 낮추게 하는 전략적 상보효과(Supermodularity)에 기인하는 것으로 분석되었다. 따라서 세계후생을 극대화하는 다자간 자유무역체제의 작동을 위해서는 다자간 자유무역체제에 참가할 경우 사회후생 수준이 감소하는 저품질 생산국가에 대한 유인체계(incentive system)구축이 선행될 필요가 있는 것으로 확인되었다. 이러한 분석결과는 기존의 선행연구들과는 달리, 제품품질차이가 있는 과점적 가격경쟁 체제에서, 품질 수준별로, 가격경쟁전략이 가지는 비연속성이 반영된 결과로서, 품질 격차가 있는 국가간의 전략적 특혜무역협정에 대한 새로운 정책적 시사점을 제공하고 있다.

나. 이론분석모형의 구조

품질 수준의 격차가 존재하는 과점적 시장에서 가격경쟁이 이루어지는 국가 간 다양한 형태의 양자간 경제통합 및 다자간 무역자유화의 사회후생효과를 분석하기 위한 모형설정을 위하여, 품질비대칭성이 있는 가운데 가격경쟁체제를 분석하고 있는 Saggi and Sara(2008)의 기본모형에 근거하여 분석모형을 설정하였다. 본 모형에서는 다양한 형태의 특혜무역협정의 사회후생효과 분석을 위하여, Saggi and Sara(2008)가 2개국 2기업 모형을 도입했던 것과는 달리 3개국 3기업 모형으로 확대하였다. 즉 3개 국가 H, M, L이 있으며 각국마다 독점기업인 h, m, l이 각각 존재하는 것으로 가정하였다. 각국의 기업들은 동일한 재화를 생산하나 각국 재화의 품질 s_k는 다음과 같이 차별화되어 있는 것으로 가정한다.

$$s_h > s_m > s_l,\ \forall\ s_k > 0,\ k \in (h, m, l)$$

먼저 소비자 문제에 있어서 소비자들의 효용은 다음과 같은 함수로 정의된다고 가정한다.

$$u = \theta v - p$$

여기서 u는 소비자 효용이며, θ는 각 소비자들이 품질에 대한 선호도를 의미한다. v는 소비하는 재화의 객관적인 품질로 s_k가 대입될 수 있으며, 마지막으로 p는 소비되는 재화의 가격을 말한다. 이에 따라 소비자 효용 u가 0보다 크거나 같은 경우에 대해 재화에 대한 구매가 발생할 수 있다고 가정한다. 이에 따라 각각의 소비자들은 h, m, l 가운데 자신의 품질 선호도 θ와 재화의 가격 p를 고려해 효용을 가장 높일 수 있는 품질의 재화 1개만을 선택한다고 전제한다. 소비자의 품질 선호도인 θ는 각국마다 다음과 같이 균일 분포(uniform distribution)를 가지는 것으로 가정한다.

$$\theta \in [0, \mu^i],\ i \in (H, M, L)$$

여기서 μ^i는 각국의 소비자 규모 또는 시장 규모라 할 수 있다. 이에 따라 각국의 소비자 규모에 따라 각각의 재화에 대한 소비량은 [그림 3-8]과 같이 정해질 수 있다.

〈그림 3-8〉 Distribution of Consumers' Quality Preferences

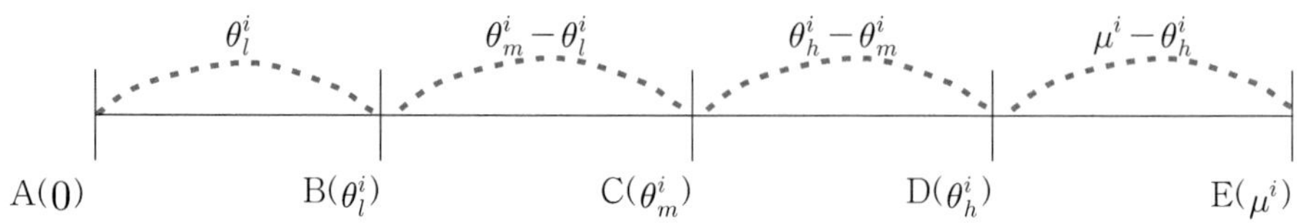

구간 DE에서는 품질 h 소비만이 발생하며, 구간 CD에서는 품질 m의 소비만이 발생한다. 또한 구간 BC는 가장 품질이 낮은 l의 소비만이 발생할 것이며, 구간 AB에서는 소비자들이 재화의 구매를 포기하게 된다. 각 구간의 경계점이 되는 품질에 대한 선호도를 가진 θ_h^i, θ_m^i, θ_l^i은 다음과 같이 유도될 수 있다. 우선 θ_l^i은 i국에서 품질 l을 소비하거나 아무것도 소비하지 않을 때 효용이 무차별한 소비자로 다음과 같이 도출된다.

$$\theta_l^i s_l - p_l^i = 0,\ i \in (H, M, L),$$

$$\theta_l^i (s_l, p_l^i) = \frac{p_l^i}{s_l}$$

즉, θ_l^i보다 작은 품질 선호도($\theta^i < \theta_l^i$)를 가진 소비자들은 재화 구매를 포기하게 되어 구간 AB에서는 아무런 소비가 발생하지 않게 된다. θ_m^i은 i국에서 품질 m과 l 간의 효용이 무차별한 소비자로 다음과 같이 도출된다.

$$\theta_m^i s_m - p_m^i = \theta_m^i s_l - p_l^i,\ i \in (H, M, L)$$

$$\theta_m^i (s_m, s_l, p_m^i, p_l^i) = \frac{p_m^i - p_l^i}{s_m - s_l}$$

여기서 θ_m^i보다 큰 품질 선호도($\theta^i > \theta_m^i$)를 가진 소비자들은 품질 m이나 h를 선택하게 되고 θ_m^i보다 작고 θ_l^i보다 큰 구간(BC)의 품질 선호도($\theta_m^i > \theta^i > \theta_l^i$)를 가진 소비자들은 품질 l만을 소비한다. θ_h^i은 i국에서 품질 h와 m 간의 효용이 동일한 소비자로 다음과 같이 도출된다.

$$\theta_h^i s_h - p_h^i = \theta_h^i s_m - p_m^i,\ \ i \in (H, M, L)$$

$$\theta_h^i(s_h, s_m, p_h^i, p_m^i) = \frac{p_h^i - p_m^i}{s_h - s_m}$$

앞에서와 마찬가지로 θ_h^i보다 큰 품질 선호도($\theta^i > \theta_h^i$)를 가진 소비자들은 품질 h만을 선택하게 되고 θ_h^i보다 작고 θ_m^i보다 큰 구간(CD)의 품질 선호도 ($\theta_h^i > \theta^i > \theta_m^i$)를 가진 소비자들은 품질 m만을 선택하게 된다. 이에 따라 각 품질에 대한 소비량을 다음과 같이 구할 수 있다.[31)]

$$\overline{AB} = q_h^i = \mu^i - \theta_h^i = \mu^i - \frac{p_h^i - p_m^i}{s_h - s_m}, \tag{1}$$

$$\overline{BC} = q_m^i = \theta_h^i - \theta_m^i = \frac{p_h^i - p_m^i}{s_h - s_m} - \frac{p_m^i - p_l^i}{s_m - s_l}, \tag{2}$$

$$\overline{CD} = q_l^i = \theta_m^i - \theta_l^i = \frac{p_m^i - p_l^i}{s_m - s_l} - \frac{p_l^i}{s_l} \tag{3}$$

다음으로 식(1)~식(3)에서 도출된 소비량을 바탕으로 각 품질별 소비자들의 잉여는 다음과 같이 품질구간별 소비자 효용의 총합으로 도출된다.

$$CS^i = \int_{\theta_h^i}^{\mu^i} (\theta^i s_h - p_h^i) d\theta^i + \int_{\theta_m^i}^{\theta_h^i} (\theta^i s_m - p_m^i) d\theta^i + \int_{\theta_l^i}^{\theta_m^i} (\theta^i s_l - p_l^i) d\theta^i \tag{4}$$

생산자 문제에 있어서 각국의 독점기업 h, m, l은 자국에 대한 공급과 해외수출을 통해 이윤을 확보하게 된다. 여기서 모든 기업들의 생산비용은 0로 가정한다. 이는 모형의 단순화를 위해 가정된 것이기도 하지만 이를 통해 각 기업의 품질에 대한 비대칭성이 가지는 효과를 보다 명확하게 이해할 수 있는 틀을 제공할 수 있다. 각 기업의 이윤함수는 역시 식(1)~식(3)을 바탕으로 다음과 같이 도출할 수 있다.

---

31) 식(1)~식(3)의 소비량을 모두 합한 소비구모가 시장규모(μ^i)보다 작은 이유는, 소비자의 taste parameter의 특성 상, $\theta s_l - p_l^i < 0$ 조건을 충족시키는 θ의 구간에 해당하는 소비자들은 어떤 제품도 소비하지 않기 때문이다.

$$\Pi_h = p_h^H q_h^H + (p_h^M - t_H^M) q_h^M + (p_h^L - t_H^L) q_h^L, \quad (5)$$

$$\Pi_m = (p_m^H - t_M^H) q_m^H + p_m^M q_m^M + (p_m^L - t_M^L) q_m^L, \quad (6)$$

$$\Pi_l = (p_l^H - t_L^H) q_l^H + (p_l^M - t_L^M) q_l^M + p_l^L q_l^L \quad (7)$$

여기서 t_j^i는 i국이 j국에 대해 부과하는 관세로, 기본 모형에서는 관세수준을 국가별로 차별적으로 부과할 수 있는 것으로 가정한다.[32)]

정부부문에서는 정부의 유일한 정책수단으로서 관세만을 가정하였다. 이에 따라 정부는 관세부과를 통해 정부재정을 확충하게 된다. 이에 따라 각국의 정부재정수입 GR^i은 다음과 같이 유도될 수 있다.

$$GR^H = t_M^H q_m^H + t_L^H q_l^H, \quad (8)$$

$$GR^M = t_H^M q_h^M + t_L^M q_l^M, \quad (9)$$

$$GR^L = t_H^L q_h^L + t_M^L q_m^L \quad (10)$$

마지막으로, 앞서 유도된 소비자 잉여와 생산자 이윤, 그리고 정부재정수입을 모두 합한 각 국가별 사회후생함수를 아래와 같이 도출된다.

$$SW^H = CS^H + \Pi_h + GR^H, \quad (11)$$

$$SW^M = CS^M + \Pi_m + GR^M, \quad (12)$$

$$SW^L = CS^L + \Pi_l + GR^L, \quad (13)$$

위에서 구축된 기본적인 경제모형을 기반으로 하여 각각의 경제주체들은 최적의 선택을 결정하게 된다. 이와 같은 순차적 완전정보 게임(sequential complete game)의 구조는 다음과 같다. 첫 번째 단계에서는 각국의 정부가 각각의 상대교역국에 대한 유일한 정책수단으로서 관세를 설정한다. 두 번째 단계에서는 각각의 생산자들이 정해진 관세를 기반으로 하여 가격경쟁(Bertrand competition)체제에서 3개국 시장에서의 판매가격을 결정하게 된다. 마지막 단계에서는 소비자들이 자신의 품질 선호도와 각 제품 품질별 가격을 바탕으로

32) 논의의 단순화를 위하여 관세는 종량관세(specific tariff)로 부과되는 것으로 설정하였다.

소비를 결정하게 될 것이다.

다. 비협조적 무역체제 하에서의 최적선택 및 무역균형

1) 소비자 및 생산자의 최적 선택

교역국간의 자유무역을 위한 무역협정이 전무한 가운데, 모든 국가들이 자국후생의 극대화만을 위하여 무역정책을 결정하는 비협조적 무역체제 하에서는 앞서 언급한 바대로 각 국가는 관세를 국가에 따라 차등하여 부과할 수 있다. 이러한 완전정보 하에서의 비협조적인 순차적 무역정책게임구조 하에서는, 역진귀납법(backward induction)을 통해 소비자와 생산자의 각 품질에 대한 소비량과 가격에 대한 최적 선택과 각국 정부의 교역상대국에 대한 최적 관세를 도출하는 한편, 최종적으로 경제주체별로 균형이 되는 최적 선택을 규명한다.

먼저 식(1)~식(3)은 각각의 품질에 대한 소비자들의 소비량을 나타낸 것으로 자신의 품질 선호도와 각 품질별 가격에 따라 소비자들이 어떤 품질을 선택할지를 결정한 결과이다. 따라서 세 번째 단계인 소비자 단계에서의 최적 선택이 이미 이루어진 것으로 볼 수 있다. 따라서 다음으로 두 번째 단계인 생산자 단계에서의 최적 선택을 살펴보아야 한다.

식(5)~식(7)은 각 품질에 대한 생산자들의 이윤함수다. 소비자 단계에서 도출된 최적 소비량인 식(1)~식(3)을 식(5)~식(7)에 대입하여 각 생산자들의 이윤 극대화를 구할 수 있다. 이러한 과정을 통해 도출된 각 생산자들의 최적 반응함수(best response function)는 식(14)~식(22)와 같다.

식(14)~식(16)은 생산자 h가 이윤 극대화를 위해 각 시장에 대해 설정하는 품질 h에 대한 가격이다. 여기에 따르면 국가별 품질 h의 가격은 해당 국가에서의 품질 m의 가격(p_m^i)과 해당국의 시장크기(μ^i), 그리고 품질 h와 품질 m 간의 객관적 가치차이($s_h - s_m$), 마지막으로 각국의 관세부과액(t_j^i)에 정비례 관계로 결정된다. 즉, 품질 l의 가격(p_l^i)이나 품질 수준(s_l)에 영향을 받지 않음을 의미한다.

생산자단계	최적반응함수	$p_h^H = \frac{p_m^H + \mu^H(s_h - s_m)}{2}$ (14), $p_h^M = \frac{p_m^M + \mu^M(s_h - s_m) + t_H^M}{2}$ (15),
		$p_h^L = \frac{p_m^L + \mu^L(s_h - s_m) + t_H^L}{2}$ (16), $p_m^H = \frac{(s_m - s_l)p_h^H + (s_h - s_m)p_l^H + (s_h - s_l)t_M^H}{2(s_h - s_l)}$ (17)
		$p_m^M = \frac{(s_m - s_l)p_h^M + (s_h - s_m)p_l^M}{2(s_h - s_l)}$ (18), $p_m^L = \frac{(s_m - s_l)p_h^L + (s_h - s_m)p_l^L + (s_h - s_l)t_M^L}{2(s_h - s_l)}$ (19)
		$p_l^H = \frac{s_l}{2s_m}p_m^H + \frac{t_L^H}{2}$ (20), $p_l^M = \frac{s_l}{2s_m}p_m^M + \frac{t_L^M}{2}$ (21), $p_l^L = \frac{s_l}{2s_m}p_m^L$ (22)
	균형값	$p_h^H = \frac{\mu^H(s_h - s_m)(s_h(4s_m - s_l) - 3s_m s_l) + s_m(2(s_h - s_l)t_M^H + (s_h - s_m)t_L^H)}{2(s_h(4s_m - s_l) - s_m(s_m + 2s_l))}$ (23)
		$p_h^M = \frac{\mu^M(s_h - s_m)(s_h(4s_m - s_l) - 3s_m s_l) + (4s_h s_m - s_h s_l - 3s_m s_l)t_H^M + s_m(s_h - s_m)t_L^M}{2(s_h(4s_m - s_l) - s_m(s_m + 2s_l))}$ (24)
		$p_h^L = \frac{\mu^L(s_h - s_m)(s_h(4s_m - s_l) - 3s_m s_l) + (4s_h s_m - s_h s_l - 3s_m s_l)t_H^L + 2s_m(s_h - s_l)t_M^L}{2(s_h(4s_m - s_l) - s_m(s_m + 2s_l))}$ (25)
		$p_m^H = \frac{s_m(\mu^H(s_h - s_m)(s_m - s_l) + 2(s_h - s_l)t_M^H + (s_h - s_m)t_L^H)}{s_h(4s_m - s_l) - s_m(s_m + 2s_l)}$ (26)
		$p_m^M = \frac{s_m(\mu^M(s_h - s_m)(s_m - s_l) + (s_m - s_l)t_H^M + (s_h - s_m)t_L^M)}{s_h(4s_m - s_l) - s_m(s_m + 2s_l)}$ (27)
		$p_m^L = \frac{s_m(\mu^L(s_h - s_m)(s_m - s_l) + (s_m - s_l)t_H^L + 2(s_h - s_l)t_M^L)}{s_h(4s_m - s_l) - s_m(s_m + 2s_l)}$ (28)
		$p_l^H = \frac{\mu^H s_l(s_h - s_m)(s_m - s_l) + 2s_l(s_h - s_l)t_M^H + s_m(4s_h - s_m - 3s_l)t_L^H}{2(s_h(4s_m - s_l) - s_m(s_m + 2s_l))}$ (29)
		$p_l^M = \frac{\mu^M s_l(s_h - s_m)(s_m - s_l) + s_l(s_m - s_l)t_H^M + s_m(4s_h - s_m - 3s_l)t_L^M}{2(s_h(4s_m - s_l) - s_m(s_m + 2s_l))}$ (30)
		$p_l^L = \frac{s_l(\mu^L(s_h - s_m)(s_m - s_l) + (s_m - s_l)t_H^L + 2(s_h - s_l)t_M^L)}{2(s_h(4s_m - s_l) - s_m(s_m + 2s_l))}$ (31)

식(17)~식(19)는 생산자 m이 이윤 극대화를 위해 각 시장에 대해 설정하는 품질 m에 대한 가격이다. 여기서는 생산자 m은 생산자 h와 같이 해당국의 시장크기(μ^i)와 각국의 관세부과액(t_j^i)에 따라 품질 m의 가격을 조절해야 하는 반면, 생산자 h와 달리 해당시장에서의 모든 경쟁 품질에 대한 가격(p_h^i, p_l^i)과 모든 품질에 대한 가치차이($s_h - s_m$, $s_m - s_l$, $s_h - s_l$)를 다함께 고려함을 보여준다.

식(20)~식(22)는 생산자 l이 이윤 극대화를 위해 각 시장에 대해 설정하는 품질 l의 가격으로 생산자 h와 마찬가지로 해당시장에서의 품질 m의 가격(p_m^i)과 가치(s_m), 자신이 생산하는 품질 l의 가치(s_l), 그리고 각국의 관세부과액(t_j^i)을 고려한다. 다만, 생산자 h와는 다르게 해당시장 규모(μ^i)의 영향을 받지는 않는다. 이에 따라 생산자 단계에서 각 품질에 대한 가격균형은 식(23)~식(31)과 같이 도출된다.

결국, 식(23)~식(31)과 같이 각 국가에서의 품질별 가격균형은 결국 각 국가가 다른 국가에 대해 부과하는 각각의 관세수준과 해당 국가에서 거래되는 모든 제품들의 품질 수준 및 시장규모에 의해 결정된다.

2) 정부의 최적무역정책

마지막으로 정부가 관세를 결정하는 첫 번째 단계를 분석한다. 정부는 앞서 결정된 소비자들의 최적선택과 생산자들의 최적가격 결정 및 그에 따라 형성되는 가격균형을 바탕으로 하여 자국의 사회후생을 극대화하기 위한 관세를 결정하게 된다. 그러나 이 과정에서 도출되는 결과가 모형의 특성상 매우 복잡하기 때문에 우선 모형의 단순화 작업을 먼저 수행하고자 한다. 먼저 본 연구의 목적이 생산자간 품질차이가 국가 간 무역과 양자 및 다자간 무역협정에 미치는 영향을 분석하는 것에 주안점을 두고 있다는 점에서 분석이 불필요한 변수들을 규격화(normalization)하거나 대칭화(symmetrization)할 필요가 있다. 이에 따라 H, M, L국의 시장규모를 모두 1로 같다고 가정하여 규격화하는 동시에 동일화하여, $\mu^H = \mu^M = \mu^L = 1$라고 전제한다.

다음으로는 세 가지 품질변수 s_h, s_m, s_l를 하나의 변수로 단순화한다. 품질 수준이 가장 낮은 품질 l을 $s_l = 1$로 규격화 시킨다. $s_h > s_m > s_l = 1$. 이에 따라 품질 m과 품질 h의 가치는 모두 1보다 크다. 또한 품질 m은 품질 h와 품질 l의 정 가운데 위치한다고 가정한다. 즉, $s_h - s_m = s_m - s_l = \alpha/2$, $s_h - s_l = \alpha$ 관계가 성립한다고 가정한다. 이 역시 분석모형을 단순화하기 위한 가정으로, 품질 수준의 차이가 국가 간 무역협정에 어떠한 영향을 미치는지 분석하는데 크게 지장을 주지 않는 만큼 분석의 효율을 높일 수 있다. 각 정부의 최적관세는 식(32)~식(37)과 같이 최적 반응함수에 기초하여 결정된다.[33)]

33) WTO의 Non-discrimination principle에 따라 모든 WTO 회원국들은 여타 회원국들에 대하여 원칙적으로 MFN 관세를 부과하여야 한다. 본 논문의 비협조적 무역체제에서의 최적관세

식(32)~식(37)을 살펴보면 각국의 상대교역국에 대한 최적관세는 상대교역국이 자국에 대해 부과하는 관세수준에 영향을 받지 않는다. 각국의 특정 교역국에 대한 최적관세는 제품품질차이의 수준을 나타내는 α와 또 다른 교역국에 부과하는 관세 수준에 따라 달라지기 때문이다. 이러한 최적관세 반응함수를 토대로 도출되는 각국의 균형관세는 식(38)~식(43)과 같이 나타난다.

위와 같이 도출된 균형관세율에 의하면, H국과 M국, 그리고 L국이 모두 교역 상대국에 대해 양(+)의 수입관세를 부과하는 것으로 나타났다. 관세수준에 있어서는 H국은 최저 품질인 l을 수출하는 L국보다는 중간 품질인 m을 수출하는 M국에 대해 높은 관세를 부과하게 되며, M국 역시 고품질인 h를 수출하는 H국에 대해 저품질 l을 수출하는 L보다 높은 관세를 부과하며, L국도 고품질인 h를 수출하는 H국에 대해 M국보다 상대적으로 높은 관세를 부과하게 된다. 이는 품질 수준이 높은 재화일수록 수입국에서 높은 마크업(markup)을 통한 지대추구(rent-seeking)가 이루어지기 때문이다.[34]

정부 관세	최적 반응 함수	$t_M^H = \dfrac{(\alpha+2)(4(7\alpha+11)t_L^H + 7\alpha^2 + 10\alpha)}{8(7\alpha^2 + 21\alpha + 16)}$ (32), $t_L^H = \dfrac{2(\alpha+2)t_M^H + \alpha(7\alpha+8)}{147\alpha^2 + 462\alpha + 368}$ (33)
		$t_H^M = \dfrac{5(\alpha+2)t_L^M + \alpha(4\alpha+7)}{2(8\alpha+13)}$ (34), $t_L^M = \dfrac{10t_H^M + \alpha}{21\alpha + 26}$ (35)
		$t_H^L = \dfrac{8(13\alpha^2 + 48\alpha + 44)t_M^L + \alpha(20\alpha^2 + 67\alpha + 56)}{2(64\alpha^2 + 217\alpha + 184)}$ (36)
		$t_M^L = \dfrac{(\alpha+2)(2(13\alpha+22)t_H^L - \alpha(\alpha+2))}{4(8\alpha^2 + 23\alpha + 16)}$ (37)
	균형값	$t_M^{H*} = \dfrac{7\alpha(3\alpha^2 + 10\alpha + 8)}{8(21\alpha^2 + 41\alpha + 14)}$ (38), $t_L^{H*} = \dfrac{\alpha(5\alpha+7)}{21\alpha^2 + 41\alpha + 14}$ (39)
		$t_H^{M*} = \dfrac{\alpha(3\alpha+4)}{12(\alpha+1)}$ (40), $t_L^{M*} = \dfrac{\alpha}{6(\alpha+1)}$ (41)
		$t_H^{L*} = \dfrac{\alpha(3\alpha^2 + 8\alpha + 5)}{2(7\alpha^2 + 16\alpha + 7)}$ (42), $t_M^{L*} = \dfrac{\alpha(2\alpha^2 + 7\alpha + 6)}{4(7\alpha^2 + 16\alpha + 7)}$ (43)

도출 과정에서는 이러한 WTO의 MFN 관세 부과원칙을 고려하지 않고, 무역상대국별로 사회후생을 극대화하는 최적관세를 도출하였다. 이는 현실적합성에 대한 고려보다는, 각 형태별 특혜무역 협정에 대한 Benchmark discussion의 차원에서 도출한 만큼, 심사위원이 지적하신 것처럼, 현실적 함의를 가지는 것으로 해석되어서는 안 된다.

34) 고품질 생산기업 및 국가에 대하여 상대적으로 높은 관세를 부과하는 이러한 결과는 Saggi and Sara(2008)에서도 이미 다루어진 바 있다.

3) 내쉬균형 하에서의 무역 및 사회후생

정부의 관세균형이 결정됨에 따라 생산자의 균형가격과 소비자의 균형소비량도 구체적으로 결정된다. 먼저 각국에서 결정되는 품질 수준별 균형가격은 식(44)~식(49)와 같다.

식(44)~식(52)은 H국에서의 각 품질별 균형가격이며, 식(41)~식(43)은 M국에서의 각 품질별 균형가격, 그리고 식(44)~식(46)은 L국에서의 품질별 균형가격을 나타낸다. 여기에 따르면 모든 국가에서 품질 h가 다른 품질에 비해 가장 높은 가격으로 책정되며, 다음으로 품질 m이 두 번째로 높은 가격을, 품질 l은 가장 낮은 가격에 형성됨을 알 수 있다. 다시 말하면 $\alpha > 0$일 때 $p_h^i * > p_m^i * > p_l^{i*}$ 관계가 성립된다. 이는 소비자들이 더 높은 제품품질에 대해서는 더 높은 가격을 지불할 의사가 있다는 점에서 당연한 결과라 할 수 있다.

다음으로 각각의 품질이 국가별로 어떻게 다른 균형가격을 가지게 되는가를 살펴보면, 먼저 품질 h는 L국에서 가장 높은 가격으로 책정되고 다음으로 M국, 관세가 부과되지 않는 자국 H에서는 가장 낮은 균형가격으로 설정된다. 즉, $p_h^{L*} > p_h^{M*} > p_h^{H*}$ 관계가 성립한다. 품질 h가 L국에서 가장 높은 가격을 책정하는 이유는 품질 h의 생산자가 경쟁자로 인식하는 품질 m의 가격이 모국인 M에서 역시 가장 낮은 가격에 책정되고 L국에서는 보다 높은 가격에 책정되기 때문에 품질 h 생산자는 마찬가지로 M국에서 상대적으로 낮은 가격을, L국에서 상대적으로 높은 가격전략을 추구하는 것이 이윤극대화 전략이 되기 때문이다.[35)]

품질 m 역시 관세부과가 되지 않는 M국에서는 가장 낮은 균형가격으로 책정되며, H국에서 가장 높은 가격을 가지게 되는 반면, L국에서 중간 가격을 나타낸다. 즉, $p_m^{H*} > p_m^{L*} > p_m^{M*}$ 관계가 성립한다. 품질 m의 가격이 H국에서 가장 높게 책정되는 이유는 품질 h와는 달리 경쟁자의 가격전략에 의한 결과가 아니라 수입국들이 부과하는 관세수준의 차이 때문이다. 품질 m의 생산자는 품질 h와 품질 l 모두를 경쟁자로 인식하고 있다는 점에서 H국에서는 품질 h가 상대적으로 낮은 가격을 갖지만 품질 l이 상대적으로 높은 가격을 가

35) 식(15)~식(16) 참조.

지게 되고, L국에서는 품질 h가 상대적으로 높은 가격을 갖지만 품질 l이 상대적으로 낮은 가격을 갖게 된다는 경쟁자들의 서로 상충된 가격전략을 고려하면 품질 m의 가격이 H국과 L국에서 크게 차이가 나지 않는다. 그러나 H국이 M국에 부과하는 관세가 L국이 M국에 부과하는 관세보다 항상 크기 때문에 품질 m의 가격은 L국보다는 H국에서 상대적으로 높아지게 된다.[36)]

마지막으로 품질 l은 자국인 L에서 가장 낮은 균형가격을 나타내는 반면 H국에서 가장 높은 가격에 책정되고 M국에서 중간 가격을 갖게 된다. 이 역시 품질 h와 마찬가지로 품질 l의 경쟁상대는 품질 m으로 인식되기 때문에 품질 m이 M국보다 H국에서 높은 가격에 책정되는 만큼 품질 l의 가격전략상 M국보다는 H국에서 높은 가격을 나타내게 된다.[37)] 여기에 더해 H국이 L국에 부과하는 관세수준이 M국이 L국에 부과하는 관세수준보다 $\alpha > 0$에서 항상 높다는 점도 품질 l의 가격이 H국에서 가장 높게 책정되는 이유 중 하나다. 이와 같은 균형가격을 바탕으로 각국의 품질별 균형수요는 식(53)~식(61)과 같이 도출된다.

균형 관세 적용 후			
	품질별 균형 가격	$p_h^{H*} = \frac{\alpha(9\alpha+14)(3\alpha+2)}{4(21\alpha^2+41\alpha+14)}$ (44),	$p_m^{H*} = \frac{2(6\alpha+7)(\alpha+2)}{2(21\alpha^2+41\alpha+14)}$ (45)
		$p_l^{H*} = \frac{\alpha(11\alpha+14)}{2(21\alpha^2+41\alpha+14)}$ (46),	$p_h^{M*} = \frac{\alpha(9\alpha^2+26\alpha+18)}{3(7\alpha+12)(\alpha+1)}$ (47)
		$p_m^{M*} = \frac{\alpha(3\alpha+4)(\alpha+2)}{4(7\alpha+12)(\alpha+1)}$ (48),	$p_l^{M*} = \frac{2\alpha(2\alpha+3)}{3(7\alpha+12)(\alpha+1)}$ (49)
		$p_h^{L*} = \frac{\alpha(6\alpha^2+15\alpha+8)}{2(7\alpha^2+16\alpha+7)}$ (50),	$p_m^{L*} = \frac{\alpha(\alpha+1)(\alpha+2)}{7\alpha^2+16\alpha+7}$ (51)
		$p_l^{L*} = \frac{\alpha(\alpha+1)}{7\alpha^2+16\alpha+7}$ (52)	
	품질별 균형 생산	$q_h^{H*} = \frac{(9\alpha+4)(3\alpha+7)}{2(21\alpha^2+41\alpha+14)}$ (53),	$q_m^{H*} = \frac{3\alpha(\alpha+2)}{2(21\alpha^2+41\alpha+14)}$ (54)
		$q_l^{H*} = \frac{\alpha(\alpha+2)}{2(21\alpha^2+41\alpha+14)}$ (55),	$q_h^{M*} = \frac{15\alpha^2+40\alpha+24}{6(7\alpha+12)(\alpha+1)}$ (56)
		$q_m^{M*} = \frac{(3\alpha+4)(\alpha+2)}{(7\alpha+12)(\alpha+1)}$ (57),	$q_l^{M*} = \frac{\alpha(\alpha+2)}{6(7\alpha+12)(\alpha+1)}$ (58)
		$q_h^{L*} = \frac{3\alpha^2+7\alpha+3}{7\alpha^2+16\alpha+7}$ (59),	$q_m^{L*} = \frac{(2\alpha+1)(\alpha+2)}{7\alpha^2+16\alpha+7}$ (60)
		$q_l^{L*} = \frac{(\alpha+1)(\alpha+2)}{7\alpha^2+16\alpha+7}$ (61)	

36) 식(17)과 식(19) 참조.

37) 식(20)~식(21) 참조.

식(53)~식(61)은 H국에서의 각 품질에 대한 균형수요로 품질 h가 가장 많은 시장을 점유하게 되며 그 뒤를 품질 m과 품질 l 순으로 뒤따르게 된다. 다시 말하면 $\alpha > 0$에서 $q_h^{H*} > q_m^{H*} > q_l^{H*}$의 관계가 성립한다. 식(56)~식(58)은 M국에서의 각 품질에 대한 균형수요이며, 여기서는 품질 m이 가장 많은 시장을 점유하며, 품질 h가 그 다음으로 많은 시장을 차지하게 되고 품질 l이 가장 낮은 시장을 점유하는 것으로 나타났다. 즉, $\alpha > 0$일 경우 $q_m^{M*} > q_h^{M*} > q_l^{M*}$의 관계를 나타낸다. 식(59)~식(61)은 L국에서의 각 품질에 대한 균형수요이며, 여기서는 품질 h가 가장 많은 시장 수요를 확보하게 되고 품질 m과 품질 l이 각각 그 뒤를 따르게 된다. 즉, $\alpha > 0$에 대해 $q_h^{L*} > q_m^{L*} > q_l^{L*}$이 성립한다.

H와 M국에서는 자국 생산자가 가장 많은 시장 수요를 확보하게 되고 나머지 수입되는 품질에 대해서는 품질 수준이 높은 순으로 높은 시장점유율을 보이나, L국에서는 시장 점유율이 오로지 품질 수준 순으로 결정된다. 즉 품질 l의 생산자는 자국인 L국에서 가장 낮은 수준의 시장수요를 확보하게 된다. 이러한 국가별 시장 점유율 구조의 차이는 다음과 같은 차이에 기인한다. 첫째, 각국의 수입관세는 자국의 소비자 잉여와 생산자의 경쟁구조, 그리고 관세수입을 고려하여 결정되는데, 소비자 잉여는 품질의 가치가 높을수록 커지기 때문에 소비자 잉여를 높이기 위해서는 가급적 높은 품질의 소비가 많아지도록 관세수준을 결정해야한다.

이는 세 국가 모두에서 공통적으로 적용된다. 둘째, 자국 생산자의 이윤을 가능한 한 높일 수 있는 관세수준을 결정해야한다. H국 입장에서는 품질 m만이 자국 생산자인 품질 h의 경쟁자가 되는 반면, M국 입장에서는 품질 h와 품질 l이 모두 자국 생산자인 품질 m의 경쟁자가 되고, L국은 오로지 품질 m 만을 자국 생산자인 품질 l의 경쟁자로 인식하게 된다.

세 번째는 정부의 관세수입이다. 정부의 관세수입은 제품품질별 수입량과 교역 상대국에 부과하는 관세의 곱으로 결정된다. 그러나 관세를 높일 경우 수입량의 관세 탄력성에 따라 관세수입은 늘어날 수도, 줄어들 수도 있다. 따라서 앞서 언급된 두 가지 사항이 모두 종합적으로 고려된 교역국별 관세수준이 결정되며 이에 따라 국가별로 시장 점유율 구조가 달라진다. 이러한 관세 설정 원칙 하에서 H국은 자국 생산자인 품질 h의 경쟁자를 품질 m으로 인식하기 때문에 품질 m의 품질 수준이 품질 l의 품질 수준보다 높아서, 더 높은 소비자 효용을 제공할 수 있음에도, 자국 기업인 h와의 전략적 경쟁관계를 고려하여, 상대적으로 품질 m에 더 높은 관세를 부과하게 된다.

그러나 M국 입장에서는 품질 h와 품질 l이 모두 자국 생산자인 품질 m의 경쟁자이기 때문에 관세결정에 차이를 둘 필요가 없다. 그러나 관세증가에 따른 수요의 가격 탄력성이 품질 l이 품질 h보다 높기 때문에 관세수입을 높이는 차원에서는 L국에 H국보다 상대적으로 낮은 관세를 부과하게 된다. 또한 소비자 잉여 측면에서도 품질 h의 가치가 품질 l보다 높긴 하지만 관세에 따른 수요량의 증감이 품질 l에서 높게 나타난다는 측면에서 H국에 상대적으로 높은 관세를, L국에 낮은 관세를 부과 하더라도 전체적인 소비자 잉여의 차이는 크게 발생하지 않는다. 따라서 M국에서는 품질 h에 가장 높은 관세를 부과하게 되며 이로 인해 품질 m이 가장 높은 시장 점유율을 차지할 수 있게 된다.

L국에서는 품질 m만을 자국 생산자인 품질 l의 경쟁자로 인식하기는 하지만 L국에서도 수요의 가격탄력성이 품질 m이 품질 h에 비해 높기 때문에 품질 h에 대한 관세를 상대적으로 높게 설정하게 된다. 그러나 두 품질 간 관세수준의 차이가 크지 않기 때문에 품질 h가 가장 높은 시장점유율을 차지하며, 품질 m이 두 번째로 높은 시장점유율을, 그리고 품질 l이 가장 낮은 점유율을 확보하게 된다.

다음으로 비협조적 무역체제 하에서 내쉬균형에서의 국가 간 사회후생수준의 차이를 분석한다. 앞서 도출된 내쉬균형 가격과 관세수준을 바탕으로 산정된 각 국가별 후생크기의 순서는 아래와 같다.[38)]

---

38) 각국이 자국의 후생만을 극대화하기 위하여 비협조적인 Nash 관세를 부과하는 비협조적 무역체제 에서는 고품질을 생산하는 H국의 사회후생이 가장 높으며, 3국간 품질 수준의 격차가 임계치보다 낮을 경우, L국의 사회후생수준이 M국보다 더 높을 수 있음은 다음과 같이 증명된다.

$W_{NC}^{H}*-W_{NC}^{M}*|_{\alpha=0}=0$. 또한 $\dfrac{\partial(W_{NC}^{H}*-W_{NC}^{M}*)}{\partial\alpha}=\dfrac{B}{A^2}>0$

단, $B=2(22071168+591939264\alpha+5309991432\alpha^2+24962165768\alpha^3+72241828120\alpha^4$
$+138913664235\alpha^5+184452308873\alpha^6+171883240316\alpha^7+112247625492\alpha^8$
$+50334049535\alpha^9+14766937185\alpha^{10}+2552905782\alpha^{11}+197203734\alpha^{12})>0$

따라서 $W_{NC}^{H}*-W_{NC}^{M}*$의 단조성(monotonicity)에 의해 $\alpha>0$ 값에 대하여, $W_{NC}^{H}*-W_{NC}^{M}*>0$. $W_{NC}^{H}*-W_{NC}^{L}*>0$의 증명 및 기타 다양한 특혜무역협정regime간 사회후생효과 비교값의 부

$$W_{NC}^{H}* > W_{NC}^{M}*,\ W_{NC}^{H*} > W_{NC}^{L}*,\ \alpha > 0, \tag{62}$$
$$W_{NC}^{L*} > W_{NC}^{M*},\ 0 < \alpha < \alpha^{*}.$$

[그림 3-8] Social Welfare by Country under Non- Cooperative Tariffs

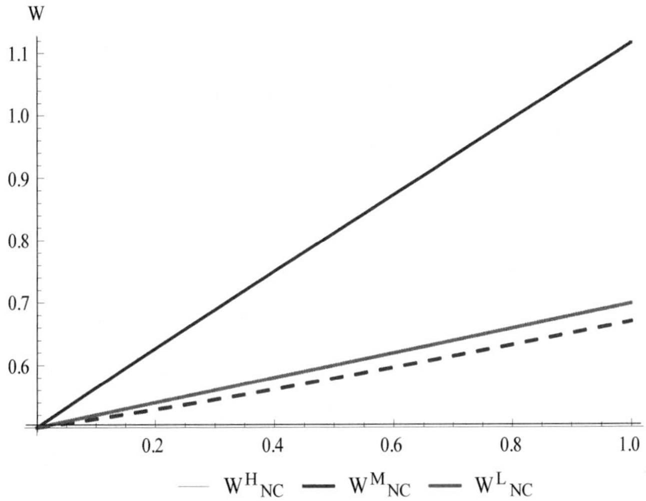

[그림 3-9] Differential of Social Welfare between A and B($W_{NC}^{M*} - W_{NC}^{L*}$)-Role of α

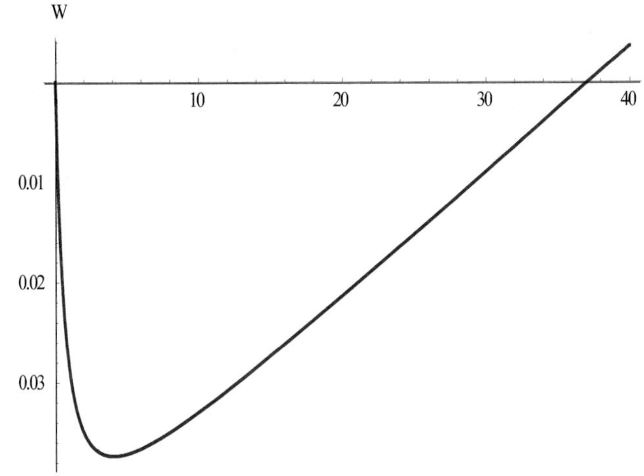

호 증명도 사회후생값의 차이에 대한 단조성 증명을 통하여 이루어진다.

비협조적 무역체제하에서의 각국의 사회후생수준은 [그림 3-8]에 나타난 바와 같이, H국의 사회후생이 항상 제일 높은 것으로 나타났다. 다음으로 3국 기업간의 품질 수준의 격차가 상대적으로 작을 경우($0<\alpha<\alpha^*$), 즉 3국 기업간 경쟁이 심화될 경우, 가장 낮은 품질을 생산하는 생산자가 소속된 L국의 사회후생수준이 중간품질을 생산하는 M국보다 더 높게 나타난다.[39]

이러한 결과는 품질 m이 다른 모든 생산자들에게 경쟁자로 인식되고 있는 것에 기인한다. 즉 품질 h와 품질 l의 생산자들이 품질 m을 가격경쟁 대상으로 인식한다. 즉 품질 격차가 존재하는 3개국 대표기업간의 과점적 가격경쟁시장모형에 근거한 분석 결과, 중간수준의 품질 m을 생산하는 기업의 경우, l국 기업보다 더 높은 품질 수준의 제품을 생산하더라도, 가격경쟁체제에서 h국 기업 및 l국 기업 모두와 경쟁해야 하는 전략적 경쟁관계 심화의 결과, m국의 사회후생수준이 l국보다 더 낮을 수도 있음이 확인되었다.

그러나 품질 h와 품질 l의 생산자들 사이에는 가격경쟁구도가 설정되지 않은 모형의 특성으로 H국과 L국은 서로에 대해 관세를 부과할 때 자국의 소비자 잉여와 정부재정 수입만을 고려하고, 전략적 경쟁관계를 고려하지 않은 가운데, 상대국 생산자에 대해 부과할 관세수준을 결정하게 된다. 그러나 H국과 L국은 M국에 대해서는 소비자 잉여와 정부재정수입 측면뿐만 아니라 M국의 생산자가 자국 생산자와의 전략적 경쟁관계를 고려하여 관세를 결정하기 때문에 품질 m의 생산자는 H국과 L국에서 상대적으로 높은 수준의 관세를 부여받게 된다. 즉 품질 m은 H국과 L국 모두에서 경쟁기업으로 인식되는 반면, 품질 h와 품질 l은 M국에서만 경쟁기업으로 인식된다는 것이 식(62)과 같은 결과가 발생한 원인이라 하겠다. 따라서 품질 수준 차이가 낮아서, 전략적 경쟁관계가 심화될 경우, [그림 3-9]와 같이 L국의 후생이 M국보다 높게 나타나게 된다.

위와 같은 분석결과는 본 분석모형에서 $H-M$ 국간 품질 격차수준이 $-L$ 국간 품질 격차수준과 동일한 대칭적 품질 격차수준을 가정한 결과이다.

39) 각 무역체제의 균형후생 수준은 <부록>에 정리하였다. 각 무역체제에서의 무역균형은 품질 수준 격차를 나타내는 양의 α 값에 대해 항상 성립된다. 또한 각 무역체제에서의 후생수준은 α 값에 대하여 단조적(monotonous)인 관계를 보이고 있는 만큼, 후생수준의 차이가 확인되는 α 값들을 사용하여 각각의 경우를 비교하였다. $\alpha^* \fallingdotseq 39.1008$.

한편 이러한 분석결과의 개연성을 확인하기 위하여, $H-M$ 국간 품질 격차수준이 $M-L$ 국간 품질 격차수준과 다른, 비대칭적 품질 격차수준을 가정한 분석을 수행한 결과, $M-L$ 국간의 품질 수준격차가 $H-M$ 국간의 품질 수준격차보다 더 작거나 클 수 있는 모든 경우의 비대칭적 품질 수준격차에 있어, $M-L$ 국간의 상대적인 품질 수준격차가 임계치보다 클 경우, M국의 사회후생수준이 L국보다 더 높으며, $M-L$간 상대적 품질 수준격차가 임계치보다 작을 경우에는 L국의 사회후생수준이 더 높은 것으로 나타났다.

이러한 결과는 당초 각국 간 대칭적인 품질 수준격차를 가정한 경우와 기본적으로 동일한 결과이다. 한편 품질 격차수준이 비대칭적인 경우, M국의 사회후생수준이 L국보다 더 높을 수 있는 품질 격차수준의 임계치가 대칭적인 경우보다 상대적으로 낮게 나타났는데, 이는 품질 격차수준이 비대칭적일 경우, M국이 H국 및 L국 모두와 경쟁해야 하는 전략적 경쟁압력이 품질 수준이 대칭적인 경우보다 상대적으로 낮은 점에 기인한다.

라. 다자간 자유무역체제 하에서의 무역균형 및 사회후생효과

다자간 자유무역체제에서는 모든 교역국가 간 관세가 철폐된다. 그 결과, 다자간 자유무역체제에서 각국에서의 제품품질별 균형가격은 다음과 같이 결정된다.

$$p_h^i{*}=\frac{\alpha(4\alpha+7)}{2(7\alpha+12)}>\ p_m^i{*}=\frac{\alpha(\alpha+2)}{2(7\alpha+12)}>\ p_l^{i*}=\frac{\alpha}{2(7\alpha+12)},\ i\in(H,M,L).\quad(63)$$

식(63)과 같이 세 국가가 모두 동시에 무역장벽을 철폐한 다자간 자유무역체제에서는 국가별 각 품질의 가격은 모두 동일하게 나타난다. 즉, 세 국가가 모두 무역장벽이 없고, 시장규모가 완전히 동일한, 대칭적 시장이 되기 때문이다. 또한 각 품질의 가격은 모든 국가에 대해서 비협조적 보호무역체제보다 하락하는 것으로 나타났다. 이는 모든 국가들 간의 관세가 없어짐에 따라 기업의 한계비용이 하락하는 효과를 초래하였기 때문이다.

제품품질별 균형수요량도 균형가격과 마찬가지로 다음과 같이 모든 국가에서 대칭적으로 나타난다.

$$q_h^i{}^* = \frac{4\alpha+7}{7\alpha+12} > q_m^i{}^* = \frac{2(\alpha+2)}{7\alpha+12} > q_l^{i*} = \frac{\alpha+2}{2(7\alpha+12)},\ i \in (H, M, L). \quad (64)$$

국별 각 품질의 균형수요는 식(58)과 같이 도출된다. 즉 다자간 자유무역 하에서 품질 h가 가장 많은 시장을 점유하게 되며, 그 다음으로 품질 m이, 마지막으로 품질 l은 가장 작은 시장을 차지하는 것으로 나타난다. 즉, 품질의 가치가 높을수록 균형수요가 많아지고 품질의 가치가 낮을수록 균형수요는 작아진다. 이는 비협조적 무역체제하에서 M국 내 균형수요가 $q_m^{M*} > q_h^{M*} > q_l^{M*}$인 것과는 다른 결과를 보여준다. 또한 자유무역 하에서 모든 품질의 가격이 비협조적 무역체제 하에서보다 모든 국가에 대해서 하락함에 따라 자유무역 하에서 총 균형수요(q_{MF}^i)가 비협조적 무역체제하에서의 총 균형수요(q_{NC}^i)보다 크다. 즉, $q_{MF}^i > q_{NC}^i,\ i \in (H, M, L)$ 관계가 유지된다.

소비자 잉여와 생산자 이윤을 합한 사회후생효과를 살펴보면, 비협조적 무역체제와는 다르게 자국 내 기업의 품질이 높으면 높을수록 국가의 후생도 커진다는 정비례 관계가 성립하게 된다.[40] 즉 [그림 3－10]에 나타난 바와 같이, 다자간 자유무역체제에서는 H국의 사회후생 수준이 가장 높고, M국에서 그 다음으로 높은 후생을, L국에서 가장 낮은 후생수준이 얻어진다.

$$W_{MF}^{H*} > W_{MF}^{M*} > W_{MF}^{L*},\ \alpha > 0. \quad (65)$$

40) 다자간 자유무역 하에서는 관세가 없기 때문에 정부수입도 존재하지 않는다.

[그림 3-10] Social Welfare by Country under Multilateral Free Trade Regime

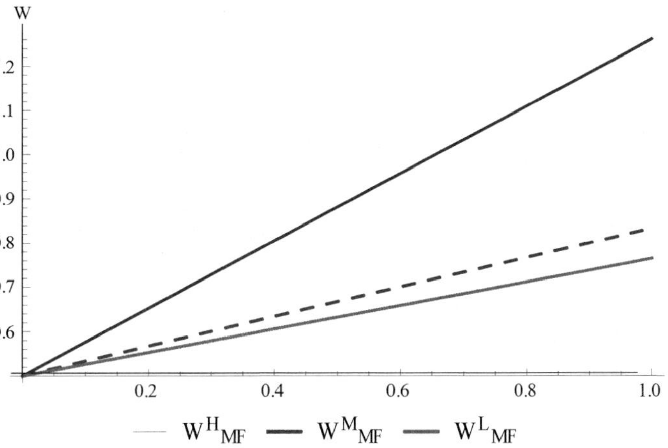

또한 [그림 3－11]에 나타난 바와 같이, 비협조적 무역체제에 비해, 다자간 자유무역 체제 하에서 세 국가의 후생이 모두 증가하는 것으로 확인된다. 즉 기존의 수량경쟁모형에서 확인된 것과 마찬가지로, 품질 다양성을 기반으로 하는 가격경쟁모형에서도, 다자간 자유무역체제에서, 모든 국가의 후생이 높아진다는 것이 확인되었다.[41]

$$W_{MF}^{i}* > W_{NC}^{i}*,\ \alpha > 0,\ i \in (H, M, L). \tag{66}$$

41) 수평축은 품질 h와 품질 l간의 품질 격차수준(α)을 나타내며, 현재 분석모형은 품질 m은 품질 h와 품질 l과 각각 $\alpha/2$씩 차이나는 것으로 가정하였다. 비대칭적 품질 수준격차에 대한 분석결과는 p.26을 참조.

[그림 3-11] Deferential of Social Welfare between under Multilateral Free Trade Regime and Non-Cooperative Tariffs by Country

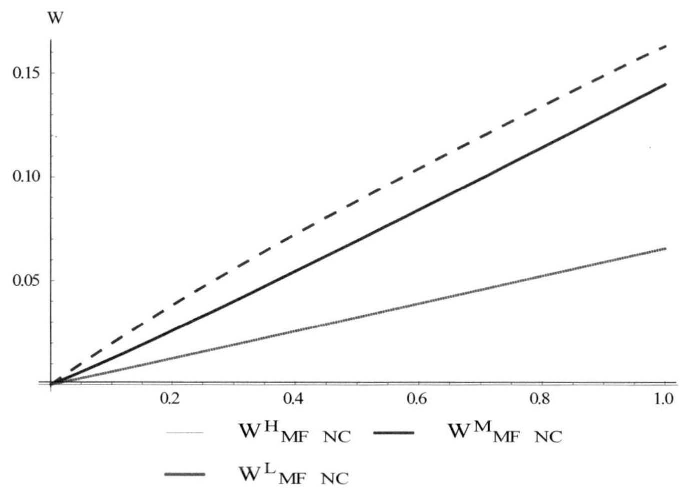

마. 양자간 FTA 하에서의 무역균형 및 사회후생효과

1) H국과 M국 양자간 FTA의 후생효과

먼저 품질 h를 생산하는 H국과 품질 m을 생산하는 M국간 FTA를 체결했을 경우를 분석한다. 양국 간 FTA를 체결함에 따라 H국과 M국은 상대국에 대해 관세를 철폐한다($t_M^H = t_H^M = 0$). 반면 L국에 대해서는 새로운 최적관세를 설정하게 된다. 그러나 역외국인 L국은 H국과 M국이 양자간 FTA를 체결했음에도 불구하고, H국과 M국에 대한 최적관세 설정전략이 변하지 않는다. 이는 식(32)~식(37)에서 보여주는 것처럼, FTA 역외국이 FTA 개별회원국에 대하여 최적관세를 부과할 때, FTA 회원국 간의 관세철폐효과를 고려하지 않고, 개별국가에 대해서 최적관세를 부과하기 때문이다. 이러한 특성들을 반영하여, 역진귀납법(backward induction)을 통해 도출된 각국의 균형관세는 다음과 같다.

$$t_M^H = 0, \tag{67}$$

$$t_L^{H*} = \frac{\alpha(7\alpha+8)}{147\alpha^2+462\alpha+368}, \tag{68}$$

$$t_H^M = 0, \tag{69}$$

$$t_L^{M*} = \frac{\alpha}{21\alpha+26}, \tag{70}$$

$$t_H^{L*} = \frac{\alpha(3\alpha^2+8\alpha+5)}{2(7\alpha^2+16\alpha+7)}, \tag{71}$$

$$t_M^{L*} = \frac{\alpha(2\alpha^2+7\alpha+6)}{4(7\alpha^2+16\alpha+7)} \tag{72}$$

H국과 M국간 FTA를 체결한 후 H국과 M국이 L국에 대해 부과하는 균형관세는 양국이 FTA를 체결하기 전보다 낮아지는 것을 알 수 있다.[42] 이는 FTA 체결 후 역내국들의 역외국에 대한 관세수준이 낮아진다는 기존 연구결과와도 동일하다.[43]

이를 바탕으로 도출되는 $H-M$ 양자간 FTA 체제에서 각 국가의 사회후생수준은, [그림 3-12]에 나타난 바와 같이, 비협조적 무역체제와 다자간 자유무역체제에서와 마찬가지로 H국이 가장 높은 것으로 나타났으며, M국은 비협조적 무역체제에서와는 다르게 두 번째로 높게 나타났다. L국의 전체 후

42) $H-M$ 국간 양자간 FTA가 형성되었을 경우, H국이 역외국에 대하여 부과하는 최적관세는 $t_L^{H*} = \frac{\alpha(7\alpha+8)}{147\alpha^2+462\alpha+368}$ 로서, 양자간 FTA가 형성되기 이전의 최적관세 $t_L^{H*} = \frac{\alpha(5\alpha+7)}{21\alpha^2+41\alpha+14}$ 보다 더 낮음이 다음과 같이 확인된다. $\frac{\alpha(5\alpha+7)}{21\alpha^2+41\alpha+14} - \frac{\alpha(7\alpha+8)}{147\alpha^2+462\alpha+368} = K$, $K(\alpha=0)=0$. 또한 $\frac{\partial K}{\partial \alpha} = \frac{L}{J^2} > 0$.

단 $L=56(226688+855232\alpha\ +1321100\alpha\ 2+1052500\alpha\ 3+445515\alpha\ 4+90846\alpha\ 5+6174\alpha\ 6)>0$ 따라서 양자간 FTA가 형성될 경우, 역외국에 대한 최적관세는 FTA 형성이전보다 더 낮다. 역외국에 대한 최적관세의 전략적 상보성(strategic complementarity)에 의해 이와 같은 결과가 도출된다.

43) 자유무역에 참여하는 국가들이 역외국에 대한 관세를 낮추게 되는 전략적 상보성효과(supermodularity)에 대하여, Bagwell and Staiger(1997a)는 상보효과(complementarity effect)라고 하며, 이러한 결과가 발생하는 이유를 설명하였다. 즉 역내국에 대한 관세를 인하함에 따라 역내국으로부터의 수입량이 많아져 역외국으로부터의 수입량은 줄어들게 되기 때문에 역외국에 대한 관세기반(tax base)이 줄어들고 이로 인해 역외국에 대한 최적관세 수준도 낮아지게 된다.

생은 다자간 자유무역에서와 마찬가지로 가장 낮은 것으로 확인되었다.

$$W^{H*}_{BF(H,M)} > W^{M*}_{BF(H,M)} > W^{L*}_{BF(H,M)},\ \alpha > 0 \tag{73}$$

[그림 3-12] Social Welfare by Country under Bilateral FTA(H-M)

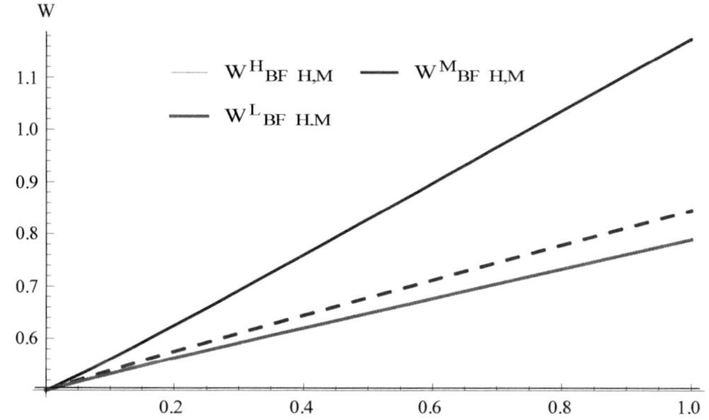

한편, H국가 M국 양국 간 FTA를 체결함에 따라 모든 국가들의 후생 수준은, [그림 3-13]에 나타난바와 같이, 비협조적 무역체제에서보다 높은 것으로 나타났다. H국과 M국은 서로 간의 관세를 철폐하고 L국에 대한 관세수준을 낮추면서 정부 수입이 감소했지만 각국의 소비자 잉여와 생산자 이윤이 더 큰 폭으로 증가함에 따라 국가후생은 증가하였으며, L국은 H국과 M국이 자국에 대한 관세수준을 낮춤에 따라 자국 생산자인 품질 l의 이윤이 증가하면서 역시 국가후생도 증가하는 것으로 나타났다.

$$W^{i*}_{BF(H,M)} > W^{i*}_{NC},\ \ \alpha > 0,\ i \in (H, M, L). \tag{74}$$

[그림 3-13] Differential of Social Welfare between Bilateral FTA(H–M) and Non-Cooperative Tariffs by Country

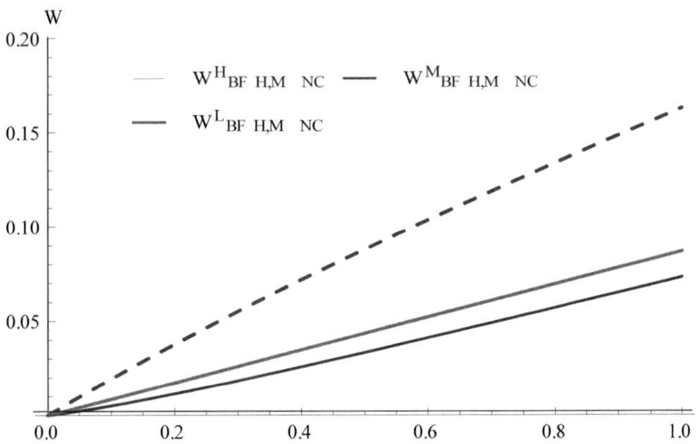

다자간 자유무역과 비교해 보면 [그림 3－14]에 나타난 바와 같이, H국은 M국과의 양자간 FTA를 체결했을 때 국가후생이 다자간 자유무역협정 체결을 했을 경우 보다 감소하는 반면, L국의 사회후생수준은, H국과 M국이 양자간 FTA를 체결했을 때가 다자간 자유무역체제보다 더 높은 것으로 확인되었다. 그러나 M국은 국가 간 품질 격차가 특정 임계치($\alpha^{**} \fallingdotseq 1.94445$)보다 작을 때는 H국과 양자간 FTA에서의 사회후생 수준이 다자간 자유무역체제보다 낮고, 품질 격차가 임계치 이상으로 클 경우에는 H국과의 양자간 FTA 체제에서의 사회후생이 다자간 자유무역체제보다 더 높게 되나, 품질 격차의 변화에 따른 후생효과의 변화의 폭은 매우 제약적인 것으로 확인되었다.

$$W^{H*}_{BF(H,M)} < W^{H*}_{MF}, \ \ W^{L*}_{BF(H,M)} > W^{L*}_{MF}, \ \alpha > 0, \qquad (75)$$
$$W^{M*}_{BF(H,M)} < W^{M*}_{MF}, \ \ 0 < \alpha < \alpha^{**}.$$

가장 높은 품질을 생산하는 H국은 자유무역에 참여하는 국가가 늘어나면 늘어날수록 국가후생이 증가하는 반면, 가장 낮은 품질을 생산하는 기업을 두고 있는 L은 상대적으로 고품질의 생산기업을 보유하고 있는 국가들이 서로 FTA를 체결하더라도 여기에 참여하지 않는 것이 오히려 국가후생에 도움이 되는 셈이다. M국의 후생은 품질 격차의 정도를 나타내는 α값에 따라 다른 결과를 보여주는데 α가 작을 때에는 M국은 다자간 자유무역체제에서의 사회후생 수준이 H국과의 양자간 FTA 체제에서보다 더 높게 된다. 그러나 α가 특정 임계치인 α^{**}보다 클 경우에는 H국과 M국간 양자간 FTA를 체결했을 때가 다자간 자유무역체제보다 M국의 사회후생수준이 더 높다. 이는 α가 증가함에 따라 $H-M$ 양자간 FTA하에서, L국이 H국에 대해 부과하는 관세가 M국에 부과하는 관세보다 빠른 속도로 증가하여,[44] 결과적으로 L국 시장에서 M국 기업제품인 품질 m이 전략적 우위를 누리기 때문이다.

[그림 3-14] Differential of Social Welfare between Bilateral FTA($H-M$) and Multilateral Free Trade Regime by Country

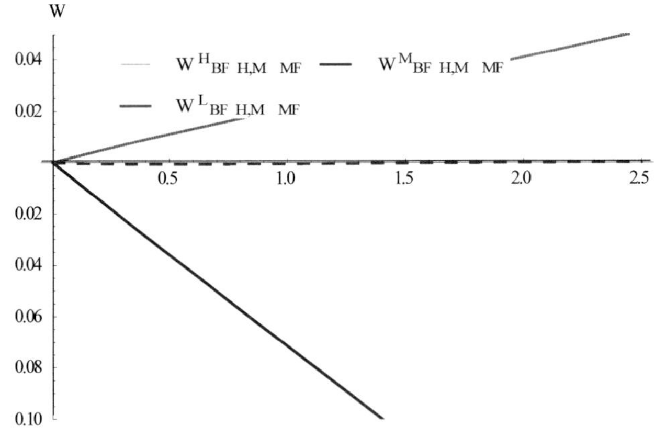

한편, 다자간 자유무역체제 하에서 세 국가의 전체후생 수준은 $M-H$ 양자간 FTA 체제나 비협조적 무역체제에서보다 높게 나타났지만, H국과 M국으로부터 L국으로 일정 수준이상의 소득 이전(transfer)이 이루어지지 않는 한 L국이 다자간 자유무역에 참여할 유인은 없다.[45]

---

44) 식(71)~식(72) 참조.

45) L국을 다자간 자유무역체제에 참가하도록 유인할 수 있는 최소한의 소득이전 수준은 다음과 같다. $W^{L*}_{BF(H,M)} - W^{L*}_{MF} > 0$.

2) H국과 L국간 양자간 FTA 체제의 무역균형 및 사회후생효과

다음으로 $H-L$ 양자간 FTA 체제의 무역균형과 사회후생효과를 분석한다. $H-L$ 양자간 FTA를 체결함에 따라 H국과 L국은 상호관세를 철폐한다 ($t_L^H=t_H^L=0$). 반면 M국에 대해서는 새로운 최적관세를 설정하게 된다. 또한 $H-L$ 국간 FTA 체결은 역외국인 M국의 최적관세 설정전략에 영향을 미치지 않는다. 이와 같은 점들을 고려하여, 역진귀납법(backward induction)을 통해 각국의 균형관세를 도출하면 다음과 같다.

$$t_M^{H*}=\frac{\alpha(7\alpha+10)(\alpha+2)}{8(7\alpha^2+21\alpha+16)}, \tag{76}$$

$$t_L^H=0, \tag{77}$$

$$t_H^{M*}=\frac{\alpha(3\alpha+4)}{12(\alpha+1)}, \tag{78}$$

$$t_L^{M*}=\frac{\alpha}{6(\alpha+1)}, \tag{79}$$

$$t_H^L=0, \tag{80}$$

$$t_M^{L*}=-\frac{\alpha(\alpha+2)^2}{8(8\alpha^2+23\alpha+16)} \tag{81}$$

H국과 L국간 FTA를 체결한 후 H국과 L국이 M국에 대해 부과하는 균형관세는 양국이 FTA를 체결하기 전보다 역시 낮아지는 것을 알 수 있다.[46) 이를 바탕으로 도출되는 각 국가의 사회후생수준은 [그림 3-15]에 나타나있듯이, 비협조적 무역체제와 다자간 자유무역체제에서와 마찬가지로 H국이 가장 높은 것으로 나타났으며, M국의 후생이 다음으로 높으며, L국의 사회후생수준이 가장 낮은 것으로 나타났다.

$$W_{BF(H,L)}^{H*}>W_{BF(H,L)}^{M*}>W_{BF(H,L)}^{L*},\ \alpha>0 \tag{82}$$

46) 식(38)과 식(43) 참조.

[그림 3-15] Social Welfare by Country under Bilateral FTA(H–L)

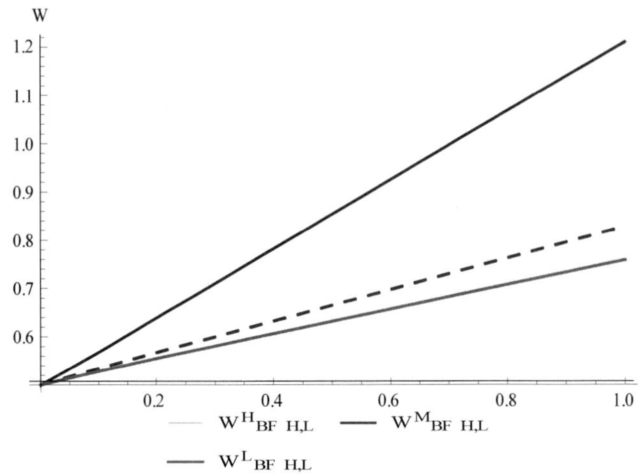

[그림 3-16]에 나타난 바와 같이, H국과 L국이 양자간 FTA를 체결한 경우에도 비협조적 무역체제에서 보다는 모든 국가들의 후생은 증가하는 것으로 나타났다. H국과 L국은 상호관세를 철폐하고 M국에 대한 관세수준을 낮추면서 정부수입이 감소했지만, 동시에 두 국가의 소비자 잉여와 생산자 이윤이 더 큰 폭으로 증가함에 따라 국가후생은 증가하였다. M국은 H국과 L국이 자국에 대한 관세수준을 낮춤에 따라 자국기업 m의 이윤이 증가하여 사회후생 수준이 개선되는 것으로 나타났다.

$$W^{i*}_{BF(H,L)} > W^{i*}_{NC}, \quad \alpha > 0, \;\; i \in (H, M, L). \tag{83}$$

[그림 3-16] Differential of Social Welfare between Bilateral FTA(H–L) and Non-Cooperative Tariffs by Country

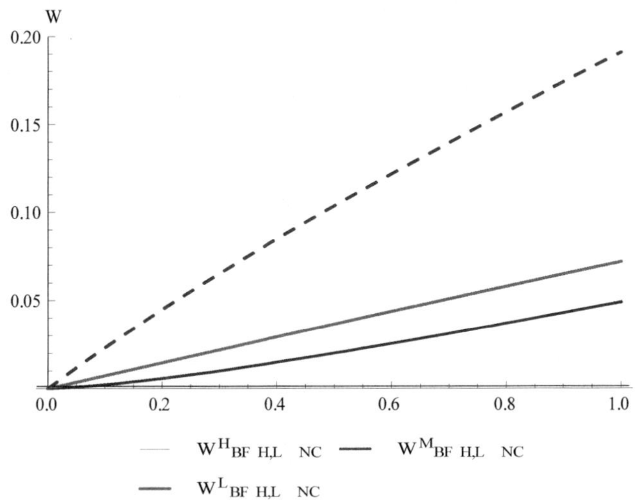

한편 $H-L$ 양자간 FTA 체제의 후생수준을 다자간 자유무역체제와 비교해보면, [그림 3-17]에 나타난 것과 같이, H국의 사회후생 수준은 L국과 양자간 FTA를 체결했을 때가 다자간 자유무역체제보다 낮은 반면, M국과 L국은 $H-L$ 양자간 FTA 체제에서의 사회후생수준이 다자간 자유무역체제보다 더 높은 것으로 확인되었다.

$$W^{H*}_{BF(H,L)} < W^{H*}_{MF},\ W^{M*}_{BF(H,L)} > W^{M*}_{MF},\ W^{L*}_{BF(H,L)} > W^{L*}_{MF},\ \alpha > 0 \tag{4}$$

위에서 확인한바와 같이, H국은 L국과 양자간 FTA를 체결했을 때의 사회후생수준이 다자간 자유무역체제에서보다 낮다. 이는 H국의 경우, 다자간 자유무역체제에서 상대 적으로 기술열위를 보이는 저품질 생산 국가들과 모두 자유무역을 하여, 시장접근 기회를 극대화할 때, 사회후생수준이 가장 높아지기 때문이다. 그러나 역외국인 M국의 경우에는 다자간 자유무역체제에서보다 $H-L$ 양자간 FTA 체제에서 국가 후생이 더 높을 뿐만 아니라, H국과 양자간 FTA를 체결하는 것보다도 역시 더 나은 국가 후생을 얻게 된다는 점이 확인되었다. 따라서 $H-L$ 양자간 FTA를 체결한 상황에서 역외국인 M국이 상기 자유무역협정에 추가적으로 참가하여, 궁극적으로 다자간 자유무역체제에 참여할 유인은 없다. 또한 모든 국가가 다자간 자유무역체제에 참여할 경우 세 국가의 전체 사회후생 수준은 $H-L$ 양자간 FTA 체제나 비협조적 무역체제에서보다 높지만, H국으로부터 M국과 L국으로 적절한 후생의 이전(transfer)이 존재하지 않는 한 M국과 L국이 다자간 자유무역에 참여할 유인은 없다.

[그림 3-17] Differential of Social Welfare between Bilateral FTA(H–L) and Multilateral Free Trade Regime by Country

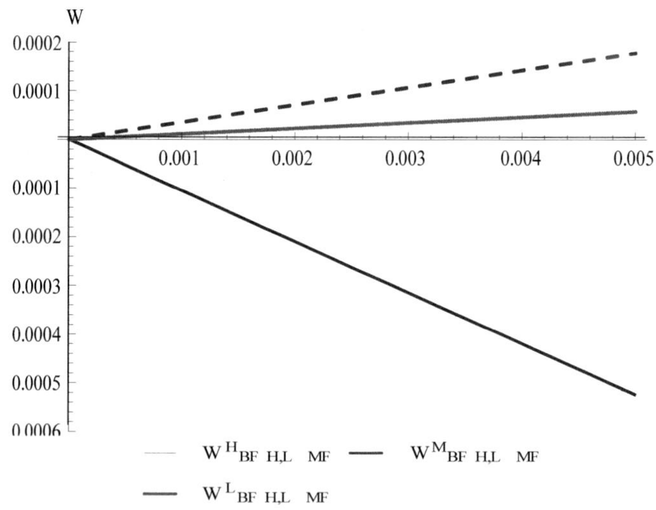

3) M국과 L국 양자간 FTA 체결의 무역균형 및 사회후생효과

마지막으로 M국이 L국과 FTA를 체결하는 경우 각국의 관세수준과 전체 후생에 어떠한 변화가 발생하는지 분석해 본다. M국과 L국이 FTA를 체결함에 따라 M국과 L국간의 관세는 0이 된다($t_L^M = t_M^L = 0$). 반면 두 국가는 역외국인 H국에 대해 새로운 최적관세를 설정하게 된다. 반면 H국은 M국과 L국

이 서로 FTA를 체결한 것을 인지하더라도 H국의 최적관세 결정은 앞에서와 마찬가지로 변하지 않는다.

이러한 모형구조의 변화를 바탕으로 위에서와 마찬가지로 역진귀납법을 통해 도출된 균형관세는 다음과 같다.

$$t_M^{H*} = \frac{7\alpha(3\alpha+4)(\alpha+2)}{8(21\alpha^2+41\alpha+14)}, \tag{85}$$

$$t_L^{H*} = \frac{\alpha(5\alpha+7)}{21\alpha^2+41\alpha+14}, \tag{86}$$

$$t_H^{M*} = \frac{\alpha(4\alpha+7)}{2(8\alpha+13)}, \tag{87}$$

$$t_L^M = 0, \tag{88}$$

$$t_H^{L*} = \frac{\alpha(5\alpha+8)(4\alpha+7)}{2(64\alpha^2+217\alpha+184)}, \tag{89}$$

$$t_M^L = 0 \tag{90}$$

M국과 L국 양자간 FTA를 체결한 후 양국이 H국에 대해 부과하는 균형관세는 FTA를 체결하기 전보다 더 낮아지는 것을 알 수 있다.[47)]

이를 바탕으로 도출되는 각 국가의 전체 후생은 경쟁무역과 다자간 자유무역에서와 마찬가지로 H국이 가장 높은 것으로 나타났으며, M국의 후생이 다음으로 높으며 마지막으로 L국의 전체 후생은 가장 낮은 것으로 나타났다.

$$W_{BF(M,L)}^{H*} > W_{BF(M,L)}^{M*} > W_{BF(M,L)}^{L*},\ \alpha > 0 \tag{91}$$

47) 식(40)과 식(42) 참조.

[그림 3-18] Social Welfare by Country under Bilateral FTA($M-L$)

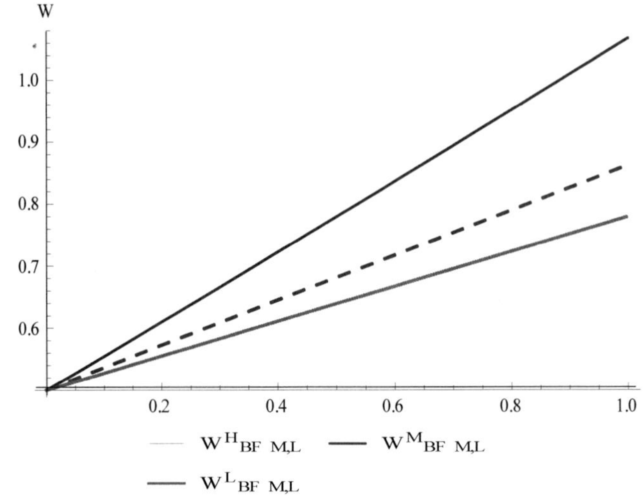

또한 [그림 3-19]에서와 같이, M국과 L국이 FTA를 체결한 경우, 비협조적 무역체제에 비하여, 모든 국가들의 후생은 증가하는 것으로 나타났다. 즉 M국과 L국은 상호관세를 철폐하고 역외국인 H국에 대한 관세수준을 낮추면서 정부수입이 감소하지만 두 국가의 소비자 잉여와 생산자 이윤이 더 큰 폭으로 증가함에 따라 국가후생은 증가하게 된다. H국은 M국과 L국이 자국에 대한 관세수준을 낮추면서 자국 생산자인 품질 h의 수출이윤이 증가하여 역시 국가후생의 증가로 이어졌다.

$$W^{i*}_{BF(M,L)} > W^{i*}_{NC},\ \alpha > 0,\ i \in (H, M, L). \tag{92}$$

[그림 3-19] Differential of Social Welfare between Bilateral FTA(H-L) and Non-Cooperative Tariffs by Country

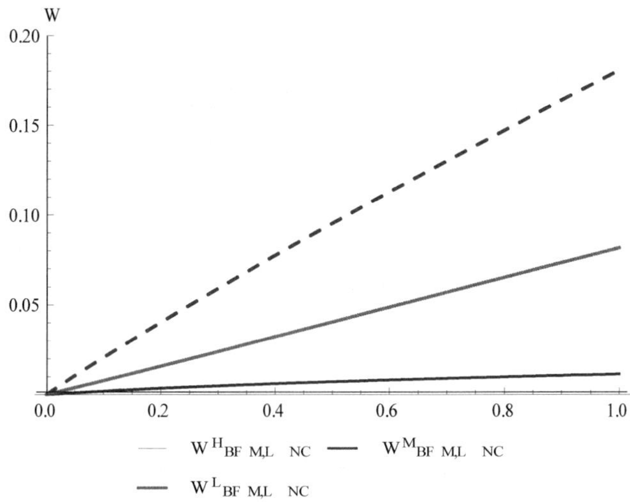

M국과 L국 양자간 FTA 체결시의 사회후생효과를 다자간 자유무역체제의 후생수준과 비교할 경우, [그림 3-20]에서와 같이, 역외국인 H국의 사회후생수준은 다자간 자유무역체제에 비하여 낮은 반면, 양자간 FTA회원국인 M국과 L국의 사회후생수준은 다자간 자유무역체제에서보다 높은 것으로 나타났다.

$$W^{H^*}_{BF(M,L)} < W^{H^*}_{MF},\ W^{M^*}_{BF(M,L)} > W^{M^*}_{MF},\ W^{L^*}_{BF(M,L)} > W^{L^*}_{MF},\ \alpha > 0 \qquad (93)$$

앞에서 확인된 바와 같이, 다자간 자유무역체제에서 H국의 사회후생수준이 $M-L$ 양자간 FTA 체제에 비하여 높은 반면, M국과 L국은 H국을 포함한 다자간 자유무역 체제보다는 $M-L$ 양자 간 FTA 체제에서, 더 높은 사회후생수준에 도달하기 때문에, H를 포함한 다자간 자유무역체제에 참가할 유인이 없는 것으로 나타났다. 한편 세 국가의 사회후생을 합한 세계 총 후생수준측면에서는 다자간 자유무역체제에서의 세계후생수준이 양자간 FTA 체제나 비협조적 무역체제에서보다 높은 것으로 나타났다. 그러나 다자간 자유무역체제가 성립되기 위해서는 M국과 L국이 다자간 자유무역 체제에 참가할 경우 발생하는 사회후생감소분을 보전해줄 수 있는 유인체계(incentive system)가 선행되어야 할 것이다.

[그림 3-20] Differential of Social Welfare between Bilateral FTA(M–L) and Multilateral Free Trade Regime by Country

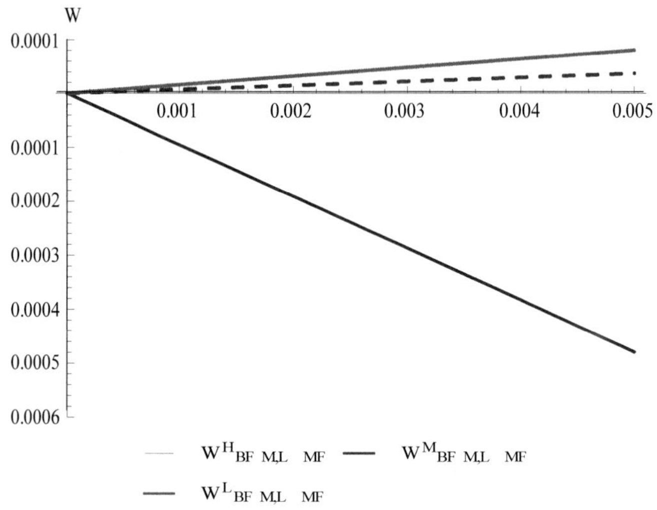

바. 품질격차가 있는 국가 간 지역경제통합의 정책적 시사점

품질 격차가 존재하는 국가 간의 다양한 무역체제의 사회후생효과를 분석한 본 연구에서도, 전체 국가들의 총 사회후생 수준에서는, 기존 연구들과 마찬가지로, 다자간 자유무역체제에서 세계 후생수준이 가장 높게 나타나는 것을 확인하였다. 그러나 기존 연구결과와는 달리, 품질 격차가 있는 제품 간의 과점적 가격경쟁구조에 대한 분석을 통하여, 다음과 같은 새로운 결과들이 도출되었다.

첫째, 자국 기업이 상대적으로 좋은 기술력을 보유하여 더 품질 수준이 높은 제품을 생산하더라도, 가격경쟁체제에서 경쟁관계가 심화될 경우, 사회후생 수준이 낮은 품질을 생산할 때 보다 낮을 수도 있음이 확인되었다. 즉 비협조적 무역체제 하에서 M국의 사회후생 수준이 더 낮은 품질을 생산하는 L

국의 사회후생보다 더 낮게 나타났다. 이는 중간 품질 수준의 제품을 생산하는 M국의 기업 m이 가장 높은 품질을 생산하는 H국기업과 가장 낮은 품질을 생산하는 L국 기업 모두와 전략적 가격경쟁을 하는 가운데, 각국 정부로부터 상대적으로 높은 무역규제에 직면하기 때문이다. 반면, H국과 L국의 기업들은 상호 품질 격차가 큰 나머지, 소비자들에 의해 경쟁적 대체재로 인식되지 않는다. 그 결과, H국과 L국 기업은 상호 전략적 가격경쟁관계에 직면하지 않기 때문에, M국의 기업에 비해 상대적으로 느슨한 무역규제를 받는다. 그 결과, 모든 국가가 자국의 사회후생만을 극대화하는 비협조적 무역체제에서 L국의 국가 후생이 M국보다 더 높게 나타났다.

두 번째로, 세계 총 후생수준 차원에서는 다자간 자유무역체제에서 그 후생수준이 가장 높게 나타났으나, 개별국가 차원에서는 다자간 자유무역체제를 선호하지 않는 국가들이 존재함이 확인되었다. 즉 $H-M$양자간 FTA 체제에서는 L국의 사회후생수준은, 양자간 FTA 체제에서 역외국으로 있을 때가, 다자간 자유무역체제에 참가하는 것보다 더 높게 나타났다. 또한 $H-L$ 양자간 FTA 체제에서는 역외국인 M국의 사회후생수준과 L국의 사회후생 수준이 다자간 자유무역체제보다 더 높게 나타났으며, $M-L$ 양자간 FTA에서도 M국과 L국의 사회후생 수준이 다자간 자유무역체제보다 더 높은 것이 확인되었다. 이러한 결과는 품질 격차가 있는 기업 간의 과점적 경쟁관계에서, FTA 체제가 초래하는 역내국과 역외국간의 경쟁완화효과 및 역외국에 대하여도 무역장벽을 상대적으로 낮추게 하는 전략적 상보효과(Supermodularity)에 기인하는 것으로 분석된다. 따라서 세계전체 후생수준을 극대화하는 다자간 자유무역체제가 가능하기 위해서는, M국 및 L국과 같이, 다자간 자유무역체제에 참가할 경우 사회후생 수준이 감소하는 상대적인 저품질 생산국가에 대하여, 사회후생감소분을 보전해줄 수 있는 유인체계(incentive system)가 선행되어야 함이 확인되었다.

본 분석결과는 소비자들의 품질 선호체계가 균일분포(uniform distribution)를 보이는 가운데, 품질 격차가 존재하는 과점시장에서의 가격경쟁체제에 대한 균형분석을 통하여 도출되었다. 한편 추후 연구에서는 분석결과의 설명력을 제고하고, 더 다양한 시장구조적 특성을 포괄하기 위해서, 소비자들의 선호체계에 대한 좀 더 포괄적인 일반함수적 접근을 통하여, 분석의 외연 및 경제학적 설명력을 확대하는 노력이 필요한 것으로 사료된다.

제 4 장
최근의 국제무역환경의 변화와 국제무역구조의 변화

제 1 절 세계 거시경제환경의 변화가 국제무역환경에 미친 영향

대외무역의존도가 97%를 상회하는 우리나라 경제에 있어, 국제무역은 우리나라의 경제성장을 견인해왔을 뿐만 아니라, 안정적인 경제운용에 있어 가장 주요한 요인이다. 한편 2008년 미국 금융위기 이래, 세계경제의 본격적인 회복세가 나타나지 않는 가운데, 유럽 재정위기에 의해 심화되는 선진국시장의 수요 감소에 의한 세계경제의 동시불황은 우리나라의 대외무역여건을 더욱 어렵게 만들어왔었다.

이와 같은 세계경제불황에 따른 대외무역환경의 악화와 함께, 1980년대 이래 급속히 진행되어왔던 세계화(Globalization)의 영향으로 국제무역체제의 구조적 변화가 현실화되고 있다. 즉 기술혁신에 따른 물리적인 국제거래비용(international transaction cost)의 급격한 감소와 관세 및 비관세 장벽의 철폐에 의한 제도적 국제거래비용이 동시에 감소하면서, 이러한 국제거래비용의 획기적 감소는 대외무역구조에 있어 많은 구조적 변화를 초래하였다.

특히 규모의 경제효과가 강력하게 나타나는 기술집약적 고부가가치 산업이 대외무역의 주종산업이 되면서, 산업 내 무역 비중이 지배적으로 됨과 함께, 국제무역에서 다국적기업의 역할이 중요해지면서, 기업 내 무역(Intra−firm trade)의 비중이 급속히 증가되었다. 또한 기술집약적 산업의 높은 기술적 외부효과에 의한 높은 산업집적효과(Agglomeration effect)의 결과, 국제적인 산업집적이 확산되면서, 국제무역은 국제분업 및 산업구조를 재편하는 경로로 작동하게 되었다.

위와 같은 세계경제의 거시경제적 환경변화와 함께, 세계산업구조 및 무역구조의 구조적 특성변화가 국제무역환경 및 우리나라의 중장기적인 무역환경에 미치는 영향과 그 정책적 시사점을 분석해보고자 한다. 특히, "i) 수출주도형 경제성장전략을 구사해왔던 한국경제에 있어, 수출육성정책은 여전히 유효한 경제성장전략일 수 있는가? 즉 과도한 무역의존도는 외부충격에 의한 경제 불안정을 가중시키기에, 내수주도형 경제성장, 혹은 경제안정화 정책으로 전환되어야 하는가?

ii) 시장개방을 통한 자유무역은, 자유무역에 참가하는 모든 국가들의 동태적인 경제성장을 통한 장기균형을 보장하는가?(예: EU역내의 완전한 자유무역체제에 참여한 그리스와 스페인 경제의 비교우위산업의 구조적 특성)

iii) 재정연방주의(Fiscal federalism)가 뒷받침되지 않은 자유무역체제는 지속 가능한가?

iv) 기술발달 및 산업구조변화에 따라 국제무역구조의 근본적 변화가 발생하고 있는가?"라는 문제의식에 기초하여, 최근의 거시경제적 여건변화와 구조적 변화의 의미를 살펴보고자 한다.

2008년의 미국발 세계금융위기 이후 세계경제가 완전한 회복세를 보이지 못하고 있는 가운데, 유럽발 재정위기가 심화되면서, 세계경제의 동시불황에 따른 주요선진국시장의 수입수요 급감과 함께 국제무역규모가 급격히 위축되는 추이를 보이고 있다. 일반적으로 세계무역의 증가율의 변동은 세계경제성장률의 변동 폭보다 훨씬 더 큰 가운데, 경제의 대외의존도가 높은 국가가 세계경제의 변동에 더욱 큰 영향을 받고 있음을 보여주고 있다.

유럽재정위기의 해결이 지연될수록 세계무역의 감소추이는 상당기간 지속될 것으로 예상된다. 이는 2011년의 경우, 유럽계 은행들이 전 세계 무역금융의 약 36%를 담당할 정도로 유럽계 은행들의 무역금융비중이 높았으나, 최근의 유럽재정위기심화에 따른 은행부실화 및 여신축소의 여파로, 전 세계 무역금융의 축소 및 이에 따른 국제무역위축효과까지 추가되어, 국제무역환경은 더욱 위축될 것으로 예상된다.

또한 유럽중앙은행과 IMF등의 기관이 남유럽국가들의 유동성위기를 모면할 수 있는 채권매입 등의 조치를 시행하는 경우에도, 유럽경기의 조속한 회복과 그에 힘입은 세계경제의 회복세가 단기간에 나타나기는 어려울 것으로 예상된다. 2001년에 시작되었다가 최근까지 교착상태에 빠져있던 WTO의 다자간 시장개방협상인 도하개발의제(DDA)가 아무런 성과를 내지 못하다가, 지난 2013년 발리 WTO 무역각료회의에서 무역원활화를 위한 다양한 비관세장벽의 철폐에 원칙적인 합의에 도달하였다. 한편 지난 발리 WTO 무역각료회의에서의 합의에도 불구하고 현재까지 별다른 가시적인 성과를 찾기 어려운 상황이다. 이러한 다자간 시장개방에서의 미진한 진척에 비해, 지역주의 특혜무역협정 형태의 시장개방논의는 각 지역별로 매우 활발하게 전개되고 있다.

국내경기침체를 맡고 있는 EU각국을 포함한 선진국들과 이들 선진국시장의 수요 감소에 직접적인 충격을 받고 있는 개도국 전반에 걸쳐 다양한 형태의 보호무역정책들이 확산되면서, 국제무역환경은 더욱 어려워질 것으로 예상된다.

일례로 최근 스위스는 자국산 수출제품의 경쟁력 유지를 위하여 인위적 환율절하를 포함한 외환시장개입을 시도하였고, 일본 역시 오랜 디플레이션을 벗어나는 노력의 일환으로 양적완화를 포함한 통화증발조치로 엔화의 절하를 도모하여 경쟁적인 자국통화의 평가절하를 가속화시켰다. 또한 최근 한국산 자동차에 대한 프랑스의 긴급수입제한 움직임 등 다양한 형태의 보호무역정책이 확산되는 경향이 있다. 또한 최근에는 기존의 관세장벽보다는 기술표준이나 안전기준, 그리고 지적재산권 관련한 규제를 활용한 보호무역정책이 확산되는 추이를 보이고 있다. 장기간 진행되어왔던 Apple사의 삼성에 대한 특허소송 역시 미국정부 및 법원의 편파적인 태도를 고려할 때, 지적재산권을 내세운 보호무역정책으로 이해할 수 있다.

최근 세계 무역구조에 있어, 주요국의 역할 및 비중에는 급격한 변화가 나타나, 2014년의 경우, 세계최대 수출국은 중국으로 전 세계 수출의 10.4%를 차지하였으며, 미국과 독일이 그 다음을 이었다. 전 세계무역에서 수입측면에서는 여전히 미국이 세계 최대수입국으로 전 세계 수입의 12.3%를 차지하였으며, 그 다음으로 중국이 전 세계수입의 9.5%를 차지하면서 2위를 기록하였다.

한국의 경우, 전 세계 수출의 3%를 차지하면서 세계 7위를 기록하였으며, 수입의 경우, 전 세계 수입의 2.9%를 차지하여, 세계 9위를 기록하였다.

세계무역의 편중도도 더욱 커져서, 상위 10개국이 전 세계 무역의 약 50%를 차지하고 있는 것으로 나타났다. 한편 서방선진국 중심의 국제교역구조에서 중국을 중심으로 한 신흥산업국의 비중이 빠르게 증가하는 특성을 보이고 있다.

〈표 4-1〉 세계 주요국의 경제현황

	한국	중국	미국	EU	일본	세계
GDP(명목환율기준: 10억 달러)	1,164	6,989	15,060	17,690	5,855	70,160
GDP(구매력평가기준: 10억 달러)	1,549	11,290	15,040	15,390	4,389	78,950
GDP 세계대비 비중(PPP기준, %)	2.0	14.3	19.1	19.5	5.6	100.0
경제성장률(%)	3.3%	9.2%	1.5%	1.6%	−0.5%	3.6%
1인당 GDP (PPP기준, 달러)	31,700	8,400	48,100	34,000	34,300	11,800
수출(10억 달러)	556.5	1,898	1,511	1,791	800.8	18,000
수입(10억 달러)	524.4	1,743	2,314	2,000	794.7	17,580
세계대비 수입비중(%)	3.0	9.9	13.2	11.4	4.5	100.0
경상수지(10억 달러)	29.79	280.6	−599.9	−32.72	122.8	·
외환보유고(10억 달러)	306.4	3,236	132.4	812.1	1,063	·
외국인직접투자 유입액(stock: 10억 달러)	130.3	776	2,874	NA	146.7	18,850
세계대비FDI 유입액stock비중(%)	0.7	4.1	15.2	NA	0.8	100.0
해외직접투자액 (stock: 10억 달러)	190.4	322	4,051	NA	880	19,750
총 외채(10억 달러)	397.3	697.2	14,710	16,080	2,719	68,870

자료: CIA, The World Factbook, 2012에 근거하여 재작성

제 2 절 산업구조변화에 따른 국제무역구조의 변화

세계시장에서 특정국가 및 특정기업의 시장지배력이 상대적으로 크지 않아, 비교적 경쟁적 시장체제에 가까운 특징을 보였던 1970년대 이전까지는 국제무역의 주된 형태는, 각국이 자국의 비교우위산업에 특화하여 이루어지는 산업간 무역이 세계무역의 주된 형태를 보였다. 그러나 제조업을 중심으로 산업전반에 걸쳐 기술집약적 고부가가치 산업 및 제품들이 국제무역에서의 주력제품으로 등장하면서, 이러한 기술집약적 산업에서 나타나는 규모의 경제효과가 산업구조를 변화시켜 산업 내 무역을 급속히 증가시켰다.

OECD 국가들의 경우, 호주와 같이 자원수출에 특화된 일부 국가들을 제외할 경우, 대부분 산업 내 무역비중이 50%~75%에 달하고 있다. 그러나 이와 같이 높은 산업 내 무역비중은 수출입품목 분류체계에 의한 산업 내 무역으로서, 엄밀한 의미의 산업 내 무역, 즉 동질적 기술수준에 기반한 동일산업 내의 차별화된 제품교역으로 해석하기 어려운 측면이 많다. 그 구체적인 예가 포르투갈, 스페인 등의 산업 내 무역 비중이 높게 나타났으나, 이러한 높은 비중에도 불구하고, 양국의 제조업 기술수준 및 부가가치 수준은 유럽 내에서 매우 낮을 뿐만 아니라, 동태적으로 더욱 악화되고 있음이 그 예이다. 또한 한국과 일본의 경우에도 양국 간 무역이 대부분 산업 내 무역으로 분류되고 있다. 그 대표적인 예가 한국의 대일 수출 주요품목은 메모리 반도체이며, 대일 수입 주요품목은 비메모리 반도체이다. 이와 같이 한국의 대일본 수출품 및 수입품이 모두 반도체이기에 산업 내 무역으로 분류되기는 하지만, 기술집약도 차원에서 분석해보면, 한국은 비메모리반도체의 생산기술을 가지지 못한 가운데, 한일 양국 간의 반도체교역은 산업간 무역으로 보는 것이 타당하다. 그러나 수출입통계분류상 이와 같이 확연한 기술력 격차가 있는 제품들의 수출입도 산업 내 무역으로 분류되고 있는 것이 현실이다.

〈표 4-2〉 OECD 국가들의 산업 내 무역(Intra-Industry Trade) 추이

산업 내 무역 수준 및 증가율이 높은 국가	1988-91	1992-95	1996-2000	Change
Czech Republic	n.a.	66.3	77.4	11.1
Slovak Republic	n.a.	69.8	76.0	6.2
Mexico	62.5	74.4	73.4	10.9
Hungary	54.9	64.3	72.1	17.2
Germany	67.1	72.0	72.0	5.0
United States	63.5	65.3	68.5	5.0
Poland	56.4	61.7	62.6	6.2
Portugal	52.4	56.3	61.3	8.9

자료: OECD Economic Outlook 71, INTRA-INDUSTRY AND INTRA-FIRM TRADE AND THE INTERNATIONALISATION OF PRODUCTION

또한 정보통신기술을 포함한 기술발달에 따라, 기업의 해외투자전략이 변화하면서, 이에 따른 기업 내 무역(Intra-firm trade)을 중심으로 하는 국제무역구조의 변화도 같이 나타나고 있다.

다국적 기업의 전통적인 해외직접투자 전략은 운송비와 같은 물리적 거래비용과 함께, 관세 및 비관세 장벽과 같은 제도적 거래비용을 우회하여 해외시장에 대한 접근성을 높이는 전략(FDI as a market access strategy to jump over trade barriers & transaction costs)으로서 수평적 해외직접투자(Horizontal FDI)이었다. 이러한 수평적 FDI에 의한 해외 자기업(affiliates)이 원부자재까지 모두 현지 조달에 근거하여 생산할 경우, 수평적 해외직접투자는 모기업(parent firms)의 수출을 대체하는 역할을 수행하나, 대부분은 모기업으로부터 핵심부품을 공급받는 기업 내 무역(intra-firm trade)을 확대하는 형태를 띠는 편이다.

그러나 수평적 FDI의 경우, 완제품은 모기업과 자기업이 동시에 생산하면서, 모기업의 완제품 수출을 자기업(affiliates)이 대체하는 형태를 취하여, 국제교역에서 부품교역의 비중을 높이며, 또한 통계상 산업 내 무역 비중을 높이

는 결과를 낳는다.

한편 80년대 이래 정보통신혁명의 결과, 통신비용 및 운송비용이 급감하여, 물리적 거래비용이 급감하고, 관세 및 비관세 장벽철폐 등 제도적 거래비용이 급감하면서, 수직적 해외직접투자(Vertical FDI)를 통한 생산공정의 국제적 분절화(Fragmentation)현상이 급속히 확산되고 있다. 즉 국제거래비용이 급감한 결과, 기업들의 해외투자전략이 단순히 해외시장 접근기회확보를 넘어서, 국제적 가치사슬(Global Value Chain)을 통하여, 각 생산공정별로 최적의 생산지역으로 재배치되는 생산공정의 분절화가 확산되고 있다.

그 결과, 최종재화 생산공정은 모기업이나 자기업 중의 한 곳에서만 이루어져서, 기업 내 무역(Intra-firm trade)의 구조도 중간재무역 중심에서 완제품 무역의 비중이 크게 높아지는 형태를 띠게 된다. 미국의 경우, 중간재 수입에서 기업 내 무역의 비중이 46.1%, 자본재 완제품의 수입에서 기업 내 무역이 57% 수준에 달하고 있다.

이와 같이 다국적 기업의 수직적 직접투자에 의한 산업구조 및 국제분업구조의 분절화(Fragmentation)가 확산된 결과, 국제적 가치사슬(Global Value Chain)에 있어, 각 생산공정별로 규모의 경제(economies of scale) 실현이 더욱 중요한 관건이 되고 있다. 이러한 생산공정별로 규모의 경제가 강조되면서, 결과적으로 최종재화시장에서도 규모의 경제효과가 크게 나타나면서, 모든 산업에 걸쳐 광범위한 과점화 현상이 빨라지고 있다.

즉 세계시장에서 Software산업, IT산업과 같은 Network externality가 강한 산업뿐만 아니라, 전통적 제조업으로 분류되는 세계 자동차 산업, 항공산업 등 제조업부문과 항공서비스산업, 금융서비스 산업 등 서비스산업 전반에 걸쳐 과점화 현상(increased market power by fewer oligopoly firms)이 과속화되고 있다.

부가가치가 높은 산업들의 경우, 각 생산공정별로 국제적인 생산공정 분절화(Fragmentation)가 이루어지면서, 국가별로 특정 생산공정부문에 특화가 확산되고 있다. 또한 이러한 생산공정 관련 산업간의 양의 외부효과(positive externality)에 의하여, 특정 생산공정별로 국제적 수준의 산업집적(Agglomeration)까지 동시에 이루어져, 규모의 경제실현이 더욱 가속화되고 있다. 그 예로 인도의 통신서비스 및 국제통신 A/S 산업, 노르웨이의 선박컨설팅 및 플랜트 컨설팅산업 등이 있다.

한편 수직적 직접투자에 의한 수직적 국제분업구조에 있어, 상대적으로 기술집약적인 상부기업부문(upstream sector)에의 특화도 여부에 대한 추정 결과에 의하면, 2004년 기준, 예상대로 일본, 미국, EU가 상대적으로 기술집약적 상부기업부문에 특화한 것으로 나타났다. 반면 한국을 포함한 신흥공업국들은 그 중간 수준이며, 중국과 멕시코는 저부가가치 조립공정 중심의 하부기업부문(downstream sector)에 특화한 것으로 나타났다.

〈표 4-3〉 주요국의 수직적 국제분업에서 기술집약적 Upstream sector 특화도

국가	총수출 대비 수입중간재의존 비중(%)	총수출 대비 중간재수출비중(%)	기술집약적 산업특화여부* (Upstream firm position:(3)/(2)
선진국			
EU 15개국	11.4	20.9	1.8
일본	12.2	30.8	2.5
미국	12.9	26.9	2.1
아시아신흥공업국			
한국	33.0	23.1	0.7
홍콩	27.5	19.5	0.7
대만	41.1	27.2	0.7
Emerging			
중국	35.7	12.5	0.4
EU 신규가입국	30.8	11.3	0.4
멕시코	48.0	10.0	0.2

* 기술집약적 상부기업(upstream sector)특화도가 높을 경우, 그 값이 1보다 크고, 저부가가치 하부기업(downstream firm)부문에 특화된 경우, 그 값이 낮음.

자료: IMF, 2014, Changing Patterns of Global Trade

〈표 4-4〉 미국 기업 내 무역(Intra-firm Trade)의 특성

수입재화	품목 수 (HS6 lines)	백만 달러	비중 (%)	Intra-firm trade(%)	Arm's length trade(%)
총 수입	4984	1491534	100.0%	48.3%	50.6%
중간재	3106	713347	47.8%	46.1%	51.8%
소비재	1210	358478	24.0%	35.6%	64.4%
자본재	640	272108	18.2%	57.0%	43.0%
미 분류	28	147601	9.9%	74.2%	25.8%

자료: US census Bureau, Related Party Database, OECD Trade Policy Papers #114, Intra-Firm Trade, 2014

산업 내 무역통계를 공식 추계, 발표하는 미국의 경우, 중간재 수입의 46.1%가 기업 내 무역형태로 수입되었으며, 자본재 수입의 경우, 57%가 산업 내 무역으로 수입된 것으로 나타난다. 이는 상대적으로 기술집약적이며 고부가가치산업인 자본재 산업의 경우, 수직적 해외직접투자에 의한 생산공정의 국제적 분절화(Fragmentation)가 광범위하게 확산되었음을 보여주고 있다.

또 OECD 국가 기업들의 해외직접투자형태에 대한 OECD 추정에 의하면, 수평적 해외직접투자가 전체해외직접투자의 39.2%에 달하고, 수직적 해외직접투자는 28.1%에 달한다. 한편 이 수직적 해외직접투자와 수평적 FDI 및 수직적 FDI특성이 혼재하는 복합적 해외직접투자(Complex FDI)를 합할 경우, 전체 해외직접투자의 60%에 해당한다. 즉 전체 해외직접투자의 60%정도가 생산공정의 국제적 분절화를 통하여 세계적 가치사슬(Global Value Chain)을 형성하는데 기여하고 있음을 보여주고 있다. 또한 이러한 추이는 결국, 생산공정별 산업집적효과와 함께, 최종재 시장에서의 과점화 심화를 초래하는 요인으로 작용하고 있는 것으로 파악되고 있다.

〈표 4-5〉 OECD국 기업들의 해외직접투자의 형태

FDI 분류	비중(%)
제조업	
Horizontal FDI	39.2%
Vertical FDI	28.1%
Complex FDI	32.7%
서비스업	
Horizontal FDI	30.6%
Vertical FDI	32.5%
Complex FDI	36.9%

자료: OECD Trade Policy Papers #114, Intra-Firm Trade, 2011

또한 주요국의 대미교역통계에 나타난 기업 내 무역의 특징을 보면, 전 세계의 대미수출에서 기업 내 무역은 47.8% 수준이나, OECD 국가들의 기업 내 무역의 비중은 57.8%로 상대적으로 더 높게 나타난다. 이는 기술수준이 높은 국가들 간의 기업 내 무역비중이 기술수준이 낮은 국가와의 교역에서보다 더 높게 나타나며, 또 그에 따른 생산공정의 국제적 분절화(Fragmentation)가 심화된다는 것을 보여준다.

제5장

한국 무역정책의 정치경제학적 특성

제1절 한국의 무역구조의 특징 및 전망

1. 한국 무역구조의 최근 추이: 국제생산공정분절화 심화에 의한 산업 내 무역 및 기업 내 무역 증가

우리나라의 대외교역 추이를 보면, 2011년 기준 수출액이 5,552억 달러를 상회하였으며, 수입액을 합한 총 대외무역액은 1조 796억 달러로 1조 달러 규모를 이미 상회하였으며, 대외무역의존도는 97%에 달했다. 세계주요국과의 상대적인 교역성과를 보면, 2011년 기준 수출측면에서, 우리나라는 세계 7위로 전 세계 수출의 3%를 차지했으며, 수입측면에서는 우리나라는 세계 9위로 전 세계 수입의 2.9%차지하였다. 증가율 측면에서는 전 세계 수출증가율은 19%로 우리나라와 동일했으며, 우리나라의 수입증가율은 29%로 전 세계 수입증가율인 19%를 크게 상회했다. 수출입 규모측면에서만 보면, 우리나라의 세계시장 지배력이 부각되지 않는다.

우리나라의 높은 대외무역의존도에서 나타나듯이, 우리나라 경제성장추이에 비해 수출입의 변화폭은 훨씬 민감하게 나타난다. 즉 경기회복기에는 수출증가율이 더욱 빠르게 증가하는 반면, 경기 침체기에는 수입이 더욱 빠르게 감소하는 추이가 나타나고 있다. 즉 2011년부터 세계경제불황이 우리나라의 대외교역구조에 그대로 반영되어, 수출증가율이 전년비 19%로 완만해지다가, 2012년 들어서는 전년비 감소세로 돌아서, 2012년 8월의 경우, 전년비 −6.0%,

1~8월 누적 수출증가율은 전년비 −1.5%의 감소세를 보였다.

무역수지 역시 현재까지 흑자를 보이고 있으나, 그 증가율 측면에서는 2011년의 경우, −25.2%를 보인 후, 2012년 1월 ~8월 누적 무역수지 역시 흑자를 보이고 있으나, 그 증가율은 −22.9%를 보여서, 세계경제 침체에 따른 해외수출 위축세가 점차 가시적으로 나타나고 있다.

그 결과 경제성장률 역시 2011년 3.6%로 내려앉은 후, 2012년 들어와서는 1분기에 2.8%로 하락한 후, 2분기에는 2.4%까지 하락하였다.

우리나라의 무역제품구조는 큰 구조적 변화가 없이, 반도체, 휴대폰을 포함한 전기전자 제품들이 전체 수출의 21.4%를 차지하는 최대수출품목이고, 그 다음이 자동차(12.1%), 기계, 컴퓨터 등의 순으로 상대적으로 기술집약적 전기전자 제품 및 자동차 등 전통적 제조업제품이 주를 이루고 있다.

〈표 5-1〉 한국의 10대 수출제품

품목명	HS코드	수출금액	총 수출대비 비중
전기제품	85	118,542,862	21.4
자동차	87	67,096,998	12.1
기계·컴퓨터	84	59,658,652	10.7
선박	89	54,133,104	9.7
석유·석탄	27	53,088,429	9.6
광학기기	90	36,499,242	6.6
플라스틱	39	27,719,360	5.0
철강	72	27,581,063	5.0
유기화합물	29	22,468,839	4.0
철강제품	73	11,690,016	2.1

자료: 관세청 수출입 무역통계로 재작성

한국의 수입제품구성 역시 큰 구조적 변화를 보이지 않는 가운데, 석유 등 에너지 수입규모가 전체 수입의 33.1%로 가장 크고, 그 다음이 비메모리 반도체를 포함한 전기제품이 13.3%, 그 다음이 기계, 컴퓨터 등의 순이다.

〈표 5-2〉 한국의 10대 수출제품

품목명	HS코드	수입금액	총 수입대비 비중
석유·석탄	27	173,675,006	33.1
전기제품	85	69,748,228	13.3
기계·컴퓨터	84	49,328,556	9.4
철강	72	28,438,215	5.4
광석	26	21,387,620	4.1
광학기기	90	17,048,797	3.3
유기화합물	29	14,864,398	2.8
플라스틱	39	10,850,071	2.1
자동차	87	9,149,995	1.7
화학공업품	38	7,635,504	1.5

자료: 관세청 수출입 무역통계로 재작성

주요 교역상대국 측면에서는 수출 및 수입에서 대중국 수출의존도가 더욱 심화되고 있는 추이다. 수출의 경우, 대중국 수출비중이 24.2%였으며, 대중국 수입도 총 수입의 16.5%를 차지하는 제1위 수출입상대국이다. 이와 같은 매우 높은 대 중국 수출 및 수입의존도는 양국 간 국제분업구조가 전형적인 수직적인 국제분업구조 형태를 띠고 있는, 산업 내 무역뿐만 아니라, 기업 내 무역도 매우 높은 비중을 차지하고 있기 때문이다.

즉 한중 양국 간 국제분업구조가 전형적인 생산공정의 국제적 분절화(Fragmentation)현상을 보이면서, 상당수 제조업의 완제품 조립공정은 중국으로 이전된 가운데, 기업 내 무역(intra-firm trade)으로서의 완제품의 대중국 수입급증이 중국이 제1위 수입상대국으로 부상한 요인이다.

이와 같이 한국 무역구조의 특징은 한중간 무역구조에 가장 잘 나타나고 있는 만큼, 한중간 무역구조의 특징을 중심으로 살펴볼 필요가 있다. 한국과 중국 양국의 경제상호 의존도를 양국 간 무역의존도와 양국 간 국제분업구조에서 나타나는 수직적 분업구조를 통한 산업 의존도를 살펴보면 다음과 같다. 먼저 한국의 수출시장이라는 측면에서, 중국시장은 미국 및 EU시장을 합한 규모보다도 훨씬 큰 시장으로서 우리나라 전체 수출의 24.2% 정도를 자치하고 있다. 한 수입규모에 있어서도 전체수입에서 중국으로부터의 수입이 가장 크며 그 비중은 16.5%에 달하고 있다.

중국기준으로 보았을 때도, 중국의 교역구조에 있어, 총수입에서 한국으로부터의 수입은 1,627억 달러로 일본 다음으로 2위이며, 전체 수입에서 차지하는 비중은 9.3%에 달하고 있다. 반면 중국의 입장에서 최대 수출시장은 미국이며, 한국 수출시장은 4위로 전체 수출에서 4.4%를 차지하고 있다. 이와 같이 한중 양국 간 무역구조에 있어서 쌍방간의 절대적 상호의존도를 고려할 때, 한·중 FTA를 통한 무역장벽철폐의 파급효과는 기존의 한·미 FTA나 한·EU FTA와는 그 영향의 강도 및 범위에서 근본적으로 궤를 달리한다고 볼 수 있다.

한중 양국 간 주요 수출입 품목을 보면, 양국의 수출입 구조는 전형적인 산업 내 무역형태를 띄는 것으로 나타난다. 즉 한국의 대중국 주요수출품목의 순위는 평판디스플레이, 반도체, 석유제품, 합성수지, 석유화학, 자동차부품, 무선통신기기, 석유화학중간원료, 철강판, 기초유분의 순이다. 한편 한국의 대중국 주요수입품목은 반도체, 컴퓨터, 철강판, 무선통신기기, 평판디스플레이, 의류, 정밀화학원료, 정전기기, 전선, 기구부품 등으로 양국 간 교역구조는 전형적인 산업 내 무역형태를 보이고 있다.

이와 같이 동종 상품의 수출 및 수입이 동시에 이루어지는 경우, 전통적인 산업 내 무역으로 분류되어, 양국 간 국제분업구조가 이종산업간 수평적 국제분업이 아니라 동종 산업간 수직적 국제분업의 형태를 띠던지 혹은 차별화된 동종 산업의 수평적 분업의 형태를 띌 수 있다. 이러한 다양한 경우의 산업 내 무역은 산업 내 무역에서도 차별화된 상품의 수평적 국제분업인지, 혹은 동종제품의 생산공정간 분업인 수직적 산업 내 무역인지를 구분하기 위한 지수분석(index analysis)이 다양한 선행연구에서 이루어졌다.

한중 양국 간의 국제거래비용이 상대적으로 높았던 과거의 전통적 산업간 국제분업구조는, 각국이 비교우위를 확보하고 있는 상이한 업종에 특화하는 국제분업구조, 즉 소위 수평적 산업간 국제분업구조의 형태를 띠었으며, 이때 나타나는 국제무역의 형태는 산업간 무역형태를 띄게 된다. 그러나 장기적으로 한중 양국 간 국제거래비용이 급속하게 감소하면서, 한중 양국 간 국제분업구조는 전통적인 산업간 분업의 형태에서 동종 산업 내에서 생산공정간의 분업이 발생하는 수직적 국제분업구조의 형태를 띠게 되었다.

이와 같은 국제분업구조의 특성을 분석하기 위하여 흔히 교역형태에 있어, 산업 내 무역인가 혹은 산업간 무역인가를 분별하여, 산업간 무역의 경우, 국제분업구조도 산업간 수평적 국제분업의 형태로 판단하고 산업 내 무역일 경우, 동종 산업 내에서의 생산공정간 분업인 수직적 분업으로 구분하여 기존의 연구들이 진행되어 왔다.

그러나 단순히 산업 내 무역지수가 높게 나타난다는 사실만으로는 한중 양국 간 국제분업구조가 제품품질은 상대적으로 유사하지만, 제품의 특성상 차별화된 소위 차별화된 제품(differentiated products)교역을 통한 수평적 분업인지, 혹은 제품의 품질차별화를 통한 수직적 산업 내 무역을 통한 국제분업인지가 구분되지 않는다.

이러한 맹점을 극복하고자 수평적 산업 내 무역을 판별하는 지수를 활용하여, 수평적 산업 내 무역과 수직적 산업 내 무역을 구분하였다. 즉 SITC분류 기준으로는 동종 산업으로 분류되더라도, 실질적인 부가가치 기준으로는, 질적으로 차별화된 이종상품(heterogeneous goods)에 해당하는 경우가 많기 때문에, 단순히 산업 내 무역지수를 활용하기 보다는 교역품목의 중간재적 특성에 초점을 맞춘 교역구조분석이 한중 양국 간 분업구조분석에 적절하다. [1)]

선행연구들에서 확인된 한중간 국제분업구조의 특징은 아래와 같다. Fontagne & Freudenberg Intra-Industry Index를 사용하여 추정한 한국과 중국의 산업 내 무역의 수준은 다음 표와 같다. 아래 표에 나타난 바와 같이, 한국과 중국과의 교역구조에 나타난 양국 간 국제분업구조의 특징은 동태적으로 산업간 무역구조는 감소하면서 산업 내 무역의 비중이 커졌다. 즉 산업 내 무역비중이 45.5%로 증가하였다.[2)]

---

1) 수평적 산업 내 무역 및 수직적 산업 내 무역을 보여주는 Greenaway, Hine & Milner Index는 다음과 같다. 즉 다음의 조건을 충족시키면 수평적 산업 내 무역에 해당한다.
$1/1.25 \leq P_{ijk}/P_{iik} \leq 1.25$
단 P_{ijk}는 i국이 j국으로부터 수입하는 k상품의 단위가격이다.

2) Fontagne & Freudenberg Intra-Industry Index는 다음과 같이 정의된다. 양국 간 무역통계가 다음 조건을 충족시키면, 산업간 무역이며, 다음의 조건을 충족시키지 못하면 산업간 무역으로 정의한다. $Min(M_{ijk}, M_{jik})/Max(M_{ijk}, M_{jik}) \leq 1.25$. 단 M_{ijk}는 i국이 j국으로부터 수입

또한 이 산업 내 무역에서도 한중간 교역구조에 있어서는 동질적 재화의 산업 내 무역비중은 상대적으로 낮은 반면, 산업 내 무역으로 분류되기는 하나 가격 및 품질격차가 큰 차별화된 산업 내 무역비중이 매우 높게 나타났다.

한·중·일 3국간 무역구조의 특징을 비교해보면, 한중간 산업 내 무역을 통한 상호의존도는 한국·일본 간 산업 내 무역 수준보다는 낮으나, 일본·중국 간 산업 내 무역수준보다는 높은 것으로 나타났다. 또한 산업 내 무역을 좀 더 세분화하여, 수평적 산업 내 무역과 수직적 산업 내 무역으로 구분해 볼 때, 한중간 수직적 산업 내 무역비중이 가장 높고, 일본과 중국 간의 무역에서는 산업간 무역의 비중이 상대적으로 높았다.

여기서 사용된 수직적 산업 내 무역과 수평적 산업 내 무역 개념은 수직적인 국제분업의 특징을 보여줄 수는 없는 개념이다. 즉 수직적 산업 내 분업이 커졌다는 것은 양국 간 산업 내 무역에서 가격 및 품질차원에서 차별화된 산업 내 무역비중이 높아졌음을 의미하는 것이지 수직적 국제분업구조를 보여주는 것은 아니다. 수직적 국제분업구조를 보여주는 지표로서 한·중·일간 교역구조에 중간재 비중을 살펴보면 한·중 양국 간 국제분업구조의 추이는 다음과 같다.

최근 한국의 대중국 수출에 있어서 중간재의 비중은 59.1%에서 33.1%로 감소하였다. 이는 한·중간 국제분업구조의 특징이 중국이 한국의 완제품 조립 생산기지로서의 역할은 현저하게 감소하고, 한국의 중국에 대한 자본재 완제품의 수출비중이 크게 증가하였다는 특징을 보여준다.

또한 한국의 대중국 수입구조에 있어서도 중간재 수입비중은 46.1%에서 30.4%로 감소한 반면 자본재 수입비중이 14.4%에서 40.2%로 증가하였다. 이는 역시 한·중간 분업구조가 중국이 단순한 원자재 및 부품조달차원의 분업

하는 k상품이다.

이와 같은 정의는 산업 내 무역의 방향성까지 측정할 수 있다는 장점이 있다. 전통적인 Grubel－Lloyd index는 다음에서 정의되듯이, 단순히 특정국의 특정산업재화의 수출 및 수입액의 차이를 통하여 측정하기 때문에, Fontagne & Freudenberg Intra－Industry Index와 같이 방향성을 보여주지는 못한다.

$$GL_i = \frac{(X_i + M_i) - |X_i - M_i|}{X_i + M_i} = 1 - \frac{|X_i - M_i|}{X_i + M_i};\ 0 \le GL_i \le 1 \quad .$$

구조가 아니라, 자본재 수입원으로 바뀌었음을 보여준다. 즉 한중간 분업구조가 단순히 중국의 노동력 및 생산요소를 활용한 생산기지에서 기술력을 갖춘 자본재의 교역상대국으로 그 국제분업의 성격이 바뀌고 있음을 보여주고 있다. 반면 한국의 대일본 교역구조에 있어서는 오히려 중간재의 수입비중이 증가하면서, 일본에 대한 부품 및 기술의존도가 여전히 높게 나타나고 있다.

2. 한국 무역구조의 특징 및 산업정책적 시사점

최근 빠르게 진행되어 온 정보통신기술혁신과 무역장벽 철폐에 따른 급속한 국제거래비용의 감소는 기업의 해외투자전략을 수평적 해외직접투자(Horizontal FDI)에서 수직적 해외직접투자(Vertical FDI)로 전환시켰다. 그 결과, 국제분업구조가 생산공정간 국제분업이 심화되는 생산공정의 국제적 분절화(Fragmentation)가 확산되는 형태로 전개되어, 국제무역에서 기업 내 무역(Intra－firm)이 급증하는 추이를 보이고 있다.

이와 같이 국제분업구조에서, 생산공정의 분절화(Fragmentation)현상이 심화된 결과 나타나는 기업 내 무역은 세계전체무역의 30%를 상회하고, OECD 국가 간 교역의 50%를 상회하고 있다. 이러한 생산공정의 분절화에 의한 다국적기업의 효율성 증대는 결과적으로 완제품 시장의 과점화를 심화시키는 결과를 낳고 있다. 즉 세계가치사슬(Global value chain)의 확산에 따라, 각 생산공정별로 산업집적현상(Agglomeration Effect)까지 가중되어, 규모의 경제효과와 그에 따른 주요산업의 과점화 현상이 더욱 확산되는 결과를 초래하였다.

세계산업구조 및 국제분업구조의 분절화(Fragmentation) 확산에 따른 산업전반에 걸친 과점적 기업들의 시장지배력 확대에 따른 추가적인 과점화 현상을 고려할 때, 해외시장에서의 과점기업들의 시장지배력에 대응할 수 있도록, 우리기업들의 경쟁력확보를 위한 기술적 우위 및 규모의 경제 실현을 전략적 산업정책의 필요성은 더욱 커지고 있다.

이러한 맥락에서 최근 정부가 추진하고 있는 경제민주화 정책은 모든 경제주체들에게 공정한 기회를 제공해주는 작동하는 사회안전망 구축에 초점을 맞추어야 할 것이다. 경제민주화의 이름으로, 기업의 외형규모제한 등 양적 규제에 치중하여, 우리기업들의 기술축적 및 규모의 경제실현을 통한 국제경쟁력확보를 억지해서는 안 될 것이다.

또한 현재의 중소기업 육성정책은, 중소기업의 형식요건, 즉 고용규모 300인 이하이며, 자본금 규모가 80억 원 이하라는 요건만 충족시키면, 그 중소기업의 잠재적 기술력 등 그 중소기업지원정책이 초래할 양의 외부효과(positive externality)등은 전혀 고려하지 않은 가운데, 일괄적으로 지원이 이루어지는 복지정책적 측면이 강한 것이 사실이다.

그 결과, 중소기업들이 국제경쟁력을 갖춘 중견기업으로 성장할 유인보다는 정부지원을 받는 중소기업 수준에 안주할 인센티브가 더욱 강하다. 그 결과, 수직적 해외직접투자와 그로 인한 생산공정의 국제적 분절화(Fragmentation)를 통해 규모의 경제를 실현한 해외경쟁기업에 대해서는, 우리중소기업들이 영원히 경쟁력과 자생력을 확보하지 못하는 가운데 정부지원 의존형 기업으로 전락시키는 측면이 있는 것이 사실이다.

따라서 향후의 중소기업 중심의 경제민주화 정책은, 기술적 효율성을 갖춘 중소기업의 국제경쟁력제고와 규모의 경제효과 실현을 위한 전략적 산업정책으로 전환되어야 할 것이다. 복지정책적 차원의 중소기업지원은, 작동하는 사회안전망 구축정책으로 전환하고, 중소기업정책은 효율성과 경쟁력 개선에 초점을 맞추는 산업정책으로 전환되어야 할 것이다.

일자리 창출정책 역시 향후 더욱 심화될 산업생산공정의 국제적 분절화(Fragmentation)를 통한 국제분업구조재편이 심화될 경우, 중장기적으로 우리 한국경제가 상대적으로 경쟁력을 확보할 수 없는 단순생산 및 조립공정에서의 일자리는 지속가능성이 매우 취약해질 것이다. 장기적으로 지속 가능한 일자리는 한국경제와 산업이 상대적으로 비교우위를 확보할 수 있는 기술집약적 고부가가치 생산공정(R&D공정, 핵심부품 생산공정, 기술서비스 공정 등) 관련 일자리이다.

따라서 중소기업들의 고용창출효과가 지속 가능한 고용창출이 되기 위해서는 중소기업의 업종 및 생산공정이 국제경쟁에서 생존할 수 있는, 즉 한국 중소기업이 중국기업에 대하여 비교우위를 확보할 수 있는 기술력 및 부가가치구조 제고에 정책의 초점을 맞추어야 할 것이다. 이러한 국제분업구조재편

추이를 고려할 때, 중소기업들을 저부가가치 산업에 안주하도록 유도하는 "중소기업 고유업종정책" 등은 국제분업구조 재편추이를 전혀 고려하지 못한 정책으로, 장기적으로 중소기업의 붕괴를 초래할 수 있는 만큼, 조속히 중소기업의 기술력제고 및 국제경쟁력 제고정책으로 전환되어야 할 것이다.

산업생산공정의 국제적 분절화(Fragmentation)와 산업집적(Agglomeration) 효과에 의한 세계 산업의 과점화 현상을 고려할 때, 내수주도형 경제성장 정책은 중국과 같이 실질적인 규모의 경제 실현이 가능한 경제규모에서 가능한 접근이다. 특히 우리나라의 주력 수출산업인 반도체, 자동차, 휴대폰 등 제조업의 경우, 우리 내수시장규모로서는 '규모의 경제'(economies of scale) 실현이 전혀 불가능한 만큼, 산업적 특성을 무시한 내수주도형 경제안정화 정책 논의는 그 실효성이 없는 것으로 보인다.

또한 생산공정간 국제분업이 심화되면서, 지속적으로 저부가가치 생산공정에 특화하는 국가들은 장기적으로 고부가가치 공정에 특화하는 국가들과의 장기균형 달성이 불가능함이 최근의 Euro위기에서도 확인되었다. 즉 그리스, 포르투갈 등의 남유럽국가들은 저부가가치 관광업 및 단순 조립업에 특화하면서, 모든 기술집약적 제조업 및 고부가가치 산업은 독일 및 북부유럽에 특화된 상황에서, Euro화 도입에 따른 명목구매력 증가로 인한 거품발생은 필연적으로 남유럽국가들의 재정위기를 낳을 수밖에 없었다.

장기적으로 그리스 및 포르투갈도 비교우위를 가진 고부가가치 산업을 육성할 때에만 장기균형이 달성가능하며, 현재와 같이 저부가가치 산업 및 생산공정에 특화한 형태의 국제분업구조를 유지하기 위해서는 미국수준의 재정연방주의(Fiscal Federalism)가 필요하다는 것이 근자 유럽재정위기에서 새롭게 확인된 교훈이다. [3)]

현실적인 국제정치적 여건에서, 재정연방주의(Fiscal Federalism)의 실현이 어려울 경우, 국제무역체제 및 국제경제구조의 안정화를 위해서는 저부가

---

3) 재정연방주의(Fiscal federalism)가 경제통합의 전제조건임은 다음의 예에서 확인된다. 즉 미국의 North Dakota주가 상대적으로 부가가치가 낮은 감자 및 콩 등 저부가가치 농산품 생산에 완전특화하고도 장기적인 균형을 유지할 수 있는 것은 연방정부의 재정연방주의(fiscal federalism)에 의한 막대한 상대적으로 고부가가치산업에 특화한 주의 수입에 근거한 대규모의 소득이전(fiscal transfer)이 이루어지기 때문이다.

가치 산업 및 생산공정에 비교우위가 있는 국가 및 지역, 혹은 기업이 장기적으로 부가가치 구조를 개선할 수 있는 기술지원 및 기술이전정책이 적극적으로 이루어져야 할 것이다. 이와 같이 경제통합을 통한 완전한 시장자유화만 이루어진 가운데 저부가가치 부문에 특화한 국가에 대하여 재정연방주의에 의한 지속적인 소득이전이 이루어지지 않던지 혹은 이들 국가들의 산업구조의 고부가가치화를 위한 기술이전 및 재정지원이 이루어지지 않는다면, 최근 유럽에서 관찰되는 경제통합이후의 재정위기는 피할 수 어려울 것이다.

제 2 절 동아시아 국제분업구조의 재편과 한국 무역정책의 정치경제학적 특징

우리나라의 국제분업구조의 특징은 과거 산업화 초기에는 한국 산업정책이 소비재산업을 중심으로 한 수입대체산업 육성의 형태를 띠면서 주로 일본과의 국제분업구조 분석을 통하여 특징 지워졌다. 그러나 초기산업화 이후 우리나라 산업구조가 중화학산업을 중심으로 자본재산업육성에 주력하면서, 한국과 중국 그리고 일본 간의 소위 3국간 안행형 국제분업구조를 보이게 되었다. 즉 고부가가치 첨단소재 및 부품산업을 중심으로 한 기술혁신은 일본이 담당하고, 일본산 핵심소재 및 부품에 의존한 중간기술 및 중간수준의 제조업은 한국이 담당하고, 단순조립 및 제조업은 중국이 담당하는 소위 기러기 떼 형의 동아시아 국제분업구조가 아시아 국제분업구조로 묘사되어 왔다.

그러나 최근 추이는, 한국과 중국 간의 산업기술격차가 급속히 줄어들고, 일분산업에서는 중국의 기술 수준이 한국산업의 기술수준을 상회하면서, 한국 입장의 동아시아 국제분업구조를 논의할 때, 전통적인 한·중·일간 3국간 안행형 국제분업구조 논의는 그 의미를 상실하게 되었다. 따라서 우리는 한국산업구조에 가장 큰 결정적 영향을 미치는 중국과의 양국 간 국제분업구조에 초점을 맞추어 동아시아 국제분업구조 재편 과정의 특징과 이에 따른 한국 무역정책의 정치경제학적 특성을 분석하고자 한다.

한·중간 국제분업구조의 특징은 최근 타결된 한중간 양자간 경제통합협정인 한·중 FTA에 대한 분석을 통해서 효과적으로 밝혀진다. 지난 2007년부터 시작된 한중 양국 간 FTA 산관학 공동연구가 2010년에 완료된 후, 2012년 5월, 한·중 FTA의 공식협상개시가 선언되었으며, 그로부터 2년 6개월 뒤인 2014년 11월 실질적 협상타결이 선언되었다. 그 후 2015년 6월 1일 한·중 FTA의 정식서명이 이루어졌다.

우리나라는 이미 세계최대 경제권인 EU뿐만 아니라 미국과도 양자간 FTA가 발효된 상황이라, 아시아에서 FTA를 통한 시장개방측면에서는 가장 앞선 나라이다. 그런 만큼, FTA 협상 추진과정에서 이러한 축적된 FTA 정책경험을 바탕으로 한·중 FTA 협상에서 다양한 비관세부문의 협상을 주도하는 역할을 수행하기도 했다.

한편 중국시장에 대한 우리나라의 수출규모는 EU와 미국시장에 대한 우리의 수출을 합한 것보다도 더 클 뿐만 아니라, 중국과 우리나라의 수직적 국제분업구조를 고려할 때, 한·중 FTA가 초래할 경제적 파급효과뿐만 아니라, 사회적 충격은 기존의 한-EU FTA나 한·미 FTA와는 그 규모나 성격에 있어 비교가 불가능할 정도로 클 것으로 예상되고 있다.

또한 한·미 FTA를 추진하는 과정에서, 우리나라가 지불하였던 엄청난 사회적 비용을 고려할 때, 한·중 FTA 협상과정에서는 그 산업파급효과를 고려하면, 상대적으로 매우 낮은 사회적 비용을 지불한 것으로 평가되고 있다. 한편 한·중 FTA의 파급효과에 비하여 상대적으로 낮은 사회적 관심의 결과, 한·중 FTA에 대비한 산업정책 및 기업전략 차원에서의 대비가 부족한 가운데 한·중 FTA가 체결되었다는 우려도 크다. 이러한 맥락에서 지난 FTA 추진과정에 대한 냉철한 반성과 함께, 한·중 FTA의 특수성을 고려한 산업정책적 대응방안에 대한 전략적 분석이 필요하다.

따라서 한·중 FTA의 의미와 그 정책적 시사점 도출을 위하여, 먼저 FTA 정책의 기본요건과 기존의 FTA 추진과정에 대한 반성 및 검토를 바탕으로, 한·중 FTA의 의미를 한중 경제환경의 변화라는 측면에서 살펴보고자 한다. 이러한 논의에서 도출되는 한·중 FTA를 통한 정책목표를 검토한 뒤, 향후의 한중 양국경제의 특성 및 동아시아 국제경제환경 분석에 근거해서, 좀 더 구체적인 한국의 무역정책과 관련한 정책과제들을 살펴보고자 한다.

한국경제가 1960년대에 노동집약적 산업들을 중심으로 초기자본축적 및 산업화 전략이 시행된 이래, 비교적 단기간에 산업화에 성공한 비밀을 설명하는 데에 있어, 한국경제가 중남미경제와는 달리, 비교적 일찍 수입대체산업 육성전략에서 수출산업육성전략으로 이행하면서 동시에 시장개방을 통하여 국내산업의 경쟁력 강화가 이루어졌기 때문이라고 설명하는 것이 일반적이다.

초기 우리나라의 산업화 과정에서 나타났듯이, 적극적인 전략적 산업정책과 동시적으로 이루어진 시장개방정책은 조기에 우리산업의 국제경쟁력을 확보하는데 크게 기여한 것이 사실이다. 그러나 전략적 산업정책이 없는 가운데 전면시장개방 및 지역경제통합을 추진했던 그리스, 스페인, 포르투갈, 이태리 경제는 장기적인 성장 주도산업이 없는 가운데, 반복적인 재정위기를 겪고 있다. 또한 세계에서 가장 많은 FTA를 체결한 멕시코의 거시경제여건도 매우 취약한 것이 사실이다.

이러한 사례들은 이미 EU 및 미국과 FTA를 체결했고, 또 한·중 FTA를 통해 다자주의시장개방에 준하는 시장개방정책을 추진하고 있는 한국경제에 많은 시사점을 제공하고 있다. 즉 지역경제 통합정책을 추진하는 데에 있어, 가장 주요한 고려사항은 바로 지역경제 통합정책의 산업정책적 함의 및 효과라는 점을 주지하고 향후의 무역정책 및 관련 산업정책을 추진하여야 할 것이다.

1. 우리나라 FTA 정책이 동아시아 국제분업구조 재편에 미치는 영향

가. FTA 정책의 사회후생개선 조건

우리나라는 90년대 초반까지만 해도, 주요 무역국가들 중에 지역무역협정 체결이 가장 뒤늦은 국가 중의 하나였으나, 이 특혜무역협정 추진과정에서도 우리나라의 산업화 과정과 동일하게 압축고속성장을 이루었다. 그 결과, 2015년 현재 EU, 미국, 칠레, 싱가포르, 중국 등 15건의 FTA가 이미 체결되었으며, 현재 한중일 FTA를 포함하여 3건의 FTA 협상을 진행 중이다. 중국의 경우, 파키스탄, 뉴질랜드 등 소국경제들을 중심으로 15건의 FTA를 체결하였으며, 현재 GCC 등과의 6건의 협상을 진행 중이다. 즉 아시아에서 뿐만 아니라, 세계적으로도 FTA상대국의 경제규모 및 FTA협정의 심도 차원에서 한국은 이제 FTA선진국으로 분류될 수 있다.

한편 세계에서 FTA 체결건수가 가장 많은 멕시코의 경제가 거시경제적 성과측면에서 매우 실망스러운 성과를 보이고 있고, 세계에서 가장 높은 수준의 경제통합체에 참여한 그리스와 스페인, 포르투갈 및 이태리경제가 반복적인 재정위기를 겪고 있다는 점 등은, 이렇게 우리나라가 앞서 나가고 있는 FTA 정책이 항상 사회후생을 증대시킬 수 있는 보증수표는 아님을 보여주고 있다.

주지하다시피, FTA를 포함하여 시장개방정책이 사회후생을 증대시킬 수 있는 조건은, 단순히 해외시장접근 기회를 확보하여, 수출산업의 수출량증대를 통해서 가능한 것이 아니다. FTA 정책이 사회후생을 증대시키는 근본적인 이유는, FTA를 통한 시장개방의 결과, FTA상대국에 비해 우리나라의 비교열위산업에 고용되어 있던 노동력과 생산요소들을 더 효율적인 비교우위산업으로 재배치하여, 자원배분의 효율성 증대를 통한 경제전반의 효율성이 개선되기 때문이다. 따라서 FTA 체결이 사회후생을 얼마나 증대시킬 것인가는, FTA를 통하여, 우리나라의 비효율적 비교열위산업에 고용되었던 노동력 및 생산요소가 얼마나 신속하고도 효율적으로 비교우위산업으로 재배치될 수 있는 산업구조조정체계가 갖추어졌는가에 의하여 결정된다.

만약 효과적인 산업구조조정체계가 작동하지 않는 가운데, FTA의 결과, 비교우위부문의 수출은 늘었으나 비교열위부문에 고용되어 있었던 노동력 및 생산요소가 실업상태에 빠져버린다면, 이러한 FTA 정책은 사회후생을 감소시킬 뿐만 아니라 사회적 갈등구조를 확대재생산하는 매우 잘못된 정책이다.

또한 FTA의 결과, 실업이 발생하지 않는 구조조정이 이루어졌더라도, 소비자후생에 미치는 정태적 효과를 중심으로 볼 경우, 효율적인 상대국과 FTA를 맺었을 때 발생하는 무역창출효과가 역외국에 비하여 비효율적인 국가와 FTA를 맺었을 때 발생하는 무역전환효과를 상회할 때에만 사회후생 개선효과가 나타난다. 한편 우리나라와 같은 소국개방경제의 경우, 이러한 정태적인 소비자후생을 중심으로 FTA의 사회후생효과를 분석하는 것은 그 개연성이 낮으며, 생산자잉여를 고려한 동태적인 효과분석이 더욱 큰 의미를 가진다.

또한 장기적으로 더욱 중요한 것은, FTA를 통하여 산업특화가 이루어지는 부문이, 부가가치 사슬구조에서 상대적으로 고부가가치 산업부문에서 특화가 이루어질 경우, 장기적으로 규모의 경제효과와 함께, 장기적인 성장잠재력을 확보할 수 있다. 그러나 FTA의 결과, 국내산업이 저부가가치 부문에 특화되는 경우, 이러한 FTA를 통한 산업특화는 장기적으로 규모의 역경제를 초래하여, 장기적인 성장동력을 상실하는 결과를 초래할 수 있다. 그 구체적인 사례가 최근 반복적인 재정위기를 겪고 있는 그리스와 포르투갈, 스페인, 그리고 이태리가 그 사례로 볼 수 있다. 또한 세계에서 가장 많은 수의 FTA협정들과 가장 깊이 있는 시장개방을 추진한 멕시코경제가 여전히 거시경제여건이 매우 취약한 상황을 보이고 있다. 이러한 사례들은 FTA를 통한 시장개방이 산업구조의 고부가가치화를 위한 산업정책적 고려 없이 이루어져, 결과적으로 저부가가치 산업에 특화된 결과로 평가된다.

따라서 FTA를 통한 사회후생이 개선될 수 있는 조건은, 첫째, FTA 체결 후 비교열위산업의 노동력과 생산요소들을 사회적 충격을 최소화시키며 원활하게 비교우위부문으로 재배치할 수 있는 산업구조조정체계를 갖추어야 하며, 둘째, 더욱 중요한 것은 FTA의 결과 특화하게 되는 비교우위산업부문이 중장기적인 성장잠재력을 가질 수 있는 고부가가치부문이 되도록 전략적인 산업정책적 접근이 필요하다는 점이다.

나. 우리나라 FTA 정책의 성과와 반성

앞에서 살펴보았듯이, 우리나라는 2000년대 초반까지만 해도 OECD 국가들 중에서 FTA를 포함한 지역경제통합 추이에서 가장 뒤진 국가였으나, 1999년 최초로 칠레와 FTA 협상을 시작하여, 2004년 한-칠레 FTA가 발효된 이래, 세계에서 가장 빠른 속도로 FTA 체결건수도 증가하고, 또 FTA 체결 상대국의 시장규모 측면에서도 세계 최대 수준에 달하고 있다.

이와 같은 초고속 FTA 체결 정책의 배경은, 초기인 2000년대 초반에는 우리나라가 FTA 정책에서 가장 뒤져 상대적으로 FTA를 통한 해외시장 확보경쟁에서 뒤쳐졌다는 위기의식에서 출발하였다. 그러나 곧 도하개발어젠더(DDA)를 포함한 WTO를 통한 다자간 시장개방 노력이 실질적인 성과를 거두지 못하고 있는 상황에서 지속적인 해외시장 확보라는 장기적 안목에서, FTA 추진을 위한 체계적 전략을 수립하였다. 그 주요내용은, 궁극적으로는 시장 확보 효과가 가장 큰 거대 선진권 국가들과의 FTA 체결을 최종 목표로 하고, 그 과도기에 FTA 체결의 사회적 충격이 상대적으로 작은 칠레, 싱가포르 등의 소국경제들과 우선적으로 FTA를 체결한 후, 학습효과를 이용하여, EU, 미국, 중국 등의 주요국들과 깊은 차원의 FTA를 추진한다는 것이었다.

이러한 FTA 정책방향은 기본 정책방향이 수립된 지 7년여 만에 모두 현실화되고, 마지막으로 남이 있던 거대시장인 중국과의 FTA 협상도 체결되었다. 일본의 경우, 한국 주력 수출품에 대한 수입관세율이 이미 1% 미만인 만큼, 일본과의 추가적인 FTA가 시장 확보라는 측면에서는 별 의미가 없다는 점을 고려한다면, 이미 거대시장과의 FTA 전략은 완성되었다고도 볼 수 있다. 복잡다기한 FTA 협상을 이렇게 단기간에 세계 최대 시장인 상대국들과 진행하고 협정 발효까지 이끈 한국 FTA 정책의 성과는 과거 60년대 이래 고속 압축성장과 그 맥을 같이하고 있다.

즉 우리나라의 FTA 정책의 양적 성과는 다른 경쟁국들을 압도하고 있는 것은 사실이나, 이러한 FTA 정책들을 통하여, 실질적인 산업구조의 효율성 개선 및 사회후생효과개선이 이루어졌는지, 혹은 사회적 갈등과 정책불신구조를 낳지는 않았는지에 대한 냉철한 반성이 필요한 시점이다.

먼저 한·칠레 FTA를 필두로 지난 3월에 발효된 한·미 FTA에 이르기까지, FTA 정책의 추진결과, FTA협정상대국에 비해 비교우위산업으로 얼마나 효율적인 산업특화가 이루어졌는가의 영향을 살펴보면, 그 효과가 상대적으로 미미한 것으로 평가된다. 즉 FTA 체결 이후, 그 효과가 비교적 가시적인 EU의 경우에도, EU측 관세철폐산업부문에서의 대EU 수출증가율이 전년비 16.5% 증가하여, EU의 평균수입증가율인 5.8%를 상회하는 등 수출증가측면에서의 효과는 확인되었다. 그러나 효율적인 산업구조조정효과는 아직 확인되지 않고 있는바, 현실적으로 비교열위산업의 노동력 및 생산요소들이 비교우위부문으로 재배치될 수 있는 산업구조조정장치가 작동하지 못하고 있기 때문이다.

특히 주목할 만한 사안은, FTA 추진과정에서 불필요하게 과다한 사회적 비용이 발생하였다는 점이다. FTA를 포함한 모든 시장개방정책은 불가피하게 비교열위부문인 수입산업(import competing industry)에 피해를 초래할 수밖에 없다. 따라서 이러한 비교열위업종에 고용된 노동력 및 생산요소를 실업상태에 빠지지 않고 사회적 비용을 최소화하면서 비교우위산업으로 재배치하는 산업구조조정체계가 얼마나 효율적으로 작동하도록 구축하는가가 FTA 정책의 성패를 결정하는 최대관건인 것이다.

이와 같이 FTA를 통한 효율적 산업구조조정정책이 FTA 정책의 성패를 결정한다는 점에서, 기존의 FTA 추진과정에서의 과오가 향후 무역정책 집행과정에서 반복되어서는 안 될 것이다. 특히 협상과정에서 우리 측 산업의 이해관계를 반영하기 위하여 국내산업 이해당사자들의 입장을 최대한 반영하고, 또 이러한 이해당사자들의 정치적 압력을 협상과정에서 전략적으로 활용하는 측면에서는 향후 많은 전략적 보완이 필요한 것이 사실이다. 특히 한·미 FTA의 경우, 협상진행과정에서 이해관련 업계의 입장을 충분히 반영할 수 있는 내부협상체계가 효과적으로 작동하지 못한 가운데, 협상시작 및 진행과정, 그리고 협상종료가 민간부문의 참여가 배제된 가운데, 정부와 집권여당의 일방적 주도로 이루어지며 필요이상의 사회적 정치적 갈등을 초래하였다. 이와 같은 비효율적 FTA 추진과정은 향후 무역정책의 집행과정에서는 반복되어서는 안 될 것이다.

특히 중국시장에 대한 우리의 수출규모는 EU와 미국시장에 대한 우리의 수출을 합한 것보다도 더 클 뿐만 아니라, 중국과 우리나라의 수직적 국제분업구조를 고려할 때, 한·중 FTA가 초래할 경제적 파급효과뿐만 아니라, 사회적 충격은 기존의 한·EU FTA나 한·미 FTA와는 그 규모나 성격에 있어 비교가 불가능할 정도로 클 것으로 예상되고 있다.

또한 한·중 FTA와 기존의 FTA와의 근본적인 차이점은, 한·중 FTA의 결과, 비교열위에 처한 전통 농업 및 노동집약적 저부가가치 제조업이 직면할 산업구조조정압력의 형태와 규모가 기존의 FTA와는 근본적으로 다르다는 점이다. 단적으로 농산품의 경우, 중국의 가격경쟁력은 최소 2배에서 20배에 달하고 있다. 따라서 최소한도의 사회통합을 유지하면서, 비교우위부문으로 전환하기 위해서는 저부가가치 단순농업 및 단순 제조업을 고부가가치 업종으로의 전환을 위한 기술지원 및 효율적 재정지원시스템이 필수이다. 즉 한·중 FTA는 우리 산업 구조의 고부가가치화 정책과 사회통합정책이 맞물려 추진되어야만 하는 범국가적인 정책과제라는 점이다.

2. 한중 국제분업구조의 구조적 특성과 한국 무역정책에의 시사점

가. 한국과 중국경제 규모 및 특징

한·중 FTA를 포함한 동아시아 경제통합이 동아시아 국제분업구조에 미치는 영향 및 한국무역구조 및 무역정책에 미치는 정책적 시사점을 정확히 이해하기 위하여, 한국 및 중국경제의 개략적 특성과 양국 경제관계의 특성을 살펴보면 다음과 같다. 먼저 한국과 중국경제의 거시경제적 특징을 살펴보면, 경제규모에 있어, 구매력평가(purchasing power parity) 기준 중국의 총 GDP는 11조 2900억 달러(명목환율기준 6조 9890억 달러)인 반면 한국의 총GDP는 구매력평가기준 1조5490억 달러(명목환율기준 1조 1640억 달러)수준이다.

이러한 양국 간 경제규모의 차이는, 2010년에 발표된 한·중 FTA 산관학 연구 공동보고서에서 양국 간 규모를 2007년 기준 중국이 3조2790억 달러, 한국이 9700억 달러로 양국 간 경제규모의 격차가 중국이 한국보다 3.38배 더 큰 것으로 나타났으나, 단 4년이 지난 2011년 기준, 양국 간 경제규모의 차이는 구매력평가 기준, 중국의 경제규모가 한국보다 7.3배 더 크며, 명목환율로도 6.00배로 경제규모가 더 큰 것으로 나타났다. 즉 가장 보수적인 명목환율기준으로 양국 간 경제규모의 격차가 단 4년 만에 2배로 커져 중국의 경제규모는 명목환율기준으로 한국의 6배로 확대되었다. 즉 중국경제규모의 한국경제규모의 6배로 급증하였다. 또한 구매력평가기준 1인당 소득측면에서는 한국이 2011년 31,700달러인 반면, 중국은 8,400달러 수준으로 1인당 소득측면에서도 중국이 빠른 성장을 보이고 있음이 확인된다.

한편 이러한 한중간 경제규모의 격차는 더욱 커져서, 2014년 기준 중국의 GDP규모는 구매력평가기준으로 한국의 9.9배, 명목환율기준으로 7.3배 더 커진 것으로 나타나 시간이 흐를수록 한중간 경제규모의 격차는 더욱 커지고 있는 것으로 나타난다.

나. 한중간 무역구조 및 투자구조와 한중간 국제분업구조의 특징

한국과 중국 양국의 경제 상호 의존도를 양국 간 무역의존도와 양국 간 국제분업구조에서 나타나는 수직적 분업구조를 통한 산업 의존도를 중심으로 살펴보면 다음과 같다. 즉 한국의 수출시장이라는 측면에서, 중국시장은 미국 및 EU시장을 합한 규모보다도 훨씬 시장으로서 2011년 기준, 우리나라 전체 수출의 약 24.2%를 자치하고 있다. 또한 수입규모에 있어서도 전체 수입에서 중국으로부터의 수입이 가장 크며 그 비중은 16.5%에 달하고 있다. 한편 이러한 절대적인 대중국 교역의존도는 더욱 심해져서, 2014년의 경우, 대중국 수출이 우리나라 총수출의 25.4%로 확대되었고, 수입의 경우도 총수입의 17.2%로 확대되었다.

중국 기준으로 보았을 때도, 2011년 중국의 교역구조에 있어, 총수입에서 한국으로부터의 수입은 1,627억 달러로 일본 다음으로 2위이며, 전체 수입에서 차지하는 비중은 9.3%에 달하고 있다. 반면 중국의 입장에서 최대 수출시장은 미국이며, 한국 수출시장은 4위로 전체 수출에서 4.4%를 차지하고 있다. 이와 같이 한중 양국 간 무역구조에 있어서 쌍방간의 절대적 상호의존도를 고려할 때, 이번 한중간 FTA를 통한 무역장벽 철폐의 그 파급효과는 다른 기존의 한·미 FTA나 한·EU 와는 그 영향의 강도 및 범위에서 근본적으로 궤를 달리한다고 볼 수 있다.

한중 양국 간 주요 수출입 품목을 보면, 양국의 수출입 구조는 전형적인 산업 내 무역형태를 띠는 것으로 나타난다. 즉 한국의 대중국 주요 수출품목의 순위는 평판디스플레이, 반도체, 석유제품, 합성수지, 석유화학, 자동차 부품, 무선통신기기, 석유화학중간원료, 철강판, 기초유분의 순이었다. 한편 한국의 대 중국 주요 수입품목은 반도체, 컴퓨터, 철강판, 무선통신기기, 평판디스플레이, 의류, 정밀화학원료, 정전기기, 전선, 기구부품 등으로 양국 간 교역구조는 전형적인 산업 내 무역형태를 보인다.

이와 같이 동종 상품의 수출 및 수입이 동시에 이루어지는 경우, 전통적인 산업 내 무역으로 분류되어, 양국 간 국제분업구조가 이종산업간 수평적 국제분업이 아니라 동종 산업간 수직적 국제분업의 형태를 띠던지 혹은 차별화된 동종 산업의 수평적 분업의 형태를 띨 수 있다. 이러한 다양한 경우의 산업 내 무역은 산업 내 무역에서도 차별화된 상품의 수평적 국제분업인지, 혹은 동종 제품의 생산공정간 분업인 수직적 산업 내 무역인지를 구분하기 위한 지수분석(index analysis)이 다양한 선행연구에서 이루어졌다.

한중 양국 간의 국제거래비용이 상대적으로 높았던 과거의 전통적 산업간 국제분업구조는, 각국이 비교우위를 확보하고 있는 상이한 업종에 특화하는 국제분업구조, 즉 소위 수평적 산업간 국제분업구조의 형태를 띠었다. 또한 이 때 나타나는 국제무역의 형태는 산업간 무역형태를 띄게 된다. 그러나 장기적으로 한중 양국 간 국제거래비용이 급속하게 감소하면서, 한중 양국 간 국제분업구조는 전통적인 산업간 분업의 형태에서 동종 산업 내에서 생산공정간의 분업이 발생하는 수직적 국제분업구조의 형태를 띠게 되었다.

이와 같은 국제분업구조의 특성을 분석하기 위하여 흔히 교역형태에 있어, 산업 내 무역인가 혹은 산업간 무역인가를 분별하여, 산업간 무역의 경우, 국제분업구조도 산업간 수평적 국제분업의 형태로 판단하고 산업 내 무역일 경우, 동종 산업 내에서의 생산공정간 분업인 수직적 분업으로 구분하여 기존의 연구들이 진행되어 왔다.

그러나 단순히 산업 내 무역지수가 높게 나타난다는 사실만으로는 한중 양국 간 국제분업구조가 제품품질은 상대적으로 유사하지만, 제품의 특성상 차별화된 소위 차별화된 제품(differentiated products)교역을 통한 수평적 분업인지, 혹은 제품의 품질차별화를 통한 수직적 산업 내 무역을 통한 국제분업인지가 구분되지 않는다. 이러한 맹점을 극복하고자 수평적 산업 내 무역을 판별하는 지수를 활용하여, 수평적 산업 내 부역과 수직적 산업 내 무역을 구분하였다. 수직적 국제분업구조를 띈다고 판단하는 것은 많은 위험을 내포하고 있다. 즉 SITC분류기준으로는 동종 산업으로 분류되더라도, 실질적인 부가가치 기준으로는, 질적으로 차별화된 이종상품(heterogeneous goods)에 해당하는 경우가 많기 때문이다. 따라서 단순히 산업 내 무역지수를 활용하기 보다는 교역품목의 중간재적 특성에 초점을 맞춘 교역구조분석이 한중 양국 간 분업구조분석에 적절하다.

다. 한중간 무역규범 및 한·중 FTA의 산업구조 재편 효과분석

1) 한중간 관세 및 무역규범

중국의 최혜국 관세율 수준은 단순평균관세율이 9.7%, 한·중 FTA 체결이전의 대한국 가중평균관세율은 4.54%, 그리고 관세환급까지 고려한 실질관세율은 더욱 낮았었다. 반면 한국의 대 중국 가중평균관세율은 7.29%에 달하고 있다. 이러한 양국 간 관세구조의 특징은 기존의 한·미 FTA 및 한EU FTA에서와 같이, 우리나라의 관세율이 상대적으로 훨씬 높아 FTA를 통한 관세율 인하가, 한국의 일반적 시장개방수준에 가까울 정도로 한국의 관세율 인하 폭이 높았던 점을 고려하면, 상대적으로 한·중 FTA를 통한 실질적인 시장 확보효과는 높은 편에 해당하였다. 특히 가전기기 및 자동차 부문의 중국의 수입관세율은 10%를 상회하고 있어, 한·중 FTA를 통한 실질적인 시장 확보효과는 상당할 것으로 당초에는 기대되었다. 그러나 한·중 FTA의 실질적인 협상결과는 한국농산물시장의 보호를 위하여, 중국 공산품 시장의 개방폭도 최소화하는 형태의 협상이 이루어져, 이 한·중 FTA를 통한 단기적인 중국시장 접근기회 확보효과는 예상만큼 커지는 않은 것으로 나타났다.

한·중 FTA의 더욱 큰 관건은 다양한 형태의 비관세장벽 및 중국무역체제에서의 불투명성 제거라고 볼 수 있다. 한편 한·중 FTA가 중국의 공산품 관세인하 및 한국의 농산품개방측면에서는 낮은 수준의 시장개방이 이루어졌으나, 한중 양국 간 경쟁정책에 대한 정책조정 및 다양한 비관세부문에서의 정책조정채널을 확보했다는 점에서는 상당한 의미가 있는 것으로 평가되고 있다.

2) 한·중 FTA의 한중간 국제분업구조 재편효과분석을 위한 이론모형구조

한·중 FTA가 초래하는 한중간 국제분업구조의 재편효과를 한·중 FTA가 다국적기업의 해외직접투자전략에 미치는 영향 및 그에 따른 국제분업구조의 재편효과를 중심으로 살펴보고자 한다. 기존의 우리기업의 대 중국직접투자의 경우, 해외직접투자기업의 매출구조를 보면, 현지판매보다는 현지 생산 후 한국 및 제 3국으로의 수출이 더 많은 것으로 파악되었다. 또한 대부분의 투자가 인수합병(Cross-border M&A)보다는 신규직접투자(Greenfield FDI)의 형태를 띠어왔다.

〈표 5-3〉 지역별, 해외직접투자 현지법인의 매출구조

단위: 백만 달러, %

		현지판매	대 한국수출	제3국 수출	총 매출액
중 국	금액	14,443	4,240	10,579	29,263
	비중	49.4	14.5	36.2	100.0
미 국	금액	41,797	2,111	1,920	45,828
	비중	91.2	4.6	4.2	100.0
전 체	금액	117,857	27,335	41,853	187,045
	비중	63.0	14.6	22.4	100.0

자료: 한국수출입은행, 우리나라의 해외직접투자 현지법인 경영현황 분석(각 연도)

한·중 FTA가 다국적기업의 해외직접투자전략에 향후 미칠 수 있는 영향을 다음과 같은 이론모형에 근거하여 분석하였다. 한·중 FTA의 효과 분석을 위하여, 상대적으로 노동비용 등 한계생산비용이 낮은 중국을 l국으로 설정하고, 일본 및 역외국을 h로 설정하며, 노동비용 및 기술 수준이 중간 수준인 한국을 m국으로 설정한다. 즉 3개의 국가, h, m, l이 존재하며, 이 중 l국과 m국이 지역경제통합을 통하여 단일시장으로 통합되며, 역외국의 대표기업(re-presentative firm)인 기업 h는 통합된 시장으로의 진출을 위하여, 시장 진입전략 중 신규 직접투자(greenfield investment) 혹은 기존 기업의 인수합병(cross-border M&A)을 결정하게 된다.

지역경제통합에 참가한 국가 및 역외국가 간에는 기술력격차 및 시장규모의 격차가 존재한다. 즉 한계비용측면에서는 l국의 한계비용이 가장 낮으며, h국의 한계비용이 가장 높은 것으로 가정한다.

$$c_l < c_m < c_h$$

한편 상대적으로 기술집약도를 높은 기업고유의 고정비용(firm specific fixed cost)에서는 l국의 고정비용이 가장 높으며, 반면 h국의 고정비용은 가장 낮은 것으로 가정한다. 이는 h국이 비록 인건비 등 한계생산비용은 가장 높으나, 기술집약적 고정비용은 가장 낮은 기술선진국을 의미한다.

$$F_l > F_m > F_h$$

그러나 해외투자전략을 구사하는 기업의 고정비용으로는, 이와 같은 기업고유의 고정비용과 함께, 공장단위의 고정비용(plant specific fixed cost)도 발생한다. 이러한 생산공장단위의 고정비용은 기업단위의 고정비용과는 달리 기업집약도는 상대적으로 낮은 가운데, 생산공장 설립시 발생하는 건설비용 등 물리적 비용을 의미한다. 이와 같이 생산공장단위의 고정비용구조는 한계비용구조와 마찬가지로, h국이 가장 높고, l국이 가장 낮은 것으로 가정한다.

$$G_l < G_m < G_h.$$

또한 3국의 시장규모 역시 비대칭성을 보이는 가운데, h국의 시장규모가 가장 크고, l국의 시장규모가 가장 작은 것으로 가정한다.

$$a_m < a_l < a_h$$

다국적기업의 해외투자전략은 글로벌 생산전략을 중심으로 다음과 같이 구분할 수 있다. 즉, 해외생산기지의 구축동기가 기업의 총생산비용절감을 위한 수직적 해외직접투자(vertical FDI)와 해외시장 접근기회 극대화를 위한 수평적 해외직접투자(horizontal FDI)로 구분된다. 또한 각각의 글로벌 생산전략에 있어, 구체적인 해외직접투자전략은 해외신규직접투자(greenfield FDI)와 기존 해외기업의 인수합병(cross-border M&A)으로 구분된다.

신규해외직접투자의 경우, 기업단위의 고정비용은 추가적으로 발생하지 않지만, 생산공장단위의 고정비용(plant-specific fixed cost)은 추가로 발생하게 된다. 반면 해외기업의 인수합병(cross-border M&A)을 통한 해외직접투자의 경우, 생산공장단위의 고정비용이 추가로 발생하지는 않지만, 해외기업의 인수를 위한 인수비용(purchasing cost)이 발생한다.

한편 신규해외직접투자 및 해외기업의 인수합병이 이루어질 경우, 해외시장진입과정에서, 완제품의 수출을 하는 단계에서 발생하는 국제거래비용은 발생하지 않는 가운데, 한계생산비용은 해외투자가 이루어진 현지의 한계생산비용이 적용되게 된다. 또한 신규해외투자 및 해외기업의 인수합병의 경우 모두, 다국적기업은 해외자회사의 생산성개선을 위한 기술이전투자 및 기술혁신을 위한 기술개발투자를 내생적으로 결정한다. 이 때 기술개발투자(k)가 이루어질 경우의 기술이전 및 기술투자비용은 다음과 같다.

$$C(k) = vk^2/2$$

이 때, 기술개발투자 비용계수인 v는 기술이전비용의 볼록성(convexity)를 결정하는 계수이다.

$$v = \partial^2 C/\partial k^2$$

이 때 기업의 글로벌 생산 및 직접투자 전략별 비용함수는 다음과 같다.

i) 수평적 신규해외투자(horizontal greenfield investment)시의 비용함수

$$F_h + c_h x_h + G_h + G_l + (c_l - k)x_{hl} + (c_l + t_m - k)x_{hm} + vk^2/2$$

수평적 신규해외직접투자는 기업 h가 해외시장접근 기회 확보를 위하여, l국에 신규직접투자를 하는 경우로, 기업의 최종제품 생산거점은 본국 및 해외에 복수로 운영되고 있다. 따라서 해외자회사에서 생산된 제품은 본국으로

재수입되지 않고, 현지해외시장에서 판매한다. 상기 비용함수에서, F_i는 i기업의 기업차원의 고정비용(firs-specific fixed cost), x_{hi}는 h국 기업이 l국 시장에 대한 제품판매량, G는 공장단위의 고정비용, c_ii는 i국의 한계생산비용, k는 기술투자수준으로, 기술투자수준만큼 한계생산비용이 절감되는 것으로 가정한다. t는 각국의 무역정책을 나타내며, 수입관세의 형태로 설정한다. 따라서 평균비용함수 상기 총비용함수를 생산량으로 나누어 도출할 수 있다.

ii) 수평적 해외기업 인수합병(horizontal M&A)시의 비용함수

$$F_h + G_h + c_h x_h + (c_l - k_m)x_{hl} + (c_l + t_m - k_m)x_{hm} + vk^2/2 + \mu$$

h기업이 l국에 대한 시장진입전략으로, 기존기업을 인수합병을 통하여 진출할 경우, 추가적인 공장단위의 고정비용은 발생하지 않으나, 기존 해외기업의 인수비용이 발생한다. 여기서 m는 해외기업인수비용을 나타낸다. 해외기업의 인수합병이 이루어진 경우, 각각의 시장에서의 실질적인 경쟁기업 수는 2개 기업이 되며, 이때의 해외기업인수비용은 h기업이 신규직접투자를 통하여 진입했을 때, l기업이 얻게 되는 최대의 이윤과 동일한 값이다.

iii) 수직적 신규해외직접투자(vertical greenfield investment)시의 비용함수

$$F_h + (c_l + t_h - k)x_h + G_l + (c_l - k)x_{hl} + (c_l + t_m - k)x_{hm} + vk^2/2$$

수직적 신규해외직접투자의 경우, h국 기업이 자국에는 완제품생산공장을 가동하지 않고, 생산공장은 오직 해외에서만 가동하여, 완제품을 본국으로 재수입하는 경우에 해당한다. 따라서 완제품을 본국으로 재수입하는 과정에서 국내시장가격은 자국의 무역거래비용만큼 증가하게 된다. 또한 h기업의 공장단위 고정비용은 투자대상국인 l국에서의 공장단위 고정비용이 발생하게 된다.

iv) 수직적인 해외기업의 인수합병(vertical cross-border M&A)시의 비용함수

$$F_h + (c_l + t_h - k)x_h + (c_l - k)x_{hl} + (c_l + t_m - k_m)x_{hm} + vk^2/2 + \mu$$

수직적인 해외기업의 인수합병의 경우에도, 수평적 해외기업 인수합병과 마찬가지로, 자국에서의 공장단위 고정비용(plant-specific fixed cost)은 발생하지 않으나, 해외기업 인수비용과 함께, 해외생산 완제품의 국내재수입시 국제거래비용이 발생한다.

3개국 소비자들의 대칭적 선호체계(preference systems)로부터, 다음과 같은 선형 역수요함수가 도출된다고 가정한다.

$$P_m = a_m - b_m(x_m + x_{hm} + x_{lm})$$

또한 정부의 FTA 정책 및 무역정책과 기업의 글로벌 생산 및 투자전략이 결정되는 구조는 다음과 같다. 먼저 각국 정부가 지역경제통합 및 무역정책을 먼저 결정한다. 이러한 정부의 정책을 관찰한 후, 각국의 대표기업들은 해외시장진입과 관련한 최적의 진입전략 및 글로벌 생산전략을 결정한다. 해외투자전략을 결정한 후, 기업은 해외생산거점에 대한 기술혁신투자수준을 결정한다. 이러한 기술혁신투자결정에 근거하여, 각 기업들은 최종적으로 각 시장 별로 여타 기업들과 과점적 시장구조에서 수량경쟁(Cournot competition)을 하게 된다.

3) 한·중 FTA가 다국적기업의 글로벌 생산 및 투자전략에 미치는 영향분석

한·중 FTA에 따른 다국적 기업의 해외투자전략의 변화추이를 분석하기 위하여, 3국 중 m국과 l국이 자유무역협정을 체결한 가운데, 역외국인 h국의 대표기업이 통합된 시장인 l국으로의 직접투자진출을 통한 해외투자전략을 결정하는 상황을 분석한다.

h국 기업이 통합된 시장으로의 진출을 위하여 직접투자진출을 시도할 때, 먼지 통합된 국가 중에 어느 국가로 투자할 것인가를 결정해야 한다. 즉 h국 기업이 지역경제통합이 이루어진 지역으로 투자진출을 할 경우, 해외투자전략으로서의 전략적 목표가 해외시장접근 기회 극대화를 위한 수평적 직접투자(horizontal FDI)를 선택할 것인가, 혹은 전체 글로벌생산체제에 있어서의 총생산비용을 극소화를 위한 수직적 직접투자(vertical FDI)를 선택할 것인가

를 결정해야 한다. 먼저 통합된 시장에 대한 시장접근 기회극대화를 위한 수평적 직접투자를 선택할 경우에는, 수평적 직접투자를 신규직접투자(greenfield FDI)를 통하여 할 것인지, 혹은 해외기업의 인수합병(cross－border M&A)을 통하여 할 것인가를 결정해야 한다.

혹은 세계생산네트워크의 생산비용절감을 위한 수직적 직접투자를 선택했을 경우에도, 마찬가지로, 신규직접투자 혹은 해외기업의 인수합병을 통한 투자를 선택해야 한다. 즉 해외투자전략으로서 수평적 신규직접투자(horizontal vertical FDI)가 균형전략이 되기 위해서는 다음의 균형지배조건(equilibrium dominance condition)이 성립되어야 한다.

i) $\prod_h^{FTA}(HGI_l^h) \geq \prod_h^{FTA}(HMA_l^h)$

l 기업 h가 경제통합이 이루어진 지역에 대한 투자진출에 있어, 수평적 신규직접투자전략에서 이탈하여, 해외기업의 인수합병을 선택할 유인체계가 없어야 한다는 조건이다.

ii) $\prod_h^{FTA}(HGI_l^h) \geq \prod_h^{FTA}(VGI_l^h)$

기업 h가 수평적 신규 직접투자로 부터 수직적 신규직접투자로 전략을 이탈할 유인체계가 없어야 한다는 조건이다.

상기 조건의 성립여부를 분석하기 위해서는 먼저 각각의 경우에 대한 균형을 도출하여야 한다.

먼저 글로벌 생산전략의 일환으로 수평적 신규직접투자를 선택하는 경우의 균형을 살펴보면 다음과 같다. 순차적 게임의 해를 구하는 방법으로 먼저 기업 h가 l국에 대하여, 수평적 신규직접투자를 선택했을 때, 각국 기업들의 이윤함수는 다음과 같이 정의된다.

$$\prod_h^{FTA}(HGI_l^h) = (p_h - c_h)x_h + (p_m - c_l - k)x_{hm} + (p_l - c_l - k)x_{hl} - G_h - G_l - F_h - vk^2/2$$
$$\prod_l^{FTA}(HGI_l^h) = (p_l - c_l)x_l + (p_m - c_l)x_{lm} + (p_h - c_l - t_h)x_{lh} - G_l - F_l$$
$$\prod_m^{FTA}(HGI_l^h) = (p_m - c_m)x_m + (p_l - c_m)x_{ml} + (p_h - c_m - t_h)x_{mh} - G_m - F_m$$

한편 자국기업이 수평적 신규직접투자를 선택한 h국의 사회후생함수는 다음과 같이 정의된다.

$$\begin{aligned} SW_h(HGI_l^h) &= CS_h + PS_h + GS_h \\ &= \int_0^{x_h^*+x_{mh}^*+x_{lh}^*} p_h(x_h, x_{lh}, x_{mh})dx - p_h^*(x_h^* + x_{lh}^* + x_{mh}^*) + \prod_h^{FTA} HGI_l^h + t_h(x_{lh} + x_{mh}) \end{aligned}$$

즉 사회후생함수는 모든 사회구성원의 경제적 잉여(surplus)의 합으로, 수평적 직접투자를 자국기업이 선택했을 때의 소비자잉여와 생산자잉여, 그리고 정부잉여의 합으로 이루어진다.

각국의 대표기업은 자국시장을 위한 제품과 2개의 해외시장에 공급하는 차별화된 제품을 생산하며, 따라서 각국의 시장은 재정거래(arbitrage trade)가 발생하지 않는 분리된 시장(separated market)이다.

순차적 전략결정이 이루어지는 각국시장에서의 균형은 역진귀납(backwards induction)을 통하여 도출된다. 먼저 각 시장에서의 각 기업의 최적생산량은 이윤극대화문제의 일계조건(first order condition)의 해로서 다음과 같이 도출된다.

$$\frac{\partial \prod_h^{FTA}(HGI_l^h)}{\partial x_h} = 0, \quad \frac{\partial \prod_h^{FTA}(HGI_l^h)}{\partial x_{hl}} = 0, \quad \frac{\partial \prod_h^{FTA}(HGI_l^h)}{\partial x_{hm}} = 0$$

$$\frac{\partial \prod_m(HGI_l^h)}{\partial x_m} = 0, \quad \frac{\partial \prod_m(HGI_l^h)}{\partial x_{ml}} = 0, \quad \frac{\partial \prod_m(HGI_l^h)}{\partial x_{mh}} = 0$$

$$\frac{\partial \prod_l(HGI_l^h)}{\partial x_l} = 0, \quad \frac{\partial \prod_l(HGI_l^h)}{\partial x_{lm}} = 0, \quad \frac{\partial \prod_l(HGI_l^h)}{\partial x_{lh}} = 0$$

h국 기업이 l국 시장에 수평적 신규직접투자를 통하여 진출했을 때, 상기 일계조건으로부터 h국 시장에서의 각 기업의 최적생산량은 정부정책의 함수로서 다음과 같이 도출된다.

$$x_h^{FTA}(HGI_l^h) = \frac{a_h - 3c_h + c_l + c_m + 2t_h}{4}$$
$$x_{mh}^{FTA}(HGI_l^h) = \frac{a_h + c_h + c_l - 3c_m - 2t_h}{4}$$
$$x_{lh}^{FTA}(HGI_l^h) = \frac{a_h + c_h - 3c_l + c_m - 2t_h}{4}$$

또한 기업 h는 신규직접투자진출을 통하여 l국에 진출할 때, 이윤을 극대화할 수 있는 해외 자회사의 기술혁신을 위한 투자규모를 다음과 같이 결정하게 된다.

$$\frac{\partial \prod_h^{FTA}(HGI_l^h)}{\partial k} = 0$$

f.o.c.: $$k^*(HGI_l^h) = \frac{3(a_l + a_m - 4c_l + 2c_m)}{8v - 18}$$

=> $$\underset{k}{Max} \prod_h^{FTA}(HGI_l^h)$$

즉 기술혁신투자수준을 전략변수로 한 이윤극대화문제의 해로서, 최적의 기술혁신투자규모를 결정하게 된다.

상기 최적생산량을 사회후생함수에 대입하여, 다음과 같이 h국정부의 최적관세율을 도출한다. 즉 위와 같은 기업의 전략을 예상한 가운데, h국 정부는 h국의 사회후생을 극대화하는 다음의 관세율을 선택하게 된다.

$$t_h^{FTA}(HGI_l^h)^* = \frac{3a_h - c_h - c_l - c_m}{10}$$

마지막으로, 정부의 최적관세율을 생산함수에 대입하면, 다음과 같이 균형생산량이 도출된다.

$$x_h^{FTA}(HGI_l^h) = \frac{2a_h - 4c_h + c_l + c_m}{5}$$
$$x_{lh}^{FTA}(HGI_l^h) = \frac{a_h + 3c_h - 7c_l + 3c_m}{10}$$
$$x_{mh}^{FTA}(HGI_l^h) = \frac{a_h + 3c_h + 3c_l - 7c_m}{10}$$

□ 수평적 M&A를 통한 진출균형

기업 h가 수평적 M&A를 통하여 l국에 진출할 경우, 본국에 있는 모기업 h가 생산한 제품은 더 이상 l국 시장에 공급하지 않는 가운데, h국에 있는 모기업은 인수 합병한 l국 기업과의 공동이익극대화(joint−profit maximization)를 위한 경영전략을 결정하게 된다. 따라서 수평적 M&A가 이루어진 경우의 경쟁구도는 결국 각 시장에서 m기업과 인수합병을 한 기업 h간의 경쟁구도로 결정된다.

먼저 l국 기업을 인수합병한 h국 모기업의 이윤함수는 다음과 같이 정의된다.

$$\prod_h^{FTA}(HMA_l^h) = (p_h - c_h)x_h + (p_m - c_l - k)x_{hm} + (p_l - c_l - k)x_{hl} - G_h - F_h - \mu_l^h - vk^2/2$$

여기서 μ_l^h 는 l국 기업의 인수합병을 위한 지불비용이며, $vk^2/2$는 k수준의 기술혁신투자에 소요되는 기술이전비용을 의미한다. 이 때, m기업의 이윤함수는 다음과 같이 정의된다.

$$\prod_m^{FTA}(HMA_l^h) = (p_m - c_m)x_m + (p_l - c_m)x_{ml} + (p_h - c_m - t_h)x_{mh} - G_m - F_m$$

이 때, 각국 시장에서의 역수요함수는 다음과 같이 정의된다.

$$P_h = a_h - b_h(x_h + x_{mh})$$
$$P_m = a_m - b_m(x_m + x_{hm})$$
$$P_l = a_l - b_l(x_l + x_{hl})$$

이 경우의 시장균형도출은 앞의 수평적 신규직접투자의 경우와 동일하게 역진귀납법을 통하여 다음과 같이 도출된다.

$$x_h^{FTA}(HMA_l^h) = \frac{a_h - 2c_h + c_m + t_h}{3}$$

$$x_{mh}^{FTA}(HMA_l^h) = \frac{a_h + c_h - 2c_m - 2t_h}{3}$$

사회후생극대화문제의 해로서 정부의 최적무역정책은 다음과 같이 결정된다.

$$t_h^{FTA}(HMA_l^h)^* = \frac{a_h - c_m}{3}$$

또한 인수합병 이후의 h국 시장에서의 각 기업의 최적생산량은 다음과 같이 도출된다.

$$x_h^{FTA}(HMA_l^h) = \frac{2(2a_h - 3c_h + c_m)}{9}$$

$$x_{mh}^{FTA}(HMA_l^h) = \frac{a_h + 3c_h - 4c_m}{9}$$

수평적 인수합병을 통하여 l국에 진출한 기업 h는 해외자회사의 기술혁신투자수준을 이윤극대화문제의 해로서 아래와 같이 결정한다.

$$\prod_h^{FTA}(HMA_l^h) = 2[(a_l - 2c_l + c_m + 2k)^2 + (a_m - 2c_l + c_m + 2k)^2 + (a_h - 2c_h + c_m + t_h)^2]/3 - 3vk^2 - 6F_h - 6G_h$$

$$\text{f.o.c.:} \quad \frac{\partial \prod_h^{FTA}(HMA_l^h)}{\partial k} = 0$$

$$k^*(HMA_l^h) = \frac{4(a_l + a_m - 4c_l + 2c_m)}{9v - 16}$$

위에서 도출된 수평적 M&A를 선택했을 경우의 최적의 기술혁신투자수준과 수평적 신규직접투자를 선택했을 경우의 기술혁신투자수준을 비교하면, 개별적 합리성조건(individual rationality condition)을 충족하는 계수구간(parameter intervals) 내에서는 항상 수평적 신규직접투자를 선택했을 때의 기술혁신투자수준이 더 높은 것으로 나타난다.

$$k^*(HMA_l^h) - k^*(HGI_l^h) = \frac{(a_l + a_m - 4c_l + 2c_m)(5v - 24)}{72v^2 - 290v + 288} < 0$$

(단 v< 4.8)

위의 결과는 아래와 같이 정리된다.

명제 1. 다국적기업이 수평적 신규직접투자(horizontal greenfield FDI)를 통하여 통합된 시장에 진출할 경우, 수평적 국제M&A(cross−border M&A)를 통하여 진출할 때에 비하여, 해외자회사의 기술혁신을 위한 내생적 투자수준이 더 높게 나타난다. 그 결과, 통합된 역내시장에 수평적 신규직접투자를 통하여 공급되는 다국적기업의 현지생산품 및 역내 교역제품들의 한계비용은 수평적 M&A경우에 비하여 더 낮아지게 된다.

위의 결과가 도출된 배경 및 그 경제학적 직관은 다음과 같다. 다국적기업의 해외투자전략의 일환으로 해외시장의 진출전략으로서 해외기업을 인수합병하게 될 경우, 신규해외직접투자를 한 경우에 비하여, 해외시장에서의 경쟁구도가 완화되게 된다. 따라서 상대적으로 이윤극대화를 위한 경쟁 및 기술투자경쟁압력이 완화되어, 기술혁신을 위한 투자수준이 낮아지게 된다. 한편 통합된 해외시장에 수평적 신규직접투자를 통하여 진출하게 된 경우, 기업은 상대적으로 높은 해외시장에서의 경쟁압력의 결과, 생산비 절감을 위한 기술혁신투자동기가 증가하게 된다. 그 결과, 경제통합 된 역내시장에서 다국적기업의 현지투자기업이 생산한 역내교역제품의 한계생산비용절감효과가 소비자잉여 및 생산자 잉여에서 모두 나타나게 된다.

한편 위에서 도출된 균형생산량, 균형투자수준 및 균형 정부정책변수를 이윤함수에 대입하면, 다음과 같은 수평적 국제 M&A를 선택했을 때의 균형이윤이 도출된다. 이러한 균형이윤 등의 균형값을 근거로 수평적 신규직접투자가 지배적 균형전략이 될 수 있는 조건을 투자대상국의 시장규모와 한계비용의 우위구조변수를 중심으로 나타내면 아래 그림과 같다.

[그림 5-1] 국가 간 비대칭성이 해외투자전략에 미치는 영향: 수평적 신규직접투자의 균형지배조건

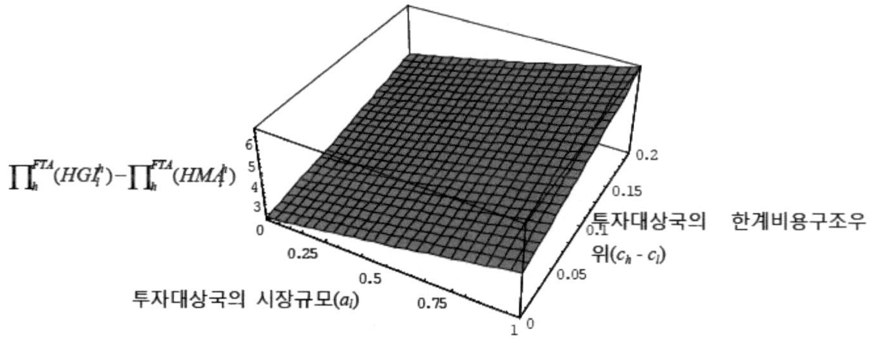

위의 균형지배조건에서 확인되듯이, 투자대상국의 시장규모가 상대적으로 크고, 투자대상국의 한계비용구조의 우위가 클수록, 수평적 신규직접투자를 통한 진출이 지배적 진출전략인 것으로 확인된다. 이러한 결과의 경제학적 배경은, 투자대상국의 시장규모가 클수록, 또 한계비용구조의 우위가 클수록, 더 많은 기술투자를 동반하는 수평적 신규직접투자가 수평적 인수합병보다 더 많은 이윤을 보장해주는 지배적 전략이 되기 때문이다. 위의 결과는 아래와 같이 정리된다.

명제 2. 투자대상국의 시장규모와 한계비용의 우위구조가 클수록, 수평적 신규직접투자를 통한 해외시장진출이 수평적 인수합병을 통한 진출에 비하여 우위전략(dominant strategy)으로 확인된다.

위와 같은 결과가 나오게 된 배경 및 경제학적 직관은 다음과 같다. 투자대상국의 시장규모가 클수록, 수평적 신규직접투자를 통한 진출에서 상대적으로 더 크게 나타나는 기술혁신투자의 비용절감효과 및 그에 따른 이윤증가효과가 더욱 크게 나타나게 된다. 또한 투자대상국의 한계생산비용의 우위구조가 클수록, 수평적 신규직접투자에서 발생하는 기술혁신투자의 효과가 더욱 크게 확산되기 때문이다.

한편 투자대상국에서 추가로 자회사를 설립할 경우에 발생하는 공장단위의 고정비용(plant specific fixed cost: Gl)이 상대적으로 높고, 기술이전비용이 상대적으로 높을 경우, [그림 5-2]에 나타난 바와 같이, 수평적 인수합병을 통한 해외시장진출이 수평적 신규직접투자에 대하여 지배적 균형전략이 된다. 즉 투자대상국에서 신규기술의 수용능력이 낮은 경우나, 상대적으로 많은 기술이전을 수반하는 수평적 신규직접투자보다 일회적인 인수비용만 지불하면 되는 수평적 인수합병이 더 높은 이윤을 제공하는 지배적 전략으로 나타난다.

[그림 5-2] 공장단위 고정비용과 기술이전비용이 해외시장진출의 지배적 균형전략에 미치는 영향

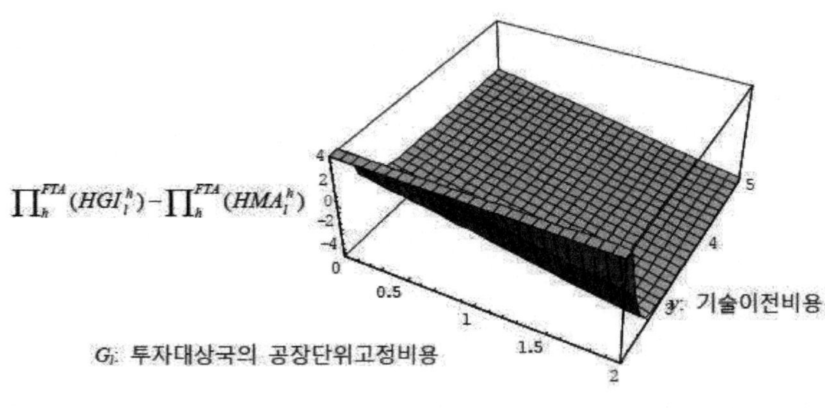

위의 내용은 다음과 같이 정리된다.

명제 3. 투자대상국의 공장단위 고정비용과 기술이전비용이 임계치보다 높을 경우, 수평적 인수합병을 통한 해외시장진출이 신규직접투자에 비하여 지배적 전략이 될 수 있다.

□ 수직적 신규직접투자균형

수평적 신규직접투자가 균형전략이 되기 위한 다음의 두 번째 균형지배 조건의 확인을 위해서는 수직적 신규직접투자시의 균형을 도출하여야 한다.

$$\prod_h^{FTA}(HGI_l^h) - \prod_h^{FTA}(VGI_l^h) \geq 0$$

상기 조건은 수평적 신규직접투자가 균형전략이 되기 위해서는 수직적 신규직접투자로 이탈할 동기가 없어야 한다는 것을 의미한다.

역외국기업인 기업 h가 수직적 직접투자를 통하여 지역경제통합에 참가한 l국에 진출할 경우, h국내에는 기업 h의 생산공장은 가동하지 않는 가운데, l국에서만 생산공장을 가동하게 된다. 그 결과, 기업 h가 자국에 공급하는 제품은 해외자회사에서 생산한 제품을 역수입하는 형태의 공급이 이루어지게 된다. 이 경우의 각 기업의 이윤함수는 다음과 같이 정의된다.

$$\prod_l^{FTA}(VGI_l^h) = (p_l - c_l)x_l + (p_m - c_l)x_{lm} + (p_h - c_l - t_h)x_{lh} - G_l - F_l$$
$$\prod_h^{FTA}(VGI_l^h) = (p_h - c_l + k - t_h)x_h + (p_m - c_l + k)x_{hm} + (p_l - c_l + k)x_{hl} - G_l - F_h - vk^2/2$$
$$\prod_m^{FTA}(VGI_l^h) = (p_m - c_m)x_m + (p_l - c_m)x_{ml} + (p_h - c_m - t_h)x_{mh} - G_m - F_m$$

상기 이윤함수에서 나타나듯이, 수직적 신규직접투자의 경우, 기업 h는 생산공장을 l국에서만 운영하기 때문에 공장단위 고정비용도 h국에서는 발생하지 않고, l국에서만 발생하게 된다. 이때의 균형은 마찬가지로 역진귀납을 통하여 다음과 같이 도출된다.

먼저 각 기업의 최적생산량은 다음과 같이 도출된다.

$$x_h^{FTA}(VGI_l^h) = \frac{a_h - 2c_l + c_m + 3k - t_h}{4}$$
$$x_{lh}^{FTA}(VGI_l^h) = \frac{a_h - 2c_l + c_m - k - t_h}{4}$$
$$x_{mh}^{FTA}(VGI_l^h) = \frac{a_h + 2c_l - 3c_m - k - t_h}{4}$$

이 때 통합된 시장에 수평적 신규직접투자를 선택한 역외기업의 최적 기술혁신투자수준은 다음과 같이 역외기업의 이윤극대화문제의 해로서 구해진다.

$$\underset{k}{Max} \prod_h^{FTA}(VGI_l^h)$$

f.o.c.: $$\frac{\partial \prod_h^{FTA}(VGI_l^h)}{\partial k} = 0$$

$$k^*(VGI_l^h) = \frac{3(a_h + a_l + a_m - 6c_l + 3c_m - t_h)}{8v - 27}$$

한편 위와 같은 기업의 전략을 예상한 가운데, h국 정부는 다음과 같이 사회효용을 극대화하는 무역정책을 결정한다.

$$t^*(VGI) = \frac{42ah + 15al + 15am - 36cl - 36cm - 8ahv - 16clv + 24cmv}{366 - 104v}$$

한편 수직적 신규직접투자시의 최적관세수준을 수평적 신규직접투자시의 최적관세율수준과 비교할 때, 항상 아래와 같이 수직적 신규직접투자시의 관세율이 더 낮은 것으로 나타난다.

$$t_h^{FTA}(HGI_l^h)^* - t_h^{FTA}(VGI_l^h)^* =$$
$$\frac{75a_l + 75a_m + 183c_h + 3c_l + 3c_m - 52c_h v - 132c_l v + 68vc_m}{520v - 1830} > 0$$

위와 같은 결과의 배경은, 수직적 신규직접투자가 이루어질 경우, h국의 경우, 자국 소비자들에 공급되는 기업 h제품은 l국에서 생산되어 역수입되는 만큼, 자국의 소비자후생 및 해외생산기지에서 제품을 공급하고 있는 자국기업의 생산자잉여효과를 고려하여, 수입관세를 인하할 정책적 유인을 가지게 된다. 관세인하에 따른 관세수입의 감소폭 보다, 관세인하에 따른 소비자잉여 및 생산자잉여의 증가 폭이 더 크게 된다. 그 결과 수직적 신규직접투자전략이 선택될 경우, 수평적 신규직접투자가 선택된 경우에 비하여 무역장벽은 더욱 낮아지는 효과가 나타난다.

[그림 5-3] 수직적 신규직접투자에 따른 무역장벽인하효과

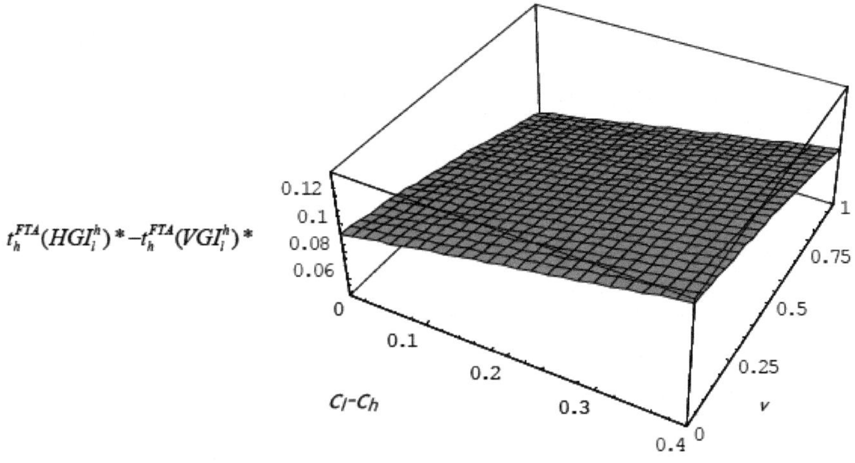

또한 수직적 신규직접투자에 의하여 국제산업구조의 수직적 분업체계(fragmentation)가 확산될수록, 전 세계의 무역장벽은 더욱 낮아져서, 무역자유화와 수직적 분업체계는 상호상승작용을 초래함이 확인된다. 위의 결과는 아래와 같이 정리된다.

명제 4. 수직적 신규직접투자(vertical greenfield FDI)가 선택될 경우, 최적무역정책으로서의 정부의 수입관세는 수평적 신규직접투자가 선택될 경우에 비하여 낮은 수준으로 결정된다. 또한 수직적 신규직접투자의 결과 초래되

는 수직적 국제분업구조(fragmentation)의 확산될 경우, 무역장벽은 더욱 낮아지게 된다.

수직적 신규직접투자를 선택한 기업의 균형기술투자수준은 다음과 같다.

$$k^*(VGI) = \frac{3(12a_h + 13a_l + 13a_m - 80c_l + 42c_m)}{104v - 366}$$

상기 최적투자수준을 수평적 신규직접투자시의 최적투자수준과 비교하면, 다음과 같이, 수직적 신규직접투자시의 기술혁신투자 규모가 상대적으로 더 높은 것으로 나타난다.

$$k^*(HGI_l^h) - k^*(VGI_l^h) = \frac{3(3a_l + a_m - 4c_l + 2c_m)}{8v - 18} - \frac{3(12a_h + 13a_l + 13a_m - 80c_l + 42c_m)}{104v - 366} < 0$$

[그림 5-4] 투자대상국의 비용구조 및 기술이전비용이 최적기술투자수준에 미치는 영향

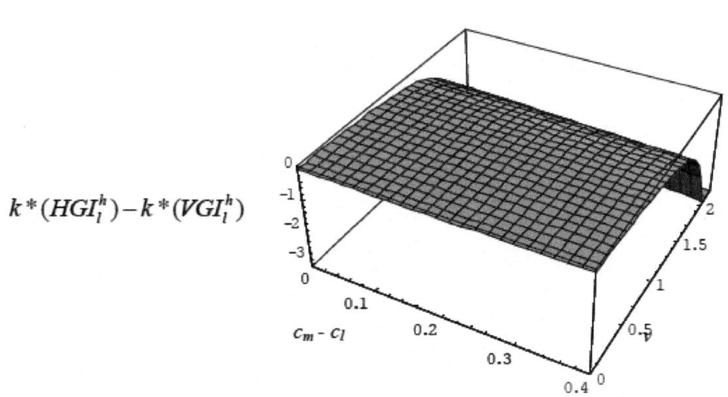

마찬가지로, 투자대상국의 시장규모의 크기와 기술이전비용이 변할 때, 최적기술투자수준은 항상 수직적 신규직접투자가 더 높은 것으로 나타났다.

[그림 5-5] 시장규모격차 및 기술이전비용이 최적기술혁신투자에 미치는 영향

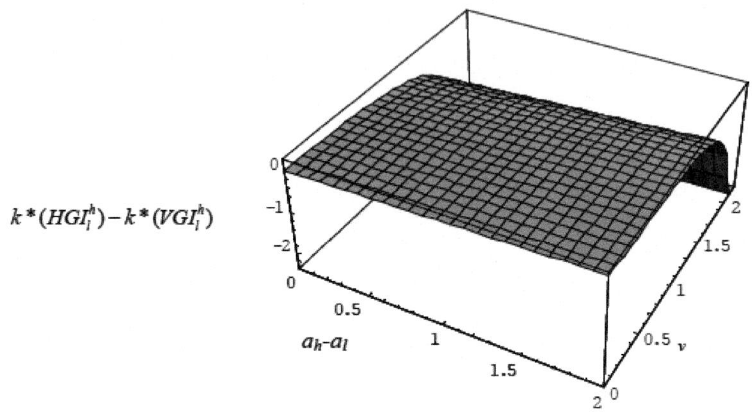

위의 분석결과는 다음과 같이 정리된다.

명제 5. 수직적 신규직접투자시의 기술혁신투자수준은 수평적 신규직접투자 시에 비하여 항상 기술혁신투자수준이 더 높게 나타난다.

위와 같은 결과가 나타나는 배경은, 수직적 신규 직접투자시 자회사에 대한 기술혁신투자에 따른 추가적인 매출증가 및 이윤 증가폭이 수평적 신규직접투자에 비하여, 항상 더 높기 때문이다.

이제 역외기업인 기업 h의 최적투자진출전략을 두 번째 균형지배조건을 통하여 확인한다. 수평적 신규직접투자진출이 균형전략이 되기 위한 균형지배조건은 다음과 같다.

$$\prod_h^{FTA}(HGI_l^h)-\prod_h^{FTA}(VGI_l^h)\geq 0$$

상기 조건에 각각의 균형이윤값을 대입한 후, 한계생산비용구조와 공장단위 비용구조의 변화가 FTA가 체결된 후 규형해외투자전략에 미치는 영향을 추정한 결과를 [그림 5-6]이 보여주고 있다.

[그림 5-6] 비대칭적 한계생산비용구조 및 공장단위 고정비용구조가 균형투자진출 전략에 미치는 영향

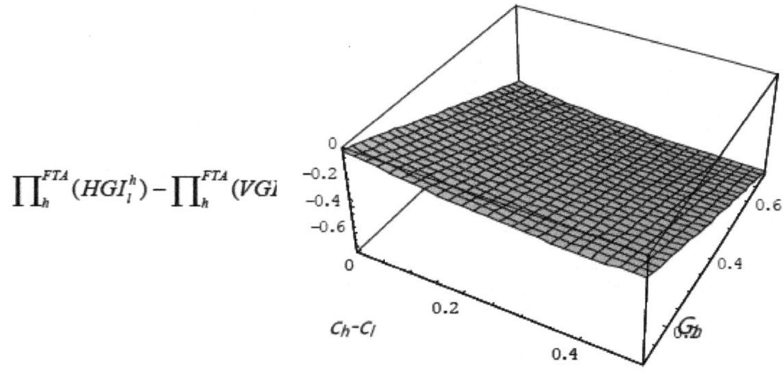

위의 분석결과는 아래와 같이 정리된다.

명제 6. 통합된 시장으로 직접투자를 통하여 진출할 때, 투자대상국이 한계생산비용구조 및 공장단위 고정비용구조에 있어, 상대적 우위를 보일 경우, 수직적 신규직접투자가 항상 지배적 투자전략으로 확인된다.

위와 같은 결과가 나온 배경으로는, 투자대상국의 한계생산비용 등 생산비에서의 비교우위구조가 나타날 경우, 수직적 신규직접투자를 선택할 경우, 국제거래비용이 임계치보다 높지 않을 경우, 투자기업의 비용절감효과가 수평적 신규직접투자보다 더욱 크게 나타나, 기업이윤도 더욱 증가하기 때문이다.

□ 최적 해외투자전략

위의 결과를 다국적기업의 해외투자전략차원에서 요약하면 다음과 같다. 즉 투자대상국이 한계생산비용에서 상대적 비교우위를 보이고 있고, 시장규모도 상대적으로 클 경우, 수직적 신규직접투자가 최선의 투자전략이며, 수평적 인수합병전략이 가장 낮은 이익을 제공을 제공하는 전략으로 확인되었다. 이와 같은 결과의 배경은, 투자대상국의 한계생산비용이 비교우위구조를 보일 경우, 상대국 시장규모뿐만 아니라, 국내시장규모도 일정규모 이상일 때, 더 많은 기술혁신투자를 수반하는 수직적 신규직접투자전략이 제품의 생산비용을 더욱 크게 절감하여, 이윤의 증가폭을 더욱 확대하기 때문이다.

한편 투자대상국의 기술적 비교우위구조가 상대적으로 낮고, 시장규모도 상대적으로 작을 경우에는, 수평적 인수합병전략이 지배적 전략이 될 수 있다. 또한 결과적으로 수직적 신규직접투자 및 그에 따른 수직적 국제분업구조(fragmentation)이 확산될 경우, 국제무역장벽도 추가적으로 더욱 낮아져서, 상호상승작용을 하게 되는 것으로 확인되었다.

□ 해외투자전략의 사회후생효과

마지막으로, 각각의 다국적기업의 해외투자전략이 각국의 사회후생에 미치는 효과를 분석한다. 즉 다국적기업이 수직적 신규직접투자를 선택하였을 경우의 투자유치국의 균형사회후생수준과 수평적 신규직접투자를 선택하였을 경우의 균형사회후생수준을 비교하여, 사회후생차원에서의 지배적 균형을 밝힌다.

기업 h가 경제통합이 이루어진 시장에 대하여, 수직적 신규직접투자를 선택했을 경우, 투자대상국의 총 사회후생수준과 한편 기업 h가 수평적 신규직접투자를 선택했을 때의 균형사회후생수준을 비교해보면, 다국적기업이 수직적 신규직접투자를 선택할 때, 투자대상국의 사회후생수준이 항상 더 높은 것으로 나타난다. 한편 FTA체결국가의 시장규모격차와 기술력의 격차가 해외투자형태별 사회후생에 미치는 효과는 다음 그림과 같이 나타난다.

[그림 5-7] 한계비용 및 시장규모격차가 해외직접투자형태별 사회후생효과에 미치는 영향

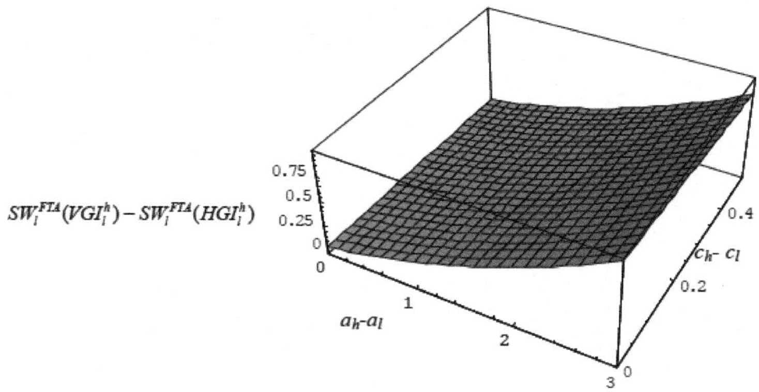

명제 7. 다국적기업이 수직적 신규직접투자로 진출할 경우의 투자유치국의 사회후생수준은, 수평적 신규직접투자형태의 진입이 이루어질 때보다 더 높으며, 수평적 인수합병을 통한 진출이 이루어질 때, 투자유치국의 사회후생수준이 가장 낮게 된다.

위와 같은 결과가 도출되게 된 배경은 수직적 신규직접투자(vertical green-field investment)형태의 진출이 가장 높은 수준의 기술혁신투자를 수반하게 되고, 그 결과, 투자유치국의 사회후생이 가장 높아지는 반면, 수평적 인수합병형태의 투자유입은, 가장 낮은 기술혁신투자를 수반하는 만큼, 사회후생효과도 가장 낮은 것으로 나타난다.

4) 한·중 FTA의 국제분업구조 재편효과 및 정책적 시사점

한·중 FTA가 기업의 해외투자전략에 미치는 영향 및 그에 따른 수출입구조의 변화추이를 파악하기 위하여, 이론모형분석에 근거하여, 기업의 해외투자전략변화 및 사회후생효과를 한중 양국 간 기술력격차와 시장규모격차를 고려한 과점시장을 가정한 이론모형분석을 시도하였다. 분석결과, 한·중 FTA를 통하여 통합된 시장에 진출하는 다국적기업의 투자전략에 다음의 영향을 미치는 것으로 확인되었다. 즉 투자대상국이 중국과 같이 한계생산비용구조 및 시

장규모측면에서 비교우위를 보이고 있을 경우, 최적의 해외투자전략은 수직적 신규직접투자전략으로 확인되었고, 수평적 인수합병전략은 가장 낮은 이윤을 제공하는 것으로 나타났다. 한편 상대적으로 투자대상국이 한계생산비용구조 및 시장규모측면에서 비교열위인 경우, 수평적 인수합병전략이 지배적 전략일 수 있음이 확인되었다.

따라서, 중국과 같이 FTA에 참가한 투자대상국이 상대적으로 한계생산비용구조 및 시장규모측면에서 비교우위를 보일 경우, 국제분업구조가 수직적 분업구조(fragmentation)을 보이면서, 해외투자국에서 투자대상국으로 생산기술, 핵심부품 등의 공급되는 반면, 투자대상국에서 투자본국으로 완제품이 역수입되는 수출입구조가 더욱 확산되는 것으로 나타났다. 즉 제품분류상으로는 동종 산업간의 산업 내 무역(intra-industry)형태의 수출입이 확대될 것이나, 부가가치기준으로 보면, 국제간의 수직적 분업체계가 명확한 수직적인 의미의 산업간 무역(vertical inter-industry)형태의 수출입이 급속히 확산될 것으로 판단된다. 이와 같은 수직적 국제분업의 확산은 동시에 국제무역장벽의 완화를 촉진하여, 상호상승작용을 통하여 더욱 심화된 경제통합을 초래할 것으로 평가된다. 또한 한국기업들의 중국투자진출확대를 통한 양국 간의 수직적 국제분업구조가 확대되면서, 노동집약적 저부가가치 산업의 공동화와 이에 따른 사회적 충격도 예상된다. 이러한 저부가가치 부문의 공동화 및 충격은 저부가가치 농업부문에서도 동일하게 나타날 것으로 예상된다.

한편 장기적으로 한·중 FTA이후, 중국의 노동비용 등 생산비용이 급격히 상승할 경우, 역외국과 역내국간의 한계생산비용의 격차가 미미할 경우, 수평적 M&A형태의 해외투자전략이 확산될 것으로 확인되었다. 이러한 Cross-border M&A가 확산될 경우, 한중 양국 간 산업과점화가 점차 확산되는 가운데, 고전적 의미의 규모의 경제효과에 근거한 산업 내 무역이 확산될 것으로 판단된다. 즉 장기적으로 국가 간 한계비용구조의 격차가 거의 없어질 경우에는 시장규모를 중심으로 거대시장을 중심으로 한 수평적인 산업간 무역이 주류를 이루게 될 것이다. 한편 중국과 한국 및 역외국간의 한계생산비용에 현격한 격차가 존재하는 현실을 고려할 때, 이러한 한계생산비용의 격차가 상당수준 유지될 때 까지는 한·중 FTA에 따른 해외투자전략 및 수출입 구조는 수직적 국제분업(fragmentation)의 확산 및 그에 따른 수직적 의미의 산업간 무역(vertical inter-industry trade)의 확산이 주류를 이룰 것으로 예상된다.

앞에서 살펴본 바와 같이, 한·중 FTA는 이미 한중 양국 간에 이미 진행되고 있는 수직적 국제분업구조를 더욱 심화시킬 것으로 분석되었다. 이러s한 수직적 분업구조의 심화는 국내의 노동집약적 산업의 공동화를 촉진할 것으로 예상되는 만큼, 한·중 FTA 추진과정에서 농업 및 노동집약적 저부가가치산업의 고부가가치화를 위한 산업구조조정정책의 수립 및 집행이 선행되어야 하는 것으로 파악되었다. 장기적으로 중국의 노동비용 및 생산요소비용이 상승하여 양국 간 비용격차가 축소될 경우에는 양국 간 산업구조의 과점화가 확대될 것으로 분석되었다.

즉 한·중 FTA가 초래하는 한국 산업구조재편효과는 기존의 한-EU FTA나 한·미 FTA와는 그 규모와 강도에서 현격한 차이를 보일 것으로 예상된다. 따라서 한·중 FTA 협상진행과정에서, 단기적으로 농업 및 저부가가치 제조업의 고부가가치화를 위한 산업구조조정정책과 과도기간의 사회안전망 구축을 위한 획기적 정책노력이 선행되어야 하며, 장기적으로는 한중 양국산업의 과점적 경쟁심화에 대비한 기술력 우위확보를 위한 R&D투자 및 전략산업에서 비교우위유지를 위한 산업정책적 접근이 필요한 것으로 파악되었다.

제 3 절 한국무역정책의 정치경제학적 특성과 한국경제의 미래

1. 한국 무역정책의 특성: 경제발전정책이자 경제안정화정책

우리는 앞에서 무역정책의 일반적인 형태들과 그 사회후생효과, 그리고 이러한 무역정책들이 현실에 있어서 결정되고 집행되는 정치경제학적 구조를 살펴보았다. 비록 무역정책들이 입안되고 집행되는 과정에서 무역정책결정자들은 오로지 자신들의 정치적 이익을 극대화하기 위한 결정을 하지만, 민주주의 정치체제의 오묘한 구조는, 이러한 이기적 정책결정자들이 다수의 유권자들의 의견에 주목하도록 만들어, 적어도 장기적으로는 무역정책의 결정 및 집행과정이 사회후생극대화를 위한 정책결정의 궤도를 근본적으로 벗어나지는 않도록 해왔었다.

지난 우리나라 무역정책의 역사와 경제발전의 역사를 돌이켜보면, 본격적인 산업화과정은 1960년 초반부터 개발독재(development dictatorship)체제라고 부를 수 있는 정치체제하에서 이루어져왔다. 엄밀히 보면, 산업별 이익집단이 무역정책결정자에 대하여 무역정책과 연관된 다양한 정치헌금의 약속(political contribution)을 하고, 이에 반응하여 정책결정자가 무역정책을 결정하는 일반적인 무역정책의 정치경제학적 구도를 벗어나 있었다. 즉 군사혁명으로 집권한 정부는 국내자본형성이 거의 전무했던 60년대 초반 IMF등 국제기구를 통해 도입한 해외차관을, 군사정권의 일방적인 결정과 지침에 의하여, 당시 일정한 생산규모를 가지고 있던 초기 재벌기업들에게 배분하면서, 각 기업별로 특정제품의 생산을 통한 수입대체 및 해외시장 진출을 통한 수출산업 육성의 역할을 배정하였었다.

즉 한국의 산업화초기단계에서는 무역정책의 결정구조가 선거에서 가장 큰 정치적 영향력을 행사할 수 있는 이익집단의 이익을 극대화하는 형태를 취한 것이 아니라, 개발독재정권이 계획한 산업화 전략을 실행하는 도구로 무역정책이 입안되고 집행되는 특징을 보였었다. 한국 산업화과정의 특징은 한국전쟁 이래 축적된 자본이 거의 전무한 가운데, 경공업을 중심으로 한 정부주도의 산업화과정이라는 점이다. 이 과정에서 무역정책은, 정부가 육성하고자 하는 모든 산업이 초기부터 수출산업으로 자리 잡을 수 있도록 하는 수출산업 육성정책의 형태를 띠었다.

이와 같이 한국의 초기산업화 과정에서의 무역정책의 정치경제학적 특성은 민간 산업계의 이익을 대변하는 이익집단과 정책결정자들의 공동의 이익을 극대화하는 균형정책으로서 무역정책을 선택한 것이 아니라, 개발독재체제의 정책결정자가 일방적으로 정해놓은 산업화정책의 핵심정책으로서 무역정책이 입안되고 집행되었다는 점이다. 이러한 점에서 한국의 무역정책은 정부주도의 산업화정책의 중심정책으로서, 초기부터 한국의 무역정책은 곧 산업정책 및 경제발전정책이었다고 특징지을 수 있다.

60년대 초반, 섬유, 의류 등 경공업에서 출발하여 중화학산업을 거쳐 최근 정보통신기술기반의 기술집약적 산업에 이르기까지 우리나라의 모든 산업화정책의 성공비결은 각 단계별 산업화과정의 초기과정에서부터 해외시장에서의 무한 경쟁체제에서 살아남을 수 있는 산업육성이라는 산업정책 및 무역정책이었음은 세계경제학자들이 동의하는 바이다. 즉 한국 무역정책의 특징은 곧 수출주도형산업화 정책으로서 경제발전정책의 요체였다는 점은 싱가포르, 홍콩, 대만과 그 궤를 같이 하고 있다.

한편 1990년대부터 빠르게 전개된 우리나라의 정치민주화 흐름과 이와 함께 소득분배구조에 대한 사회적 불만이 폭발하면서 발생한 대기업 노조를 중심으로 한 가파른 임금인상과 한국기업의 혁신유인체계 부족 등의 원인이 누적되면서 이제 한국경제는 중국을 포함한 동아시아 국제분업구조에서 그 고유한 비교우위부문을 주장할 수 있는 영역을 상실하는 구조적 위기에 직면하게 되었다. 즉 한국의 주력산업은 여전히 일본의 핵심소재를 수입하여 조립재수출하는 구시대적 가공재수출구조를 벗어나지 못한 가운데, 한국의 주력수출산업 대부분에서 중국에 대한 기술적 비교우위구도가 급속히 와해되고 있다. 이와 같은 한국경제구조의 위기국면에 대한 해법역시, 동아시아 국제분업구조에서 한국경제의 고유한 비교우위부문을 확보할 수 있는 산업정책으로서의 무역정책의 역할을 회복함으로써 찾을 수 있을 것이다. 그 구체적 방안에 대해서는 다음에서 자세히 살펴보도록 하겠다.

또한 한국경제의 지속적인 성장과 경제안정화를 위해서는, 동아시아 분업구조 및 세계분업구조에서 한국경제 고유의 비교우위부문을 확보하기 위한 산업정책으로서의 무역정책뿐만 아니라, 한국사회의 사회통합을 통한 한국사회체제의 안정화를 갖추는 노력이 필요하다. 즉 한국사회의 모든 구성원이 혁신활동(innovative efforts)을 할 수 있는 유인체계(incentive system)를 갖추도록, 사회적 소외계층을 최소화하는 정책적 노력이 필요하며, 무역정책이 바로 이러한 사회통합정책으로서의 역할을 수행해야한다.

즉 경제통합과 시장개방의 결과, 비교열위산업은 시장에서 퇴출압력을 더욱 크게 받고, 단기적인 소득감소뿐만 아니라, 장기적으로 시장에서의 퇴출결과, 실업상태에 빠질 가능성이 매우 높다. 따라서 이와 같은 시장개방에 따른 한국사회의 양극화심화를 방지하고, 경제안정화 여건을 조성하기 위해서는, 비교열위산업에 대한 효율적인 무역조정 지원정책을 마련하는 것이 필요하다. 이와 같이 경제안정화 정책으로서의 무역조정지원정책에 구체적인 방향도 다음에서 자세히 살펴보겠다.

2. 한국무역정책의 문제점과 정책과제: 산업정책으로서의 무역정책

한국경제에 있어, 무역정책은 1960년 경공업중심의 초기산업화과정에서부터 중화학공업을 거쳐 최근의 정보통신산업 및 기술집약적 산업육성의 전 과정에 걸쳐, 우리나라 산업화과정의 핵심적 역할을 수행하였다. 즉 수출주도형 산업화 전략을 통하여, 각 산업발전 단계별로 세계시장에서의 경쟁력 확보가 비교적 단기간에 가능하였던 것이다.

그러나 최근 들어, 한국무역정책은 외형에 있어서는 아시아에서 자유무역협정을 가장 활발히 추진하여, 아시아 지역경제통합의 선진국으로서 매우 적극적인 무역정책을 선도하는 것으로 나타나고 있다. 그러나 이러한 적극적인 자유무역협정(FTA)체결 등의 무역정책들이 동아시아 국제분업구조에서 한국 고유의 비교우위부문을 상실해가고 있는 최근 한국경제의 구조적 문제들의 해법을 찾는 과정에서 실질적인 역할을 하지 못하고 있을 뿐만 아니라, 이러한 구조적 문제점들을 심화시키고 있다는 반성이 제기되고 있다.

가. 무역정책의 정치적 왜곡

한국무역정책이 한국산업의 경쟁력제고에 기여하지 못하고 있는 원인들로는 다음의 요인들이 거론되고 있다. 그 첫째는 한국의 무역정책, 특히 최근의 자유무역협정(FTA) 체결정책이 한국산업의 경쟁력 제고를 위한 구체적인 산업정책과의 정책적 정합성을 찾지 못하고, 단지 'FTA 체결은 선진경제로 가는 고속도로'라는 정치적 슬로건 하에서, FTA 체결건수 극대화정책으로 귀착되는 경우가 허다했다는 반성이 제기되고 있다.

특히 최근 한·미 FTA를 추진하는 과정에서, FTA 정책이 시장개방을 통한 우리경제의 효율성을 높이기 위한 경제정책의 범위를 넘어서서, 다양한 정치적 복선과 함의를 포함하는 것으로 포장되어, 불필요하고도 소모적인 사회적 갈등을 양산하는 정책과오를 낳기도 하였다.

이와 같이 한국의 FTA 정책이 순수한 경제적 동기보다는 정치적 동기에 의하여 왜곡되어왔다는 것은, 무역정책의 정치경제학적 분석에서 확인되었듯이, 정치인들이 자신의 정치적 목적함수를 극대화하는 정책수단들 중에 무역정책의 정책비용이 가장 저렴하기에, 자신들의 정치적 목적을 달성하기 위하여 가장 빈번하게 무역정책을 활용한다는 논리와 정확히 일치한다. 그 구체적 예를 들자면, 한국의 중도우파 및 보수층으로부터의 정치적 지지가 심각하게 낮은 것으로 판단한 정권이 국내 산업계 등 이해당사자들의 의견수렴과정을 생략하고, 느닷없이 한·미 FTA 협상을 선언했던 경우가 그 대표적 사례다. 또 그 이후 집권한 보수정권들이 무역정책의 사회후생효과에 대한 객관적 분석이 없이 '한·미 FTA는 선진국으로 가는 고속도로'라는 슬로건으로 대국민 홍보에 주력했던 것은, 무역정책이 정치경제학적 논리로 결정된다는 대표적 사례이다.

특히 중국 등 한국의 주요 교역상대국과의 FTA 체결이 모두 끝난 상황에서도, 정치적 성과를 만들어내는 차원에서, 별다른 경제적 실익을 기대하기 힘든 중소규모의 교역상대국 상대로 FTA 체결을 위하여, 산업경쟁력 회복을 위한 정책개발에 주력해야할 대규모 통상관료 집단을 투입하여, 별다른 경제적 효과를 기대하기 힘든 FTA 체결에 주력하도록 독려하는 정부의 무역정책 역시 정치적 목표달성을 위한 무역정책의 사례이다.

나. 산업정책과의 정합성이 결여된 무역정책

한국 무역정책의 두 번째 문제점은 최근 추진되고 있는 무역정책들이 한국산업구조의 고부가가치화 및 국제경쟁력제고전략과 무관하게 진행되고 있다는 점이다. 반도체산업, 휴대폰 및 기타 전자산업 등 한국의 주력수출산업의 산업구조가 일본산 핵심소재와 부품을 수입한 후 조립하여 재수출하는 구조는 여전히 답습되고 있는 상황이다. 이러한 상황은 기업 외형 및 규모에서 세계시장 지배력을 확보하고 있는 것으로 보이고 있는 수출대기업들도 여전히 부가가치의 대부분이 일본산 수입소재 및 핵심부품에 의존하고 있는 현실에서 확인된다.

그 결과, 우리나라 대기업의 수출이 늘어날수록 국내에서의 관련 소재 및 부품산업의 매출 등 국내 연관산업의 매출 및 부가가치구조가 커지는 것이 아니라, 일본산 핵심소재 및 부품의 수입만 늘어나는 결과를 초래하였다. 이로 인해, 한국의 대기업수출 증가가 국내의 연관 전후방산업의 매출증대 및 고용증대로 이어지지 못하는 경제의 이중구조가 심화되는 결과가 나타났다.

한편 한국의 대기업들이 이러한 기술집약적 핵심소재 및 부품의 국산화를 통해서 우리나라 주력수출제품들의 중장기적 기술경쟁력 제고를 위해서는 역시 중장기에 걸칠 기술개발투자가 필요하다. 그러나 대다수의 한국 대기업들은 단기이익 극대화에 치중하는 경영전략에 의해, 중장기 기술혁신투자보다는 일본산 핵심소재부품의 수입에 기반한 단기이익 극대화전략을 구사하면서, 이러한 전략을 수입경쟁력에 기반한 합리적 경영전략이라고 합리화해왔다.

한편 이러한 수입 핵심소재 및 부품의 조립재수출 수준의 기술력은 이미 중국에 추월당하고 있는 만큼, 이러한 초단기적인 이윤극대화전략이 더 이상 한국기업의 경쟁력을 보장해줄 수 없으며, 중국기업에 대한 비교우위유지를 위해서는 핵심소재기술 및 첨단부품기술, 그리고 원천기술개발능력을 갖출 수 있는 중장기 기술혁신투자가 불가피하게 되었다.

그럼에도 불구하고, 다수 한국대기업들이 핵심소재의 수입 의존전략을 유지하면서, 이러한 기업전략과 맞물려 정부의 무역정책 역시 대기업들의 핵심부품의 수입단가를 낮출 수 있는 기술선진국과의 무역협정을 중점적으로 추진하고 있다. 그 대표적인 예가 한·일 FTA와 한·일 FTA와 유사한 효력을 낳은 환태평양동반자(Trans－Pacific Partnership) 협정이다. 물론 일본과 같은 기술선진국에 대하여 핵심소재에 대한 일정한 현행 수입관세를 유지하는 것이 한국의 핵심소재산업 육성을 보장하는 정책은 아니다. 그러나 향후 일본산 핵심소재 및 중간재에 대한 기존의 관세가 철폐될 경우, 국내의 핵심소재 및 부품산업에 미칠 산업정책적 영향분석과 함께, 국내의 핵심소재산업 및 기술집약적 부품산업 육성을 위한 가장 효율적인 정책수단과 정책집행시기에 대한 중장기 산업정책과 정합성을 갖춘 무역정책 및 FTA 정책을 수립, 집행하는 것이 필요하다.

다. 비효율적 무역조정지원정책

자유무역을 통한 이익의 원천은 비교열위부문에 고용되었던 노동력 및 생산요소를 더 효율적인 비교우위부문으로 재배치함에 따른 자원배분의 효율성을 증가시키기 때문이다. 그러나 만약 자유무역의 결과, 비교우위부문의 수출은 크게 증가하였으나, 비교열위부문의 노동력과 생산요소들이 시장에서 퇴출되어 실업상태로 방치된다면, 비교우위부문에서 발생한 이익의 수준에 관계없이 사회적 효용은 감소하게 된다.

비록 자유무역의 결과, 비교우위부문에서 발생한 추가적인 이익의 규모가, 비교열위부문이 시장에서 퇴출됨에 따른 손실의 규모를 상회하더라도, 비교열위부문의 노동력이 재고용될 수 있는 가능성이 원천적으로 배제된 경우라면, 이러한 자유무역체제는 결국 사회체제의 이중구조화를 고착시켜 자유무역체제의 지속가능성 자체가 크게 낮아지게 된다.

따라서 무역자유화정책의 진정한 성패는, 자유무역 이후, 비교열위부문의 노동력을 비교우위부문으로 재배치하기 위한 무역조정지원정책의 효율성에 달려있다고 보아야 한다. 이러한 맥락에서 우리나라의 무역조정지원정책의 치명적인 한계는, 기존에 취해진 여러 형태의 시장개방조치 이후, 비교열위부문의 노동력 및 생산요소를 비교우위부문으로 재배치하는 역할을 하기 보다는, 단지 정부의 무역정책에 대한 정치적 저항을 무마하는 현금지원 형태를 띠었다는 점이다. 이와 같은 문제점들에 대한 대안의 모색은 다음과 같은 이슈들 중심으로 모색해보아야 할 것이다.

3. 한국무역정책과 한국경제의 미래

가. 산업정책으로서의 무역정책의 제자리 찾기

무역정책은 우리경제가 교역상대국에 비하여 비교열위부문에서 비효율적으로 활용되던 노동력 및 생산요소를, 비교우위부문으로 재배치하는 산업특화를 통하여, 우리경제 전체의 효율성을 높이는 정책이다. 따라서 향후 무역정책, 즉 다자간 시장개방이던 특혜무역협정형태의 시장개방이던, 이러한 시장개방이 초래하는 국제상대가격의 변화 및 산업특화의 방향이, 우리나라 기업 및 산업의 국제경쟁력과 국제분업구조에서 한국산업의 위상에 미치는 영향에 대한 면밀한 분석과 함께, 전반적인 산업정책적 목표와 정책정합성을 갖출 수 있도록 추진되어야 할 것이다.

특히 지금까지 전개되었던 한국의 주요무역정책이었던 자유무역협정의 경우, 자유무역협정의 상대국이 어느 나라이며, 어떤 형태의, 어떤 속도의 시장개방인가에 따라, 우리산업에 미치는 영향은 모두 다르다. 비록 현재 현행 평균 7.8%의 수입관세와 다양한 형태의 비관세장벽을 철폐하는 무역정책이 우리나라의 산업구조를 바꾸는 정책의 전부는 아니지만, 적어도 이러한 관세 및 비관세정책에 의하여 초래되는 상대가격의 변화는, 산업구조변화의 방향에 분명한 영향을 미쳐왔다.

따라서 향후의 자유무역협정과 다자간 시장개방협정을 포함한 무역정책의 입안 및 집행과정은 이러한 무역정책이 초래하는 상대가격의 변화가 궁극적으로 한국산업의 부가가치구조와 국제경쟁력에 미치는 영향분석과 함께, 기술집약적 고부가가치산업에서 비교우위를 확보하고자 하는 우리의 산업정책 목표와 정합성을 갖도록 설계되어야 할 것이다. 이러한 맥락에서, 과거의 단순히 체결건수 극대화 차원의 자유무역협정체결 전략이 향후에는 반복되지 않도록, 모든 무역정책의 산업정책적 정합성을 갖추도록 하는 정책플로우를 개발할 필요가 있을 것이다.

나. 효율적 자원재배분 정책으로서의 무역정책의 제자리 찾기

우리는 앞에서 여러 차례에 걸쳐, 자유무역이 가져다주는 이익의 원천은, 노동력과 자원이 비효율적으로 사용되고 있던 비교열위부문에 고용되어 있던 노동력과 생산요소들을, 이 생산요소를 더 효율적으로 활용할 수 있는 비교우위부문으로 재배치하여, 결과적으로 자원배분의 효율성을 높인 결과, 자유무역의 이익이 발생함을 확인하였다. 즉 무역정책의 가장 중요한 역할은 비교열위부문에 고용되어 있던 노동력과 생산요소를 비교우위부문으로 효율적으로 재배치하는 것이다.

한편 앞에서 한국 무역정책의 문제점을 반성하면서 확인하였듯이, 지금까지의 무역정책은 시장개방조치 자체를 취하는 데에 초점을 맞추면서, 이러한 시장개방에 대한 사회적 저항과 반대를 무마하기 위하여, 피해산업에 대한 현금보전성 피해보상조치로서의 무역조정지원제도가 주를 이루었다. 그 결과, 상당수 비교열위산업은 시장개방 이후, 비교우위부문으로 재배치되는 것이 아니라, 현금성 피해보상을 받은 후 실업상태에 계속 머물러 있는 경우가 빈번하였다. 이와 같이 시장개방 이후, 비교우위산업의 수출증가 및 성장이 이루어지더라도, 비교열위부문에 고용되어 있던 노동력이나 생산요소들이 실업상태에 빠져있다면, 사회전체후생은 오히려 감소하게 된다.

따라서 효율적 자원 재배분정책으로서의 무역정책의 가장 중요한 과제는 비교열위부문에 고용되어 있던 노동력과 생산요소를 가장 효율적으로, 즉 가장 낮은 사회적 비용을 지불하면서 비교우위부문으로 재배치할 수 있는 작동하는 효율적 무역조정지원 장치를 마련하는 것이다. 이러한 효율적 무역조정지원제도의 가장 중요한 과제는 비교열위부문의 노동력을 비교우위 부문으로 재배치할 수 있는 직업 재교육 및 기술교육제도 및 장치를 마련하는 것이다. 동시에 비교우위부문에 재고용되기까지의 과도기간 동안 최저생계를 보장해주는 작동하는 사회안전망제도(social safety net system)를 갖추는 정책노력은, 직업 재교육제도와 함께 무역조정지원제도의 실효성을 갖추기 위한 첫 출발점이다.

이와 같이 무역정책이 비교열위부문의 노동력을 비교우위부문으로 재배치할 수 있는 직업재교육제도와 과도기간의 최저생계를 보장해주는 사회안전망을 갖춘 작동하는 무역조정 지원체계를 갖출 때, 우리나라의 무역정책은 경제성장의 원동력으로서 뿐만 아니라, 우리사회의 균형성장을 통한 안정적 경제성장 및 사회통합의 원동력역할까지 감당할 수 있을 것이다.

참고문헌

Bagwell, K. and R. W. Staiger. 1997. "Multilateral Tariff Cooperation during the Formation of Free Trade Areas." International Economic Review, vol. 38, no. 2, pp.291~319.

Baldwin, R. 2008. "Big－Think Regionalism: A Critical Survey." National Bureau of Economic Research Working Paper Series No. 14056.

__________. 2009. The great trade collapse: Causes, Consequences and Prospects, a VoxEU.org Publication.

Baldwin, R. and D. Jaimovich. 2010. "Are Free Trade Agreements Contagious?" National Bureau of Economic Research Working Paper Series No. 16084.

Brander, J. and P. Krugman. 1983. "A 'reciprocal dumping' model of international trade." Journal of International Economics, vol.15, no.3~4, pp.313~321.

Burbidge, J. B., J. A. DePater, et al. 1997. "A Coalition－Formation Approach to Equilibrium Federations and Trading Blocs." The American Economic Review, vol.87, no.5, pp.940~956.

Das, S. P. and S. Ghosh. 2006. "Endogenous Trading Bloc Formation in a North－South Global Economy." The Canadian Journal of Economics, vol.39, no.3, pp 809~830.

Estevadeordal, A., C. Freund, et al. 2008. "Does Regionalism Affect Trade Liberalization toward Nonmembers?" Quarterly Journal of Economics, vol.123, no.4, pp.1531~1575.

Freund, C. and E. Ornelas. 2010. "Regional trade agreements." World Bank Policy Research Working Paper No. 5314.

Hoekman, B. M., W. Martin, et al. 2009. Trade preference erosion: measurement and policy response, World Bank.

Kim, Young－Han. 2003. "A Comparative Analysis of Bilateral and Multilateral Negotiation in the New Round Trade Negotiation." The Korean Economic Review, vol.19, no. 1.

____________________. 2004. "The Impact of Incomplete Information under

Bilateral and Multilateral Trade Policy Coordination." Korean Economic Review, vol.20, no.1, pp.135~156.

______________________. 2005. "The optimal path of regional economic in-tegration between asymmetric countries in the North East Asia." Journal of Policy Modeling, vol.27, no.6, pp.673~687.

Panagariya, A. 1999. "The Regionalism Debate: An Overview." World Economy, vol.22, no.4, pp.477~511.

Saggi, K. 2004. "Tariffs and the most favored nation clause." Journal of International Economics vol.63, no.2, pp.341~368.

________. 2006. "Preferential Trade Agreements and Multilateral Tariff Cooperation." International Economic Review, vol.47, no.1, pp.29~57.

Saggi, K., F. Sengul, et al. 2007. "Sustaining multilateral cooperation among asymmetric countries: Does MFN help?" International Review of Economics & Finance, vol.16, no.4, pp.543~562.

Saggi, K. and H. M. Yildiz. 2011. "Bilateral Trade Agreements and the Feasibility of Multilateral Free Trade." Review of International Economics, vol.19, no.2, pp.356~373.

UNCTAD, 2007, "The New Regionalism" and North-South Trade Agreements, in Trade and Development Report 2007, Geneva, UNCTAD. pp.53~86.

WTO(2010). WORLD TRADE 2009, PROSPECTS FOR 2010. Press Release, WTO.

De Santis, Roberto and F. Stahler, 2004. Endogenous market structures and the gains from foreign direct investment. Journal of International Economics 64, 545~565.

Eicher, Theo and Kang, J. 2005. Trade, foreign direct investment or acquisition: Optimal entry modes for multinationals. Journal of Development Economics 77, 207~228.

Markusen, James & K. Zhang, 1999. Vertical multinationals and host-country characteristics. Journal of Development Economics 59, 233~252.

Mattoo, Aaditya, M. Olarreaga, , K. Saggi, 2004. Mode of foreign entry, technol-ogy transfer, and FDI policy, Journal of Development Economics 75.

pp.95~111.

Neary, Peter, 2005. Trade costs and foreign direct investment, mimeograph.

Neary, Peter, 2002. Foreign direct investment and the single market, The Manchester School 70, 291~314.

Nocke, Volker and S. Yeaple, 2005, Cross-border mergers and acquisitions versus Greenfield foreign direct investment: The role of firm heterogeneity, mimeograph.

Stahler, 2005, Asset Ownership and Foreign Market Entry, Mimeograph.

UNCTAD, 2005, World Investment Report, UN.

Yeaple, Stephan,(2003), The complex integration strategies of multinationals and cross country dependencies in the structure of foreign direct investment, Journal of International Economics 60. pp.293~314.

The Korea-China FTA Joint Study Committee, The Joint Study Report for China-Korea FTA, 2010.

IMF, World Economic Outlook 2012.

Harrison, Ann, J. McLaren, and M. McMillan, 2011, Recent Perspectives on Trade and Inequality, World Bank Policy Research WP #5754.

Nagwa Riad, Luca Errico, Christian Henn, Christian Saborowski, Mika Saito, and Jarkko Turunen, 2012, Changing Patterns of Global Trade, IMF.

OECD, Intra-firm Trade: Patterns, Determinants and Policy Implications, 2011

WTO, World Trade Report 2012.

WTO, World Trade Report 2008, Trade in a Globalizing World.

JETRO, 海外投資白書 各 年號.

김영한, 김재덕, (2011), 기술적 비대칭적 국가간 특혜무역협정의 안정적 균형조건 분석, Journal of East Asian Economic Integration 15(4) pp.75-111.

오세신, 김영한 (2013), 품질 비대칭성 하에서의 자유무역협정의 형태별 사회후생 효과분석, 국제경제연구 19 (2), pp.77-118.

한국수출입은행, 우리나라의 해외직접투자 현지법인 경영현황 분석(각 연호).

[저자 약력]

김 영 한

저자는 서울대학교 철학과를 졸업한 후, 미국 Indiana 대학교 경제학과에서 경제학박사학위를 취득하였다. 귀국 후 삼성경제연구소와 한국외국어대학교를 거쳐, 현재 성균관대학교 경제학과에서 국제경제학, 국제통상정책과 국제경제정책조정체계를 공부하며 가르치고 있다. 특히 무역정책과 국제금융정책의 국제정책조정체계, 국제경제통합에 관심을 가지고 연구를 하고 있다. 주요저서로는 Krugman과의 공저인 *Regional Integration in East Asia*, Palgrave Macmillan, 2007과 "지속가능한 자본주의와 경제적 합리성", 박영사, 2014 등이 있고, 주요 논문은 Journal of International Economics에 발표된 Foreign Market Penetration under Informational Barriers를 비롯해, SSCI 국제학술지에 약 20여편의 논문을 발표하였다.

무역정책의 정치경제학

초판인쇄 2015년 7월 25일
초판발행 2015년 7월 30일

지은이 김영한
펴낸이 김중용

총괄기획 박노일
편 집 심성보·김인숙

펴낸곳 마인드탭 MIND TAP
경기도 파주시 책향기로 441, 1004동 1004호(동패동, 책향기마을)
등록 제406-2014-000093호

전 화 070)7550-3758 팩 스 02)718-8554
홈페이지 www.mindtap.co.kr 이메일 pnc@pncmedia.co.kr
ISBN 979-11-86672-01-3 93320

※ 마인드탭은 피앤씨미디어의 자매 브랜드입니다.
※ 무단복사 및 전재를 금합니다. 파본 및 낙장본은 교환하여 드립니다.

정 가 20,000원